अशोक वटकर

20 अक्टूबर, 1947 में कोल्हापुर, महाराष्ट्र के वड़गाँव में जन्मे अशोक नामदेव वटकर मराठी के चर्चित कथाकार हैं। उन्होंने संस्कृत में एम.ए. किया। ऋग्वेद का समय निर्धारित करने के लिए शोध किया और पी-एच.डी. की उपाधि प्राप्त की। राजाराम कॉलेज, कोल्हापुर में संस्कृत विभाग के अध्यक्ष रहे। 'कैलास मानस' (1988) उनका चर्चित यात्रा-वृत्तान्त है। 'अथर्वीय जग' (1980), 'फॉस्कर' (1980), 'क्रॅब' (1983), 'पब्लिक' (1983), 'गोरी बायको' (1984), 'बगाड' (1984), 'सलामी' (1988), 'विलक्षण विद्यापती' (1990) आदि उपन्यासों के अलावा 'मेलेलं पाणी' और '72 मील' उनके आत्मकथात्मक उपन्यास हैं। '72 मील' पर '72 मील : एक प्रवास' नाम से मराठी फिल्म बन चुकी है। 'मेलेलं पाणी' को महाराष्ट्र शासन का उत्कृष्ट उपन्यास लेखन पुरस्कार प्राप्त हुआ है।

सन् 2001 में उनका निधन हुआ।

सुलभा कोरे

सुलभा कोरे मुम्बई में पली-बढ़ीं। मुम्बई विश्वविद्यालय से अर्थशास्त्र एवं सांख्यिकी में स्नातक तथा हिन्दी साहित्य में स्नातकोत्तर किया। 'भारतीय समाज के परिप्रेक्ष्य में हिन्दी फिल्मों में भारतीय नारी' विषय पर पी-एच.डी. की उपाधि प्राप्त की। उनकी रचनाएँ विभिन्न भारतीय भाषाओं में अनूदित और प्रकाशित हुई हैं। 'स्पर्शिका' और 'स्पर्श हरवलेले'—दो मराठी कविता-संग्रहों के अलावा हिन्दी में 'एक नया आकाश', 'तासीर' तथा 'सिरहाने के पल' कविता-संग्रह प्रकाशित हैं। 'तासीर' कविता-संग्रह केन्द्रीय हिन्दी निदेशालय द्वारा पुरस्कृत है। लेखन व अनुवाद-कार्य सहित वे विभिन्न सामाजिक एवं सांस्कृतिक गतिविधियों में सक्रिय हैं। यूनियन बैंक ऑफ इंडिया, मुम्बई में सहायक महाप्रबन्धक (राजभाषा) रह चुकी हैं।

बहत्तर मील

अशोक वटकर

अनुवाद

सुलभा कोरे

राधाकृष्ण पेपरबैक्स

पहला संस्करण 2006 में क्षितिज इंटरनेशनल, मुम्बई से प्रकाशित

राधाकृष्ण पेपरबैक्स में
पहला संस्करण : 2024

राधाकृष्ण पेपरबैक्स : उत्कृष्ट साहित्य के जनसुलभ संस्करण

राधाकृष्ण प्रकाशन प्रा. लि.
जी-17, जगतपुरी, दिल्ली-110 051
द्वारा प्रकाशित

शाखाएँ : अशोक राजपथ, साइंस कॉलेज के सामने, पटना-800 006
पहली मंजिल, दरबारी बिल्डिंग, महात्मा गांधी मार्ग, प्रयागराज-211 001
1, अनमोल सोराबजी सन्तुक लेन, धोबी तलाव, मरीन लाइंस, मुम्बई-400 002

वेबसाइट : www.radhakrishnaprakashan.com
ई-मेल : info@radhakrishnaprakashan.com

विकास कंप्यूटर एंड प्रिंटर्स
ट्रॉनिका सिटी-201 102
द्वारा मुद्रित

रेखांकन : बाल ठाकुर

मूल्य : ₹250

BAHATTAR MEEL
Autobiographical Novel by Ashok Vatkar
Translated by Sulabha Kore

ISBN : 978-81-19989-50-8

बहत्तर मील

क्रम

लेखक की बात

अज्ञात, भयावह 72 मीलों की यात्रा से पूर्व...

प्रसिद्ध 'पॉप्युलर प्रकाशन' के रामदास भटकल जी ने मेरी यह दूसरी कलाकृति लोगों के समक्ष प्रस्तुत की। उनके प्रति आभार व्यक्त करने के लिए मेरे पास शब्द नहीं है। मैं उनका ऋणी हूँ कि उन्होंने इसके अलावा मुझे एक खास अपनापन, प्रेम, अपनत्व दिया जिसकी वजह से उनके व्यक्तित्व की अमिट छाप मेरे दिल पर है।

मेरा प्रथम उपन्यास 'मेलेलं पाणी' मेरे समाज पर आधारित और पूरी तरह से यथार्थवादी लेकिन काल्पनिक सूत्रों में पिरोया हुआ था। समाज की ओर से पूरी तरह से उपेक्षित 'ढोर' जाति-चमड़ा कमाने का व्यवसाय करनेवाली—और गाँव-कस्बों में आज के समाज के जातिवाद, राजनीति, अज्ञान का उस पर होनेवाला परिणाम और आज के जनतंत्र में उसकी असहायता, मूकता, आदि बातों को मैंने इस उपन्यास में दिखाया था। मजेदार बात यह कि मैंने जो दिखाया उस बारे में कितने ही लोगों ने अनभिज्ञता जतलाई। मुझे खेद है, लोगों के अज्ञान पर। वहाँ लंदन, यूरोप में क्या मूवमेंट्स चल रहे हैं, इस बात की ओर सबका ध्यान होता है लेकिन अपने पड़ोस में, रास्ते के एक ओर बैठकर नाले के किनारे कठोर परिश्रम करनेवाला अपना दलित देशबंधु इन्हें दिखाई नहीं देता। इस बात को क्या कहा जाए—पाश्चात्यों द्वारा पीछे छोड़ी गई बौद्धिक गुलामी या फिर हमारे ही लोगों में पीढ़ी-दर-पीढ़ी रच-बस गई कूपमंडूक वृत्ति? लेखक अपनी ओर से अपनी हैसियत के अनुसार समस्याओं के बारे में लोगों को जागृत कर रहे हैं,

उन्हें समस्याओं से रूबरू करवा रहे हैं लेकिन उन समस्याओं का हल निकालना अपना सामाजिक, राजनीतिक कर्तव्य है, यह एहसास लोगों में अब भी नहीं है। लेखक भी शादबाश, पुरस्कार, सम्मान की शॉल स्वीकारते हुए उसमें अपनी समस्याओं को लपेटकर जेब में रख देते हैं और चुप बैठते हैं। मुझे शर्म आती है इन लेखकों पर। लेकिन मेरे पास कोई उपाय नहीं है। लेखक जब भी कोई समस्या लेकर समाज के सामने आता है तब उसका हल निकालने की जिम्मेदारी से भी वह बच नहीं सकता। यदि वह इस जिम्मेदारी के प्रति जागृत नहीं है, तो वह समाज की कितनी बड़ी हानि के लिए जिम्मेदार है, इस बात का एहसास उसे होना चाहिए। ये सारी बातें सिर्फ 'मेलेलं पाणी' इस उपन्यास के परिप्रेक्ष्य में।

'72 मैल' यह उपन्यास—इसे उपन्यास न कहते हुए किस श्रेणी में डाला जाए इस बारे में मैं भी सम्भ्रमावस्था में हूँ। वैसे देखा जाए तो यह आत्मकथ्य है और पूरी तरह से सच है। लेकिन सिर्फ साढ़े तीन या चार दिनों की यह कहानी है। इसे 'आत्मकथ्य' या 'चरित्र' नहीं कहा जा सकता। 'उपन्यास' इस शब्द को कल्पनाशीलता की पृष्ठभूमि होती है लेकिन '72 मैल' में ऐसी कोई बात नहीं है। इस किताब में उल्लिखित घटनाएँ अलग-अलग स्थानों पर घटी हैं—सातारा का कर्मवीर भाऊराव जी का बोर्डिंग, पुलिस कचहरी, कोल्हापुर का सरकारी अस्पताल, पुलिस पूछताछ और अन्ततः मेरे पिताजी स्व. नामदेव वटकर जी के आत्मकथ्य में मेरी इस अफलातून तथा अविवेकी यात्रा के बारे में लिखा गया है। परिणामस्वरूप यह 'यात्रा वर्णन' काल्पनिक नहीं हो सकता, न ही इसे उपन्यास कहा जा सकता है। आलोचक न होने की वजह से मैं भी '72 मैल' असल में क्या है, यह बता नहीं सकता। अतः यह क्या है इसकी खोजबीन, इसमें दिलचस्पी रखनेवाले लोग अवश्य करें।

मैंने जब '72 मैल' लिखने की शुरुआत की थी तब मेरे मशहूर, ख्यातकीर्त तथा संसद सदस्य प्रसिद्ध पिता के साथ मेरा घनघोर संघर्ष चल रहा था। वे अब इस दुनिया में नहीं हैं, लेकिन उस वक्त मैं उनकी अनेक करतूतों की वजह से तथा अपने 'अत्यन्त स्ट्रेट फॉरवर्ड' स्वभावधर्म के कारण उनसे पूरी तरह से ऊब चुका था। अन्ततः वे भी मेरे बारे में लापरवाह होते गए,

वे भी अपनी गलतियों को नहीं मानते थे। लेकिन पिता-पुत्र के रिश्ते की वजह से मैं जाने-अनजाने ही उनके द्वारा की गई गलतियों का गवाह बना और मेरे हिस्से में बिना वजह उपेक्षा और तकलीफ ही आई। अपनी कला तथा गुणों की मस्ती में वे बहकते रहे और इसी वजह से बचपन से मुझे न तो पिता का प्यार, न ही उनका मार्गदर्शन या धाक मिली, परिणामस्वरूप मैं भी लापरवाह होता गया और बहकता गया। इसका पूरा ब्योरा पाठक '72 मैल' में पढ़ पाएँगे। उन्होंने मेरी शिक्षा, संस्कार तथा मार्गदर्शन इनमें से किसी भी बात पर ध्यान नहीं दिया लेकिन मेरे सौभाग्य से जिन्दगी में आगे चलकर कुछ अच्छे लोग मुझे मिले और उन्होंने सही मायने में मुझे नवजीवन दिया, मुझे जिन्दा किया। उन सब लोगों के ऋण से मैं मुक्त नहीं हो सकता।

यहाँ मैं अपने पिताजी को दोष देना नहीं चाहता। सही मायने में वह एक प्रतिभाशाली कलाकार थे लेकिन उनके गुणों का फायदा बाहरी दुनिया को अधिक हुआ। अपनी जिन्दगी को उन्होंने नई राहों पर अग्रसर किया। महाराष्ट्र को उन्होंने अपनी क्षमता के अनुसार कुछ नया देने की कोशिश की। मॅजेस्टीक प्रकाशन द्वारा प्रकाशित, उनका आत्मकथ्य 'कथा माझ्या जन्माची' (मेरे जन्म की कथा)—के जरिये आप इस बात को देख सकते हैं। कुछ नया देने की दिशा में किया गया वह एक कारगर प्रयास था। अनेक गरीबों की उन्होंने मदद की, अनेक लोगों को रोजी-रोटी दिलवाई...उनका दिल बड़ा था लेकिन उनका यह दिल मेरी माँ और मेरे लिए नहीं था।

मैं जो भी कुछ बता रहा हूँ उन बातों पर मेरे छोटे भाई यकीन नहीं करेंगे लेकिन मेरी माँ, मेरे फूफेरे भाई (मेरे पिताजी की बड़ी बहन का पुत्र) तथा पूर्व रेसिडेंशियल कलेक्टर श्री आनंदराव कदम, राज्यपाल श्री तपासे—महाराष्ट्र के तत्कालीन मंत्री—आदि लोग इस बात के गवाह हैं। मेरे पिताजी ने अपने आत्मकथ्य में किन बातों को छुपाया, अपनी गलतियों का समर्थन उन्होंने किस तरह से किया, इन बातों से मैं अवगत हूँ। महत्त्वपूर्ण बात यह है कि जब मैं '72 मैल' लिख रहा था, वे अपना आत्मकथ्य समेटने में लगे थे। हम दोनों ने क्या लिखा है, हमने एक दूसरे को कभी नहीं दिखाया।

लेकिन बुरा इस बात का लगता है कि उन्होंने अपना आत्मकथ्य पूरी ईमानदारी और सच्चाई से नहीं लिखा, जबकि '72 मैल' में मैंने अपनी भी परवाह किये बगैर सच्चाई को सामने रखा है। इतना ही नहीं मेरे स्वर्गीय पिता की किसी तरह की बदनामी न हो इस बारे में मैंने सम्माननीय भटकल साहब को भी दो-तीन बार लिखा था।

'72 मैल' पढ़ने के पश्चात पाठकों के मन में एक सवाल उठता है कि इस कलाकृति को 'दलित' कहा जाए या नहीं? इस 'कलाकृति' में 'राधा' नामक जो स्त्री है, मैंने उसके दुखों को जानबूझकर 'विस्तृत रूप से बताया है'। 'वह स्त्री सिर्फ अपघात से 'दलित' थी'। एक बार श्री भटकल और मैं चर्चा कर रहे थे, तब यह मुद्दा चर्चा में आया कि यदि 'राधा' ब्राह्मण होती तब भी बहत्तर मील की उस यात्रा में हम लोगों ने जो कुछ भयावह भोगा, उसकी आँच कम नहीं होती क्योंकि दुख, तकलीफ, भूख, अभिशाप सर्वत्र समान होते हैं। उनमें जातिभेद नहीं होता और यह बात महत्त्वपूर्ण है।

जब मैंने यह जानलेवा, साहसी यात्रा की, तब मेरी उम्र थी महज बारह-तेरह साल की। उसके बाद कितने ही साल गुजर गए। अब मेरी उम्र है अड़तीस साल। शायद अब मैं कुछ अधिक समझदार हो गया हूँ (शायद नहीं भी) लेकिन सोचने की, चिन्तन-मनन करने की एक आदत सी पड़ गई है। मैं अपने ही मन के प्रति आश्चर्यचकित हूँ, वह घटना, वह बहत्तर मील की यात्रा, उस यात्रा में शामिल वे सभी 'यात्री' मुझे इतने सालों बाद भी रह-रहकर याद आते हैं। मैं उनका देनदार हूँ, लेकिन उनसे उऋण कैसे हुआ जाए? उन लोगों को ढूँढ़ने की मैंने काफी कोशिश की। पिताजी के 1971 के चुनाव के दौरान मैंने कितने ही गाँवों, कस्बों में उन्हें ढूँढ़ने की कोशिश की मगर उनका कोई अता-पता नहीं मिला। लेकिन अनजाने में 'राधा और उसका पति 'हारळ्या' महार का उल्लेख मेरे 'मेलेलं पाणी' इस आत्मकथ्य में किया गया है। उनके बारे में जो भी वाकयात मैंने बताए हैं, वे पूरी तरह सच हैं, क्योंकि उस 'दीर्घ यात्रा के दौरान' राधा ने ही वे बातें मुझे बताई थीं।

मैं कोई दार्शनिक नहीं हूँ, जो दुख पर कोई उपाययोजना बता सकूँ, लेकिन मानता हूँ कि अब यह जातिभेद बहुत हो चुका। इससे देश का भला नहीं होनेवाला। आप एकता के बारे में ढेर सारे विज्ञापन प्रसारित करो। लेकिन देश में जातिभेद की खेती आए दिन अलग-अलग आकारों, रूपों, रंगों में पनपती रहती है। यह देश यदि शान्ति, स्थिरता, एकता चाहता है तो किसी प्रकार की नौटंकी, झूठापन, दाँवपेच लड़ाये बगैर वह दलितों को दी गई द्वितीय, तृतीय नागरिकता को खत्म कर उन्हें समानता का दर्जा दे। जो लोग पिछले 5000 वर्षों से भयावह अत्याचारों, दरिद्रता, भुखमरी से बेहाल हैं उनसे आप उनकी रोटी छीनना चाहते हैं, और वह भी 40 साल पूरे होने से पहले? मैं भी संस्कृत का विद्वान हूँ, इतिहास को जानता हूँ। यदि गुजरात, बिहार और महाराष्ट्र जैसे प्रदेशों में दलितों के विरुद्ध अभियान शुरू हो जाते हैं तो उनका एक ही परिणाम सामने आएगा और वह होगा आपसी युद्ध। हम मर जाएँगे लेकिन इस देश को हमेशा के लिए बदनाम करके मरेंगे। हमें हमारे अधिकार मिलने चाहिए। नहीं, हम उनको लेकर ही रहेंगे। आप कहेंगे कि अब शिक्षितों का व्यवहार बदल चुका है? लेकिन नहीं, वे तो मुखौटे लगाकर जीते हैं। मैं जहाँ सरकारी नौकरी करता हूँ, यानी अध्यापन करता हूँ, वहाँ भी हम तीन-चार दलित लेकिन मजबूत अध्यापकों को तकलीफ देने हेतु एक छुपी फौज जिसमें बड़े-बड़े लोग भी शामिल हैं, बन गई है, और सरकार उन्हें समर्थन देती है। लेकिन इन दलितों के लिए कौन? कभी न कभी इस समस्या का हल ढूँढ़ना ही पड़ेगा। जो स्वयं को सयाने, समझदार समझते हैं, जो चाहते हैं कि भारत की एकता पर आँच न आए, वे इन जातिवादी, छुपे हरामजादों को निकालकर पहले बाहर फेंक दें। दलितों के जिन उचित अधिकारों को छुपाया या दबाया गया है, उनकी क्षतिपूर्ति होनी ही चाहिए। कानून ने उन्हें जो दिया है, वह उन्हें मिलना चाहिए।

हाँ! '72 मैल' से जुड़ी हुई कुछ एक-दो बातें मुझे अवश्य बतानी होंगी। राधा के एक बच्चे को बैल ने अपने खुरों के नीचे कुचल दिया, उसकी पसलियाँ टूट गईं। एक ट्रक में बैठकर हम करीबी गाँव में स्थित एक आर. एम. पी. डॉक्टर के पास गए। इसका वर्णन मैंने '72 मैल' में किया है।

उस डॉक्टर ने पूरी तरह से टूटी हुई पसलियों पर मलने हेतु चुटकीभर मलहम कागज में बाँधकर हमारी दिशा में उछाला था। बाद में, संयोगवश उस डॉक्टर से मेरा परिचय हुआ। बातों-बातों में पुरानी यादों को ताजा किया गया। मेरे बढ़िया दोस्त बने उस डॉक्टर को उस बात से काफी दुख हुआ, उसका दुख महसूस कर मुझे भी बुरा लगा। अन्तत: 'क्षमा करना' मानवजाति का मूल धर्म है। उस डॉक्टर के बर्ताव के बारे में मैंने आपको बताया लेकिन गाँव का नाम बदल दिया है।

जिस वक्त हम डॉक्टर के गाँव के घर में 'दवा' लेने हेतु गए थे और उसने हमें वहाँ से भगा दिया था तब की बात। हम फिर रास्ते की ओर लौट रहे थे। वह जख्मी, मृतप्राय-सा बच्चा प्यास से व्याकुल था। अब तक की दौड़-धूप ने मुझे भी यह एहसास दिलाया था कि मुझे भी बहुत प्यास लगी है। सौभाग्य से उसी समय, वहाँ से हमसे भी बड़ी उम्र के तीन मजबूत कद-काठीवाले बच्चे पानी से भरी हुई मिट्टी की गगरिया लेकर जा रहे थे। 'थोड़ा पानी पिलाएँगे जी! भोत प्यास लगी हय जी! ये बच्चा बी मर रहेला है, 'पानी' 'पानी' कह रहेला हय...थोड़ा पानी देंगे जी...' मैंने रिरियाते हुए याचना की। लेकिन उन बच्चों ने हमारे साथ भद्दा मजाक किया। 'आओ... तुमकू पानी देता हय, भड़ुए लोग!' कहते हुए वे हमारी फैलाई गई अंजलियों में पानी डालने लगे। लेकिन वे हमारी अंजलियाँ भरने नहीं दे रहे थे...न ही हमें पानी पीने दे रहे थे...खिलखिलाते हुए वे हमारे पीछे चलने लगे...हम पानी को तरसते हुए अंजलियाँ फैलाकर इन्तजार करते रहे...। उन्होंने पानी व्यर्थ जाने दिया लेकिन हमारी प्यास बुझने नहीं दी।

'पानी ईश्वर की देन है' यह मेरा मानना है। कोई पानी बनाता नहीं लेकिन उस दिन उन बच्चों ने हमारी 'प्यास' के साथ जो घिनौना 'खेल' खेला था उसे भूलना मेरे लिए सम्भव नहीं है। अन्तत: हम सबने एक शैवालभरे गड्ढे का गन्दा पानी पीकर अपनी प्यास बुझाई थी और आगे बढ़ गए थे। अब सबसे बुरा 'क्लाइमैक्स'! '72 मैल' में जिस फरार अपराधी ने राधा के बच्चे को दफनाने में हमारी मदद की थी, हम भूखे हैं, यह जानकर जिसने अपनी पोटली

में से रोटियाँ, चटनी हमें दी थी लेकिन कोई 'आदमी आ रहा है' इस डर से 'आदमी! आदमी! आदमी आए' कहते हुए जो पत्थरों के बीच से लँगड़ाते हुए भागते समय हमें यह कहकर गया था कि 'मेरे बारे में बताना नहीं' उस अपराधी का हमारे लिए वह अन्तिम दर्शन था। उस हत्यारे फरार आदमी के अलावा हमें जो भी लोग मिले सभी नीच, बदमाश तथा अहंकारी थे।

कुछ समय के बाद जब एक बार मैं उस इलाके में घूम रहा था तब सात सालों से छुपे हुए 'एक लँगड़े फरार गुनहगार को सौ-दो सौ लोगों ने एक गड्ढे में घेरकर पत्थरों से कुचलकर मार डाला' इस बात का बड़ा ही रसभरा वर्णन सुनने में आया।

मेरी आँखों के सामने वही लँगड़ा फरार अपराधी था। वह 'सच्चा' इनसान था। मैं चुप हो गया। आँखों में आँसू सूख गए थे। सच कहूँ, मुझे कभी-कभी लगता है कि इस दुनिया में 99 प्रतिशत लोगों को मारा जा सकता है। आधा या एकाध प्रतिशत लोग ही इस दुनिया में जीने लायक होते हैं।

एक बात मैं यदि नहीं बताता तो मेरी यात्रा में 'मेरी माँ बनी' उस राधाक्का के प्रति घोर अन्याय होगा। '72 मैल' यह किताब मैंने सिर्फ ढाई दिनों में लिखी है। परिणामस्वरूप वह वाकया मुझसे छूट गया था।

मुझे वह इलाका या उस इलाके का नाम अब याद नहीं है। वैसे उस इलाके के आगे-पीछे कोई गाँव भी नहीं था। लगभग तीन-चार बजे हम सब लोग थककर चूर होकर एक बड़े से पेड़ के नीचे सूखे नाले या नदी के बीचोबीच सो गए थे। मैं थोड़ी दूरी पर सबसे अलग-थलग सो गया था। वे काल बैसाखी के दिन थे। ऐसे में कब बरसात होगी, इसका अनुमान नहीं लगाया जा सकता। हम लोगों ने बहुत बड़ी भूल की थी। हम सब नदी के बीचोबीच सो गए थे। उस वक्त बहुत बड़ा तूफान आया और बड़ी धुआँधार बारिश हुई, बावजूद इसके हम सब यूँ ही बेहोशी के आलम में सो रहे थे।

ऐसे इलाके में फिर घंटे-दो घंटे में पूरे लाल पानी की बाढ़-सी आ जाती है। पानी का पूरा रेला आकर गुजर जाता है और बाद में सब कुछ शान्त हो जाता है, जैसे कुछ हुआ ही नहीं।

जिस तरह बाँध के दरवाजे खोल दिये जाते हैं और पानी का बड़ा-सा रेला आता है, ठीक उसी झंझावात की तरह पानी उस नदी में आया। राधाक्का के बच्चे उसके पास थे। राणू की मृत्यु की वजह से वे सब मुझसे बेहद घृणा करने लगे थे। लेकिन पानी की भयावह आवाज से राधाक्का के शरीर में पता नहीं कहाँ से शक्ति आ गई थी। पानी अब रौद्र रूप लेकर उसके बच्चों तक पहुँचनेवाला था...लेकिन उस मरियल-सी औरत ने बड़ी होशियारी से अपने शेष बचे बच्चों को उठाकर नदी के किनारे फेंक दिया और वह चिल्लाई, "आसुक्कया, कहाँ हय?"

"तुमकूँ क्या? मरने दे उसे..." एक बच्ची ने कहा। लेकिन राधाक्का ने शायद उसकी ओर ध्यान नहीं दिया। अब मुझे ठीक तरह से याद नहीं, लेकिन मैं इस अचानक घिर आए संकट से पेड़ों के जड़ों जैसी किसी चीज में उलझकर पानी के साथ यहाँ-वहाँ डोल रहा था। एक या दो मिनटों की देरी होती तो...वैसे मैं बढ़िया तैराक था...लेकिन कैसे, किस हिम्मत से पता नहीं राधाक्का ने मुझे बाहर खींच लिया था, किनारे की ओर! उसने यह किस तरह से किया, वही जानती है। प्यार या ममता के बगैर यह सम्भव नहीं था। वह काली माता थी...उसी तरह शान्त पार्वती भी थी।

यह वाकया छूट गया है इस किताब में! उस महान औरत ने मेरी जान बचाई और वह मेरे दिल की गहराइयों में भी पैठ गई है...वह, राणू, आदि...

अब जाने दीजिए, लोग कहते हैं, 'बीती बातों को भूल जाने में अच्छाई है हालाँकि यह कहना बड़ा आसान है, बहुत आसान...लेकिन...!

लहरों का झंझावात मुझ पर कर रहा है वार
मेरी खुली नमकीन पीठ पर हो रहे हैं बिजली के प्रहार!

—अशोक वटकर

अनुवादक की बात

'बहत्तर मील' एक यात्रा, एक सफरनामा, एक आपबीती, एक आत्मकथ्य या फिर एक उपन्यास? अनुवाद करने से पूर्व ये सवाल यूँ ही उलझाते रहे। उत्तर फिर भी नहीं मिला। वैसे शुरू में इस किताब के अनुवाद को लेकर कोई खास उत्सुकता नहीं थी। लेकिन जैसे ही किताब हाथ आई और मैंने उसे पढ़ना शुरू किया, पृष्ठ-दर-पृष्ठ किताब मुझ पर हावी होती गई और एक ही दिन में मैंने पूरी किताब पढ़ ली। कुछेक अंशों को दुबारा पढ़ने का लोभ भी मैं संवरण नहीं कर पाई थी। कुल मिलाकर अशोक वटकर जी की 'बहत्तर मील' की यात्रा ने मुझे लपेट लिया था।

'क्षितिज इंटरनेशनल' कला, साहित्य, मनोरंजन को समर्पित संस्था के श्री यशवंत : चौघुले ने कहा था कि यह किताब आपको अनुवाद करने के लिए मजबूर करेगी और उनका कहना बिलकुल सही था।

महाराष्ट्र के कोल्हापुर-सांगली जैसे छोटे से शहरों के आसपास घटनेवाली घटनाएँ इस किताब की कहानी! सवा सौ पृष्ठों की इस छोटी सी किताब में लेखक की तेरह-चौदह वर्ष की आयु की आपबीती है। इसे दलित कहानी भी कैसे कहा जाए? राधाक्का के स्थान पर यदि कोई अन्य औरत होती तो क्या वह उन अनुभवों से बच सकती थी? राधाक्का को इस कहानी की नायिका कहा जा सकता है लेकिन इसका कोई नायक नहीं। स्थितियों और परिवेश के साथ-साथ लोगों की मानसिकता, यहाँ नायक और खलनायक का भी काम करती है। आस्सुक्या यानी तेरह-चौदह साल का लेखक, दलित औरत राधाक्का

तथा उसके छह बच्चों—जिनमें से तीन बच्चे राह में अपनी जान गँवाते हैं—की 'बहत्तर मील' की यह पैदल यात्रा जोकि थरार, रोमांच, मानवीय संवेदना, क्रूरता, हालातों की मार, पुरुषी मानसिकता, दुर्भाग्य से भरपूर तथा मिली-जुली घटनाओं का एक सशक्त कैप्सूल है। यह कैप्सूल समाज के उस वक्त के हालातों को तो बयाँ करता ही है बल्कि आज के परिप्रेक्ष्य में उन हालातों में कोई खास परिवर्तन नहीं हुआ है, इस बात को भी अधोरेखित करता है। लेखक ने स्वयं को भी तटस्थता से आँकते हुए हालातों को बड़ी ईमानदारी से प्रस्तुत किया है। वहाँ की भाषा, माहौल, सामाजिक परिवेश को भी लेखक ने जीवन्त किया है, अपने अन्दाज से!

कहते हैं, अनुवादक वे दूत होते हैं जो एक भाषा के बेहतरीन और बढ़िया साहित्य को दूसरी भाषा में उपलब्ध करवाकर पाठकों को उस साहित्य का रसास्वादन करवाते हैं। इस अनुवाद को कर, पता नहीं मैं वह दूत बन पाई हूँ या नहीं लेकिन 'बहत्तर मील' की पैदल यात्रा को हिन्दी में प्रस्तुत करने की मैंने ईमानदार कोशिश की है। इस कोशिश में मैं कहाँ तक सफल हुई हूँ, यह बात हिन्दी के सुधी पाठक ही बताएँगे।

इस किताब का मुझ तक पहुँचना, इसका अनुवाद और इसका प्रकाशन, सबका श्रेय 'क्षितिज इंटरनेशनल' के श्री यशवंत चौघुले को जाता है। उनसे उऋण होने की बात मैं नहीं कहती। डॉ. गजानन चव्हाण ने इस अनुवाद को प्रथम पढ़ने की जिम्मेदारी ली, कुछ मौलिक सूचनाएँ दीं और अनुवाद पसन्द आने पर किताब पर अपना मंतव्य भी दिया उनके प्रति आभार किन शब्दों में व्यक्त करूँ? इस किताब के प्रकाशन और संवितरण में अहम् भूमिका निभानेवाले परिदृश्य प्रकाशन, मुम्बई के श्री रमण मिश्र, साहित्य अकादेमी के श्री प्रकाश भातम्ब्रेकर, 'नवनीत' के सम्पादक तथा मूर्धन्य पत्रकार श्री विश्वनाथ सचदेव, लेखक श्री जगदम्बाप्रसाद दीक्षित, किताब को सही / समग्र रूप में ढालनेवाले श्री राकेश शर्मा, प्रसिद्ध प्रकाशक 'पॉप्युलर प्रकाशन' इन सबके प्रति मैं सिर्फ अपने शब्दों के जरिये आभार व्यक्त करना चाहती हूँ। जबकि प्रत्यक्ष रूप से मैं इन महानुभावों के स्नेह और सहयोग के तहत हमेशा रहना

चाहूँगी क्योंकि यही सहयोग और स्नेह भविष्य में और कुछ अच्छा करने की मुझे प्रेरणा देता रहेगा।

वैसे अनुवाद का कार्य मैं हमेशा करती आई हूँ लेकिन 'बहत्तर मील' के अनुवाद ने मुझे काफी कुछ अलग दिया। 'बहत्तर मील' की यात्रा ने अनुवाद करते समय मुझे अनेक बार आन्दोलित किया, बेचैन किया। कभी इसके रोमांच और वास्तविकता से मैं अभिभूत हुई, तो कभी इसके दुखों और गरीबी ने मुझे भी दुखी किया। मैं चाहती हूँ आप भी इस यात्रा में शामिल हों, जो मैंने अनुभव किया उससे प्रत्यक्ष रूप से रूबरू हों...यही मैं चाहती हूँ...

—सुलभा कोरे

फोन : 9820468919
email : sulabhakore@unionbankofindia.com

अपूर्व अनुभवों का अद्वितीय यात्रा वर्णन

'बहत्तर मील' एक विलक्षण यात्रा का वर्णन है; एक ऐसी यात्रा का, जिसके लिए अजीबोगरीब तथा सुखद आदि विशेषण अनुचित होंगे। हजारों लोग यात्राओं का आनंद उठाते हैं, लेकिन क्या ये सभी यात्राएँ साहित्य के लिए अपेक्षित तथा आवश्यक नये अनुभव देती हैं? शायद नहीं। 'बहत्तर मील' को मैं इसलिए अद्वितीय यात्रा वर्णन मानता हूँ कि यह साहित्य को नये-नये अनुभवों से जोड़ता है—ऐसे अनुभवों से, जिन्हें मात्र अपूर्व कहा जा सकता है।

'बहत्तर मील' बारह साल के एक बालक द्वारा की गई बहत्तर मील की पैदल यात्रा का वर्णन है। अपनी इच्छा के विरुद्ध भर्ती करने से वह बालक बोर्डिंग हाउस से भाग निकला था। अत: यात्रा के आरम्भ से ही बालक के मन पर भय की भावना छाई हुई है। अपमान, भय, असहायता, विह्वलता और घर पहुँचने की व्यग्रता के जटिल घेरे में उसकी यह यात्रा—सातारा से कोल्हापुर तक की—आरम्भ हुई थी। आगे चलकर इस यात्रा में उसे ढेंढ़ जाति की एक गरीब, असहाय महिला तथा उसके बीमार, मरियल, चीथड़े पहने बच्चों का साथ मिल जाता है। धीरे-धीरे उस महिला की दर्दभरी कहानी से वह बालक परिचित हो जाता है। परस्पर सहायता तथा संवेदना मिलने पर आदमी को दुख-दर्द सहने में बल अवश्य मिलता है, लेकिन दलितों, विवशों, बेसहारों तथा गरीबों के लिए संकटों की श्रृंखला कब रुकती है? इन अनोखे यात्रियों पर लगातार आपत्तियों के पहाड़ टूटते रहते हैं।

'बहत्तर मील' में पाठकों का दिल दहलानेवाले कई अनुभव अंकित हैं। अनुभव-भय के, दहशत के, अपमान के, बेइज्जती के, बीमारी के, शारीरिक पीड़ा के, भूख के, भीख के। और हाँ, अनुभव मौत को देखने और उससे उत्पन्न अपरिमित दुख और पीड़ा को सहने के भी! केवल तीन दिनों की अवधि में इस गरीब ढेंढ़ महिला के तीन-तीन बच्चों की कारुणिक मौत को निकट से देखने और सहने के अनुभव सर्वाधिक दुखद अनुभव है। एक माँ के तीन बच्चों की तीन दिनों में हुई मौत की यह वास्तविकता हृदय को विदीर्ण कर देती है।

'बहत्तर मील' में दुख, दर्द, पीड़ा, वेदना, करुणा से भरे नितान्त नये अनुभव अंकित हैं। लेखक ने अपनी बारह साल की उम्र में इन्हें प्राप्त किया था। विचित्र परिस्थितियों में फँसकर पैदल प्रवास के लिए विवश बालक को स्वत: संकट में होते हुए भी धीरज रखनेवाली गरीब, बेसहारा, ममतामयी महिला का वात्सल्य, अनुभवों से निकला हुआ जीवन दर्शन तथा मार्गदर्शन भी प्राप्त हुआ था। वह उस वात्सल्य को भूल ही नहीं सकता था। वह अपने को एक भारी ऋण के नीचे दबा हुआ महसूस करता था। जैसे-जैसे उसकी उम्र बढ़ती गई, उस महिला—'राधाक्का' के चिथड़े-चिथड़े आँचल की छाया उसके लिए अधिक शीतल अनुभव होने लगी। शीतल और बोझिल भी। उस ममतामयी के ऋण का यह बोझ भारी होता गया। तीन-साढ़े तीन दिनों की पैदल यात्रा के अपूर्व अनुभवों की यादें उसे रात-बेरात कचोटने लगीं। उसने उत्कटता से अनुभव किया कि राधाक्का के महान उपकार से मुक्त होने का एक ही उपाय है—इन अनुभवों को शब्दबद्ध करना। 'बहत्तर मील' इन अपूर्व अनुभवों को शब्दबद्ध करनेवाला अद्वितीय यात्रा-वर्णन है। लेखक ने आरम्भिक पन्नों में अपनी बेचैनी को महसूस कराते हुए प्रकारान्तर से संकेत दिया है कि तल्ख अनुभव ही साहित्य-लेखन का मूल उत्स है। कथ्य की नूतनता ही महत्त्व की चीज है। कथन का ढंग या शैली बाद की बात है। 'बहत्तर मील' का नयापन उसके अनुभवों की अपूर्वता तथा मौलिकता में निहित है। इसमें वर्णित सारे प्रसंग लेखक द्वारा अनुभूत हैं; उधार के नहीं हैं। परिणामत: इस रचना में सजीवता, विश्वसनीयता, यथार्थता और ताजगी विद्यमान है।

'बहत्तर मील' के प्रति आकर्षण का यही प्रधान कारण है। इसकी निवेदन शैली में अनायास ही कथ्यानुकूल संगति बैठ गई है। परिणामत: इसके औचित्य, क्रमबद्धता, संगठन, सामंजस्य आदि में से किसी भी पक्ष के बारे में कोई शंका उपस्थित नहीं होती। इसके सारे प्रसंग क्रमबद्ध तथा सुसंगठित होकर रचना को पूर्णता प्रदान करते हैं।

'बहत्तर मील' डॉ. अशोक वटकर की मूल मराठी रचना 'बाहत्तर मैल' का श्रीमती सुलभा कोरे द्वारा किया गया हिन्दी अनुवाद है। किसी भी अनुवाद की सफलता अनुवादक द्वारा मूल के सही आकलन पर अवलम्बित रहती है। मैंने मराठी रचनाओं के ऐसे भी हिन्दी अनुवाद देखे हैं जो लक्ष्य भाषा के सहज, स्वाभाविक प्रयोग की दृष्टि से सराहनीय होते हुए भी मूल के सही आकलन के अभाव में मूल आशय से बहुत दूर जा पड़े हैं। मुझे सन्तोष है कि श्रीमती सुलभा कोरे मूल अर्थ को सुरक्षित रखने में पर्याप्त सावधान रही हैं। कहीं पर भी मूल अर्थ को हानि नहीं पहुँची है। मूल 'बाहत्तर मैल' में मानक मराठी के साथ-साथ, स्थान-स्थान पर ग्रामीणों तथा दलितों की बोली का प्रयोग हुआ है। अनुवादिका मराठी के इन रूपों से परिचित हैं, अत: मूल के आकलन में उन्हें किसी कठिनाई से सामना नहीं करना पड़ा। निरन्तर अभ्यास के कारण हिन्दी पर भी उनका अधिकार है, अत: अनुवाद में भाषा की रवानी विद्यमान है। कुछ स्थलों पर हिन्दी की प्रकृति के विपरीत वाक्यविन्यास जरूर दिखाई देता है, लेकिन ऐसा इसलिए किया गया जान पड़ता है कि पाठकों को मूल की शैली का आभास हो।

नितान्त नये-नये अनुभवों से सम्पन्न साहित्य कृति, हिन्दी पाठकों के लिए सुलभ कराने के कारण श्रीमती सुलभा कोरे बधाई की पात्र हैं। कोरे बधाई की पात्र हैं। मैं आशा करता हूँ कि भविष्य में भी आपकी सक्रियता बनी रहेगी और इसी प्रकार की अनूठी कृतियाँ हिन्दी पाठकों को सुलभ होती रहेंगी।

—डॉ. गजानन चव्हाण
अवकाशप्राप्त प्रोफेसर,
हिन्दी विभाग, पुणे विश्वविद्यालय, पुणे

बहत्तर मील : एक अविस्मरणीय दस्तावेज

'बहत्तर मील' अपने आप में एक अनूठा उपन्यास इस अर्थ में है कि इसमें दलित वर्ग के बहुत ही साधनहीन व्यक्तियों के जीवन की कथा कही गई है। समाज के ठुकराए हुए इन लोगों के पास इतने पैसे नहीं होते कि ये एस.टी. बस से एक शहर से दूसरे शहर की यात्रा कर सकें, अतः अपने बाल-बच्चों के साथ पैदल ही यात्रा करने के लिए मजबूर होते हैं। सातारा के होस्टल से भागा हुआ एक लड़का, सातारा से कोल्हापुर तक की 'बहत्तर मील' की यात्रा इसी परिवार के साथ करता है। रास्ते में भीख माँगने के अलावा और कोई उपाय नहीं। इस तरह माँगते, खाते, समाज की अवहेलना झेलते ये लोग अपनी 'बहत्तर मील' की यात्रा करते हैं।

इस यात्रा में तीन छोटे बच्चे अपनी जान गँवा देते हैं। मरे हुए बच्चों को ये लोग रास्ते में गड्ढे खोदकर गाड़ देते हैं और आगे चल पड़ते हैं।

इस बहुत ही अमानवीय जीवन के बावजूद राधाक्का का जो मातृत्व है वह अपनी मिसाल आप है। पूरा उपन्यास दलित जीवन का एक अविस्मरणीय दस्तावेज बन गया है।

प्रयास बहुत ही प्रशंसनीय है।

—श्री जगदम्बाप्रसाद दीक्षित

यह रास्ता बहत्तर मील से आगे भी जाता है

यूँ तो बहत्तर मील का मतलब बहत्तर मील ही होना चाहिए लेकिन राधाक्का और आस्सुक्या के लिए बहत्तर मील एक जिन्दगी जितने लम्बे हो गए थे। एक ही जिन्दगी क्यों, कई-कई जिन्दगियों जितने। आप राधाक्का और आस्सुक्या को नहीं जानते होंगे। मैं भी नहीं जानता था। यह तो जब मैंने अशोक वटकर का उपन्यास 'बहत्तर मील' पढ़ा तो इन दोनों से मेरी पहचान हुई। काश! न होती। न मिलता इनसे तो वह परेशानी तो मुझे न घेरती जो अब घेरे हुए है। जबसे उपन्यास पढ़ा है, यही सोच रहा हूँ, राधाक्का का क्या हुआ होगा? उसके शेष बचे तीन बच्चे बचे रह सके या नहीं? यही परेशानी आस्सुक्या की भी थी। तीन दिन वह राधाक्का और उसके बच्चों के साथ रहा था...रहा नहीं, चला था...पूरे बहत्तर मील। वह बहत्तर मील का साथ तो छूट गया, पर उसकी यादों का साथ छूट नहीं रहा। और आस्सुक्या सोच रहा है, वह दावानल जो उसके भीतर जल रहा है, कैसे बुझेगा? यह उपन्यास उसी दावानल की गाथा है और आस्सुक्या यानी अशोक यह सोच-सोच कर परेशान है कि कोल्हापुर जाने वाले उस दोराहे पर उसे छोड़कर राधाक्का कहाँ चली गई होगी। उस बिछुड़ने के बारह साल बाद अशोक सोच रहा है "शायद इस दुनिया ने उन्हें (राधाक्का और उसके तीन बच्चों को) भेड़-बकरियों या मुर्गों की तरह काटकर खा लिया होगा...कल खाई हुई सब्जी क्या हमें याद रहती है? यही वजह है कि (राधाक्का के) जान-पहचान वालों के लिए दस-बारह साल पहले छह बच्चों की माँ को, एक औरत को, याद रखने की कोई आवश्यकता नहीं थी।"

'बहत्तर मील' उसी औरत की कहानी है जो अशोक सुना रहा है। बारह साल का था अशोक जब वह राधाक्का और उसके छह बच्चों से मिला था। एक खाते-पीते घर का लड़का अशोक होस्टल की जिन्दगी से ऊबकर वहाँ से भाग जाता है, घर लौटने के लिए। जेब में पैसे नहीं थे, इसलिए पैदल ही चल पड़ता है वह। रास्ते में राधाक्का का परिवार उसका हमसफर बनता है और उस 'ढेंढ़ औरत' से मिला माँ जैसा स्नेह अशोक को आस्सुक्या बना देता है। बहत्तर मील का सफर वह इस 'भिखारी परिवार' का सदस्य बनकर काटता है और "उस यात्रा ने मेरे (अशोक के) सिर पर उस ढेंढ़ औरत तथा उसके बच्चों ने बहुत बड़ा बोझ लाद दिया है, जो उस वक्त रुई जैसा हल्का था" और संस्कृत का पंडित बन चुका अशोक अब उस बोझ को नाम नहीं दे पा रहा है जो उसके लिए "ऋण है, उपकार है, आशीर्वाद है...और उस बोझ में वेदना है, दया है, ममत्व है। इस निर्दयी दुनिया के बारे में एक दहशत, खौफनाक डर है...खुद को इनसान कहलवाने को लेकर शर्म मौजूद है।" और अशोक को शक है कि 'इतने सारे अर्थों वाले' उस बोझ का मतलब बतानेवाला "एक भी शब्द दुनिया की किसी भाषा में हो सकता है।"

बहत्तर मील तक फैला यह उपन्यास एक ढेंढ़ औरत और उसके निरीह बच्चों के बेचारगी की कहानी भर नहीं है, यह उस निष्ठुर समाज की भी कथा है जिसमें ऐसा कोई परिवार जीने के लिए शापित है और उस ममता की भी कहानी है जो इस परिवार की दुखिया मुखिया एक अनजान बच्चे पर लुटाती है। आखिर क्या रिश्ता था आस्सुक्या और राधाक्का का? यह सवाल अशोक ने उस भिखारिन माँ से पूछा था—बिछुड़ने के बारह साल बाद। "राधाक्का... मेरा और तुम्हारा क्या रिश्ता था...मैं न तुम्हारी जाति का, न धर्म का। तुम्हारे सामने खड़ा था बदनसीबी, गरीबी, भूख और विपदाओं का हिमालय। वह गिर रहा था तुम पर। और मैं एक भगोड़ा लड़का...आगे के चन्द दिनों में तुम्हारी तरह मुझे भी कष्ट झेलने पड़ेंगे, यह जानकर तुमने मुझ पर अपने चिथड़े-चिथड़े आँचल की छाँव धर दी...।" चिथड़े-चिथड़े आँचल की यह छाँव सारे उपन्यास पर फैली हुई है, शायद इसीलिए पाठक उस असहाय

औरत की कहानी पढ़ पाता है, जिसका शराबी पति जेल में था और जो अपने छह छोटे-छोटे बच्चों के साथ जिन्दगी की राह पर भटक रही है, जिन्दगी की सारी क्रूर वास्तविकताओं को झेल रही है। उसके दो बच्चे बिना खाना-पानी के तड़प-तड़प कर मर जाते हैं, आठ-दस साल की बच्ची के शरीर पर समाज के दरिंदों की निगाहें हैं और अन्तत: हारकर, थककर जो अपने बच्चों की भूख मिटाने के लिए चार मुट्ठी नमकीन के लिए अपना शरीर बेचने के लिए मजबूर हो जाती है। और तब उसके मुँह से निकलता है, "ईश्वर कहाँ है? उसने आँखें बन्द कर ली? क्या वह मर गया है?"

ईश्वर ने आँखें बन्द करी या नहीं, पता नहीं, पर लेखक बड़ी कुशलता से यह बताने में सफल हुआ है कि समाज की आँखें बन्द हैं, कि समाज की सामूहिक चेतना मर चुकी है! नहीं, लेखक कहीं भी यह नहीं कहता, वह इस सारे हालात के प्रति किसी प्रकार की हमदर्दी की प्रतिक्रिया भी नहीं चाहता। वह सिर्फ एक ऐसी सच्चाई से हमें रूबरू कराता है जिसके होने में हमारी भी कोई-न-कोई भूमिका है। लेखक ने आशा की है कि कभी "ईश्वर पश्चात्ताप से प्रेरित होकर तुमसे (राधाक्का से) माफी माँगने आएगा।" लेकिन राधाक्का की कथा पढ़ने के बाद जो सवाल मन में उठता है वह यह है कि क्या किसी ईश्वर के माफी माँगने से किसी राधाक्का के प्रति हुए अपराध का निराकरण हो जाएगा?

यात्रा के दूसरे दिन आस्सुक्या राधाक्का से पूछता है, "आज साँज तक कोलापुर आएगा अक्का?" "वो कहाँ जाएगा? कबी तो आयगाच...इस सड़क पर कई दूर हय, वहाँ तक रास्ता जाताय। हमकूँ सिर्फ चलना पड़ेगा, कोलापुर आएगा! कोलापुर ही काय कूँ? उसके आगे रास्ता जाताय...पूरी दुनिया में..."

पूरी दुनिया में जाता है रास्ता। हमारी मंजिल से कहीं आगे! लगातार आगे सरकती मंजिलों तक। सवाल चलते रहने का है। आशा और विश्वास के साथ चलते रहने का। ऐसे चलते रहेंगे तो कहीं वैसा व्यक्ति भी मिल सकता है जो शिरोली के तिराहे पर आस्सुक्या यानी अशोक को मिला था। वह उसे अपने ट्रक में बिठाकर लक्ष्मीपुर तक छोड़ गया था। तब अशोक ने मन ही मन कहा था, 'भले आदमी, दो-तीन दिन पूर्व यदि सातारा के आसपास कहीं मिल जाते तो...'

...तो शायद राधाक्का के दो बच्चे भूख से तड़पकर न मरते, तो शायद राधाक्का का बड़ा बेटा नागिन के गुस्से का शिकार न होता, तो शायद राधाक्का को अन्तत: हारकर शरीर न बेचना पड़ता, तो शायद...यह क्रम बहुत दूर तक जा सकता है। शायद उतना ही दूर इस उपन्यास का कथ्य हमारे साथ चलता है, उपन्यास पढ़ने के बाद। दुर्भाग्य से मैंने अशोक वटकर की और रचनाएँ नहीं पढ़ी हैं। सुना है, पचास साल की उम्र में ही इस प्रतिभाशाली, संवेदनशील एवं समर्थ लेखक का देहावसान हो गया था। सुलभा कोरे ने इस मराठी उपन्यास को हिन्दी में उपलब्ध कराकर हिन्दी पाठकों को एक महत्त्वपूर्ण पठनीय रचना दी है। पूरी रचना पढ़ते हुए कहीं लगता नहीं यह अनुवाद है। यही तो किसी सफल अनुवाद की विशेषता है। सफलता है। बधाई सुलभा जी!

—श्री विश्वनाथ सचदेव
प्रसिद्ध पत्रकार, आलोचक,
तथा 'नवनीत डाइजेस्ट' के वर्तमान सम्पादक

बहत्तर मील

कभी-कभी बिना किसी वजह से दिमाग काम करना छोड़ देता है। कोई वजह नहीं होती। सरदर्द नहीं करता। किसी के किये हुए अपमान से दिल दुखता हो यह बात भी नहीं होती। बावजूद यह एहसास होता है कि जो कुछ चल रहा है, सब व्यर्थ है, इसमें कोई तथ्य नहीं है। परिणामस्वरूप सब पर गुस्सा आता रहता है। हर बात से चिढ़ होती है। वजह का पता नहीं चलता। लेकिन सब कुछ ऐसा ही चलता रहता, बेचैन, त्रासद! रात हो जाती है। नींद की गोलियाँ लेने के बावजूद नींद आँखों से दूर भागती रहती है। खुली आँखें छत को ताकती रहती हैं। बिछौना चुभने लगता है। फिर बिछौना छोड़, दरवाजा खोल मैं रास्ते पर उतर जाता हूँ और उस काली और ढलती रात में सिर्फ रास्ते पर चक्कर लगाता रहता हूँ।

फिर एक के बाद एक यादों की लहरें गुजरने लगती हैं। रात की काली स्याही, आसमान में टिमटिमाते तारे, कड़कड़ाती ठंड और पैरोंतले कच्ची, कोलतार की सड़क...

अब मेरे घर के आसपास बहुत से पेड़-पौधे हैं। हवा के साथ उनकी सरगोशी चलती रहती है। इर्द-गिर्द कितने छोटे-बड़े घर, बँगले हैं। जिसमें रहते हैं, कितने ही परिवार, माँ-बाप और उनके बच्चे! अब सोये होंगे नींद की आगोश में, छत के नीचे, दीवारों के सहारे, कम्बल, गुदड़ियों को ओढ़कर उनकी उष्मा में बिलकुल शान्त! घर में मेरी पत्नी और बच्चे भी इसी निश्चिन्तता से होंठों के कोणों से हँसते हुए सोये हुए हैं। लेकिन मैं अकेला इस वक्त उदास, बेचैन, अस्थिर दिल से, ओस से भीगे हुए रास्ते पर नंगे पैर चहलकदमी कर रहा हूँ।

नंगे पैर...नंगे पैर, मैं अब अपने कदमों की ओर देखता हूँ। अब उन कदमों पर चप्पलों, जूतों, स्लीपरों को पहनने की वजह से अनेक निशान बने हैं। अब मेरे पास पाँच-छह प्रकार के जूते हैं। रेनकोट, छाते के साथ ही ठंड लगने पर स्वेटर और जर्सी भी है। लेकिन सुनसान मध्यरात्रि में जब मैं यूँ अचानक नंगे पैर रास्ते पर चलने लगता हूँ तब घर में मौजूद इन सभी चीजों से मेरा जी ऊब जाता है। बड़ी शिद्दत से महसूस होता है कि अब, इसी वक्त चल देना चाहिए। आगे-पीछे कोई नहीं, जेब में फूटी कौड़ी नहीं। पहने हुए इन बढ़िया कपड़ों को उतारकर फेंकना चाहिए और थिगलों से जुड़ी हुई हाफपैंट, उस पर ढीला-सा, बिना नाप का अजीबोगरीब खुरदरे मोटे कपड़े का शर्ट पहना जाए और चलना शुरू किया जाए...चलना भी इस तरह कि जब भी आवश्यकता हो, लम्बे-लम्बे डग भरते हुए कभी भी दौड़ना शुरू किया जा सके...पीछे देखते हुए...कोई पकड़ने हेतु पीछे से आ तो नहीं रहा है, इसकी आहट लेते हुए...बीच-बीच में किसी पेड़ के पीछे, खाई, खेतों की मेंड़ों की ओट में छिपकर, पीछे से आनेवाला आदमी आगे बढ़ जाने के बाद दिल की धड़कनों पर काबू पाने की नाकाम कोशिश करते हुए, दिल में डर के साथ असहायता का एहसास लेकर, कभी भी फूट पड़नेवाली रुलाई को रोकने की भरसक कोशिश करते हुए फिर से चलना शुरू किया जाए।

और फिर से जी लिया जाए उस भयावह एहसास को...फिर से अनुभव किया जाए कि यह पैरोंतले का रास्ता सिर्फ अपने लिए है...अपने अकेले के लिए! हाँ, उस रास्ते से लोग, मोटरगाड़ियाँ, बैलगाड़ियाँ गुजरती रहेंगी लेकिन मुझे कोई देख नहीं सकेगा। मेरा मील-दर-मील चलना किसी के ध्यान में नहीं आएगा क्योंकि पूरी दुनिया के लिए मेरा अस्तित्व यानी एक शून्य।

बहुत बड़ा झंझावात आ जाए और दुनियाभर की सभी घड़ियाँ एक ही पल में उलटी चलने लगें, सूरज फिर से पश्चिम से पूरब की ओर चक्कर लगाए और लौट आए वह वर्षों पहला भूतकाल, भूत जैसा वक्त...मेरी बारह साल की उम्र फिर मुझे लौटा दी जाए...मैं फिर बारह साल का हो जाऊँ...इस सुनसान रात में, पैंतीस साल की उम्र में फिर वह सब कुछ मुझे याद आ रहा है।

नंगे पैर, घर के सामनेवाले खम्भे पर जो दीया जल रहा है, उसे देखकर लग रहा है कि काँच का वह बर्तन दूर-दूर जा रहा है...उदास जंगल...पूरे जंगल में फैला हुआ स्याह अँधेरा, दूर कहीं रोशनी दिखाई दे रही है, रोशनी का एक बिन्दु दिखाई तो देता है और मैं...नहीं...उस वक्त मैं अकेला था, अपने लिए। लेकिन कोई और मेरे साथ वैसा ही चल रहा था, नंगे पैर! कहते हैं, नहीं, मैंने सुना है, कहानी में कि...सहायता के लिए ईश्वर दौड़ आता है, बड़े महापुरुष, सज्जन लोग आदि दौड़ आते हैं। लेकिन मेरे साथ चलनेवाली व्यक्ति को मैं किस पैमाने पर नापता जो उसकी महत्ता को अधोरेखित करता? जिससे मैं उस व्यक्ति के महत्त्व को समझता तथा अन्य लोग भी जान जाते? महान स्त्री? बड़ी औरत? नहीं, नहीं, ये सारे शब्द उस औरत के समक्ष फीके हैं...लेकिन इस वास्तविकता को मैं कब महसूस कर रहा हूँ? अब...जागते हुए...सोचते हुए... उस सोच तूफान से झिंझोड़ी हुई रात में...उस वक्त...जब मैं बारह साल का था, तब मैंने यह महसूस नहीं किया था। उस अजीबोगरीब औरत के वे छह बच्चे...जो मेरी तरह नंगे पैर, दूर तक, खत्म न होनेवाले रास्ते पर चलते-चलते, गिरते-पड़ते, रोते, झिझकते चले जा रहे थे। छह बच्चे और उनकी वह माँ। एक महादरिद्री अभागी औरत का वह रूप...हरिजन। सात लोगों की वह टोली और सातारा के बोर्डिंग से छूटकर कोल्हापुर की ओर भागनेवाला मैं...बाद में उन सात लोगों में मैं भी शामिल हो गया था। कोल्हापुर पहुँचते-पहुँचते हम सिर्फ पाँच लोग बच गए थे और अब, इस वक्त शायद मैं अकेला जिन्दा रह गया हूँ। उस प्रदीर्घ यात्रा में जीवित रूप से मुझे विदा करनेवाली वह ढेंढ़ औरत और उसके तीन बच्चे—दो बेटियाँ और एक बेटा, शायद उनमें से एक भी आज जिन्दा नहीं होगा। मैंने बाद के दिनों में उनकी काफी खोजबीन की। गावों में ढूँढ़ा, उनका कोई ठिकाना नहीं मिला मुझे। इतना ही नहीं, उस औरत ने जिन-जिन लोगों के बारे में मुझे बताया था, वे लोग भी उसे और उसके बच्चों को भूल से गए थे। वैसे देखा जाए तो उन निर्लज्ज लोगों को पूरी जानकारी थी लेकिन वे मुझे बताना नहीं चाहते थे। मैंने भी यह जो खोजबीन की, वह भी काफी सालों के बाद...यानी वर्ष 1971 के दौरान! और इन दस-बारह सालों

की अवधि में, उस औरत का या उस यादगार यात्रा के अन्त में बचे उसके शेष तीन बच्चों का कुछ भी हो सकता था...अब जब उस बारे में मैं सोच रहा हूँ, तब दुनिया के प्रति एक अजीब-सी कड़वाहट मुँह में घुलने लगती है। ...शायद इस दुनिया ने उन्हें भेड़-बकरियों या मुर्गों की तरह काटकर खा लिया होगा...कल खाई हुई सब्जी क्या हमें आज याद रहती है? यही वजह है कि उन जान-पहचानवाले लोगों के लिए दस-बारह साल पहले छह बच्चों की माँ को, एक औरत को याद रखने की कोई आवश्यकता नहीं थी।

कुल मिलाकर, अब काफी साल बीत चुके हैं। और इस कालयात्रा में मैं अकेला जिन्दा बचा हूँ, यह कहना गलत नहीं होगा। अपने बच्चों के साथ शिरवल से लगभग कोल्हापुर तक उसका पैदल चलना...लगभग सौ मील की पैदल यात्रा—और सातारा से कोल्हापुर तक मेरी पैदल यात्रा...बीच यात्रा में मेरा उन लोगों से मिलना...तन-मन को, कदमों को थकानेवाली वह यात्रा...लेकिन अब रात-बेरात मैं महसूस करता हूँ कि 'उस यात्रा' ने मेरे सिर पर उस ढेंढ़ औरत तथा उसके छह बच्चों ने बहुत बड़ा बोझ लाद दिया है जो उस वक्त बिलकुल रुई जितना हल्का था...लेकिन उस बोझ को भी क्या नाम दिया जाए? कौन-सा शब्द इस्तेमाल किया जाए जिससे उस 'देन' की कल्पना को और स्पष्ट किया जा सके? 'पुरुषस्य भाग्यम्' वाली आश्चर्यजनक उक्ति की वजह से अब मैं संस्कृत पढ़ानेवाला अध्यापक बन गया हूँ। लाखों शब्दों को मैं जानता हूँ तथापि 'उस' बोझ के लिए प्रतिशब्द ढूँढ़ना मेरे लिए अब भी सम्भव नहीं हुआ है। वह ऋण है, कर्जा है, उपकार है, दातव्य-दान है, आशीर्वाद है और उससे भी ज्यादा गहन और गहरी बात यह कि उस बोझ में वेदना है, असीम दया, ममत्व है। इस निर्दयी, क्रूर दुनिया के बारे में एक दहशत, खौफनाक डर है...खुद को इनसान कहलवाने को लेकर शर्म मौजूद है। गरीबी, दुख, भूख तथा असहाय्य, बीमारियों से घुनी हुए हड्डियों के ढाँचे बनकर मर गए उन तीन बच्चों की यादें हैं। उस ढेंढ़ औरत को उसके मरे हुए तीन बच्चों पर मिट्टी डालने में मैंने अपनी बारह साल की आयु में मदद की थी। उस बोझ में यह सब शामिल है।

अपने बच्चों की मौत पर रोना, कलपना और फिर अन्दर ही अन्दर दुख को पी जाना...बहुत कुछ है उस बोझ में...इतने सारे अर्थ...मतलब तथा लक्ष्यार्थ बतानेवाला, एक भी शब्द दुनिया की किसी भाषा में हो सकता है—इस बारे में मुझे आशंका है। जैसे-जैसे मैं बड़ा हो रहा हूँ, परिपक्व होने लगा हूँ, इस बोझ को शिद्दत से महसूस करने लगा हूँ और यह मुझे असहनीय तकलीफ देता है...मैं थक जाता हूँ इस दुख से...अर्थात् यह मानसिक थकान है, शारीरिक नहीं। मेरे दिल का एक कोना इस अकथनीय, अकल्पित बोझ को ढोने से पूरी तरह थक चुका है, जिसे मैं रात-बेरात महसूस करता हूँ। यही वजह है कि बीच रात में मैं कभी भी जाग जाता हूँ। जैसे सैलाब शहरों, गाँवों को अपनी चपेट में लेता है, जैसे जंगली क्रूर अजगर किसी हिरन के शावक को लपेटकर जिन्दा निगलता है, ठीक उसी तरह दिल को उदासीनता, बेचारगी घेर लेती है। यदि कहा जाए कि उस ढेंढ़ औरत ने मेरी शेष जिन्दगी को भर-भरकर ज्ञान दिया, तो गलत नहीं होगा। वह ज्ञान मुझे किसी दार्शनिक ग्रंथ से नहीं मिला है बल्कि उस औरत ने उस ज्ञान के साथ मुझे एक अभिशाप भी दिया है कि इस बारे में मुझे अपनी शेष जिन्दगी में सोचना होगा, अवश्य विचार करना होगा। शायद वही औरत अब भूत बनकर मुझे इस तरह मध्यरात्रि या उत्तररात्रि में बेचैन, दुखी कर, चहलकदमी करने के लिए मजबूर करती होगी।

अंबप गाँव के पास वाले रास्ते पर उससे और उसके बचे हुए तीन बच्चों से मेरा अलगाव हो गया। सूजे हुए पैरों को ढोते हुए मैं अकेला कोल्हापुर की दिशा में चल दिया। मुझे अकेला चलता हुआ देखकर वह वहीं पर, उस रास्ते पर धूल में झट से बैठ गई और करुण विलाप करते हुए रोने लगी, कहने लगी, 'आस्सुक्या, इदर आ—बेटा जरा इदर आ मेरे पास बैट जा—' मैं चार कदम आगे बढ़ गया था...फिर लौट आया और उसके पास बैठ गया। पुरानी, फटी, चिथड़ी हुई साड़ी से उसने मेरा धूल से सना मुँह पोंछ दिया। बालों की सूखी सी जटाएँ, गन्दा सिर सहलाते हुए उसने मुझे करीब खींच लिया। बिलकुल नजदीक...वह रोई...राधाक्का रोई।

"कऊन से जलम का पाप था रे ये" वह बोली...नाक साफ करते हुए! रोना बन्द कर वह मुझे कुछ सयानेपन की बातें बयाँ करने लगी। "सयानेपन से, अच्चे से बर्ताव मँगता रे—चार लोगों की बातें सुनने का...वेवार से रयने का...सुन बाबा...तेरा मेरा वास्ता क्या लेकिन कुच तो होगा रे तबीच तू मिल गया मुजे और मेरे बच्चों पर मिट्टी डाली तूने! आस्सुकया, दुनिया बड़ी होश्यार बाबा! किस्सी के बीच में नय आना, किसी कोरे कागूद पर अंगूटा मत लगाना, ब्याज से पैसा मत लेना...बाबारे, सब कुच अलग है बाबा...छूट्टे साँड की तरह मत रयना, दोस्तों के साथ! नय तो गेट पे ले जाएँगे। बरफ पर सुलाकर मारेंगे, कष्ट करके जो रूखी-सूखी मिलेगी वहींच खाने की...क्या? यहाँ-वहाँ हात नहीं मारना। माँ-बाप, भाई-भेन सब छोड़ देंगे, देख! खून का रिश्ता भी बदलताय क्या? तुम अब बच्चे हो!"

राधाक्का बहुत देर तक मुझे समझा रही थी। अब वे शब्द याद नहीं रहे, यह बात भी सच है...फिर उसे रुलाई फूटी। "हाँ...अब जा..." उसने कहा। "ये रास्ता ऐसाच सीदा जाएगा देक, कोलापुर तक..." थका हारा मैं, रुआँसी सूरत और बारह-तेरह मील अकेले चलने की कल्पना से फिर एक बार तेजी से कदम बढ़ाने लगा...चार कदम भी बढ़ा नहीं था कि पीछे से राधाक्का चिल्लाकर कहने लगी...

"बाईं ओर से जा...बाबा...बाईं ओर से...रास्ते पर बाईं ओर से च जाना बाबा...तू ऐसा करना, रास्ते के एक ओर से किनारे-किनारे से जा...आस्सुक्या... इस रास्ते के डायवर लोग बड़े कमीने होते हैं रे...चर्बी रैती है, उनकी आँखों पर! बकरी की तरह तुजे पीसकर जाएँगे...बाबा, ये रास्ता तुमारा हैच नय, यहींच समजने का...जा बाबा, जा...सांज तक जाएगा तू कोल्लापुर में..." पीछे से कोई धकेल रहा हो मानो। मैं उसी तरह चलता रहा। बाद में उसकी आवाज आना बन्द हो गई। मैंने पीछे मुड़कर अंबप की ओर देखा। धूली में वह और घागरे में लपेटी उसकी दो बेटियाँ तथा उनके पीछे फटे पुराने तौलिया जैसा चिथड़ा कपड़ा कमर में लपेटकर खड़ा था, सात आठ साल का बच्चा...ये सभी बार-बार मेरी ओर देखते हुए धीरे धीरे चले जा रहे थे, मैं फिर सामने देखकर चलने लगा।

दूर कहीं से महीन-सी आवाज आई। वह राधाक्का की ही आवाज थी। दूर तक फैली उस बंजर भूमि पर और कोई दिखाई नहीं दे रहा था। "आस्सुक्क्याऽ" मेरा नाम अशोक था लेकिन वह कभी भी उस नाम का सही उच्चारण नहीं कर पाई थी। जबकि किसी का ऐसा नाम हो सकता है, इस बात पर उसे विश्वास ही नहीं था। मैं फिर रुक गया था। पीछे मुड़कर देखा। चिल्लाकर उसे वजह पूछने की या 'जी' कहने की शक्ति भी मुझमें नहीं थी। आँखों पर अपना चिथड़ा-सा पल्लू धर, किसी ठंठ बने हुए सूखे पेड़ की तरह वह वहाँ फिर एक बार रुक गई थी। एक हाथ उठाकर अपनी लकड़ी सी मरियल उँगलियों से वह मुझे विदा कर रही थी, अन्तिम रूप से..."आस्सुक्क्याऽ जा बाबा जा... जा..." वह अन्तिम पल था। मैं मुड़ गया था और वे चार अभागे भी मुड़ गए थे, हमेशा के लिए! फिर कभी न मिलने के लिए हम एक दूसरे से विदा हो रहे थे। कदमों के बाद कदम...बोझिल कदम...वे चल रहे थे। तीन साढ़े तीन दिनों की मेरी वह बहत्तर मील की यात्रा और उसकी तथा उसके बच्चों की लगभग सौ मील की यात्रा...एक अबूझ बात...एक अनकहा साथ जो हमेशा के लिए छूट गया था, आज तक! कितने साल बीत गए...कोई खबर नहीं, कोई बात नहीं। वह और उसके बच्चे...शेष बचे सिर्फ तीन बच्चे...शायद वे तीनों भी मर-खप गए होंगे...हाँ...उनके साथ कुछ भी हो सकता था। इस कल्पना का यह बोझ भीषण है...जागती रातों में यही एक वाकया मुझे शिद्दत से याद आता है...आँखें निरन्तर भर आती हैं और झरती रहती हैं। गला रुँध जाता है। बारह साल की उम्र का बचपना, समय और सालों के साथ पीछे छूटता गया। अनेक साल बीत गए, उस दीर्घ यात्रा और जानलेवा यादों को मैं भूल गया था। शहर में बसना, सीखना, कामकाज और अन्य कामों के बीच मैं उन साढ़े तीन दिनों को बिलकुल भूल-सा गया था। मन के सागर की अतल गहराइयों में वे तीन दिन बिलकुल गहरे पैठ गए थे। उन पर विस्मृति की काई जम गई थी। लेकिन यदि हम दिल को सागर समझते हैं, तो मेरे दिल में एक दावानल हमेशा जलता है। मेरे दिल में अचानक एक तूफान-सा उठता है। मेरा दिल इस दुनिया के दुखदायी तथा अपमानभरे एहसास से जलने लगता है।

वह दावानल जागृत होता है। यादों की डूबी हुई कश्ती पर जमी वह काई झटके से निकल जाती है और भूतबाधा की तरह वह तीन-साढ़े तीन दिनों की यादें फिर से दिल में लहराने लगती हैं। वह राधाक्का, तेरह साल की बड़ी बायजी, बारह वर्षों से कम लेकिन लगभग मेरी उम्र की भिमी, उसके बाद का सात-आठ साल का विट्ठल और मेरी आँखों के सामने मर-खप गए वे तीन बच्चे—गणू और चन्दर-सुन्दर, ये जुड़वाँ बच्चे! ये सब मुझे यादों के जहाज पर भूत की तरह पुकारते रहते हैं। रात-बेरात—मेरे दिल से उठती उनकी धीमी पुकार मुझे सुनाई देती है।

"आस्सुक्क्या...जा बाबा जा...रास्ते का छोर पकड़-पकड़ के जा। दुनिया खराब है, बाबा...वे डायवर लोग तुझे पीस देंगे..." उस वक्त जो-जो कुछ घटा था, वह टुकड़ों-टुकड़ों में अब याद आने लगा है। आज के व्यवहार का एकाध कोई अनुभव मुझे उन यादों से जोड़ देता है। विशेषरूप से अपमान, मानहानि, चिढ़ाना, नंगे पैर चलना, चिलचिलाती धूप, काल बैसाखी, खेत की मेंड़ें...अनेक दृश्य, अनेक एहसास, मुझे ले जाते हैं, भूतकाल में...और वह भूतकाल ही अब मेरे लिए एक बेहद थकानेवाला बोझ बन गया है।

हालाँकि अपनी तकलीफ, दुख, शारीरिक, मानसिक वेदनाओं तथा अच्छे-बुरे अनुभवों का बखान चार लोगों से कर उनसे सहसंवेदना प्राप्त करने से मुझे चिढ़ है। मुझसे परिचित लोग मेरी इस बहत्तर मील की यात्रा से भली-भाँति वाकिफ हैं...कभी-कभार इस बारे में वे जानना भी चाहते हैं... लेकिन सब कुछ उन्हें बताने का ढाढ़स मुझमें नहीं है। यह सब कुछ मेरे पिछले जन्म में किये गए पाप की वजह से मुझे झेलना पड़ा होगा, अब उस बारे में लोगों को बताकर क्या फायदा, इस भावना से मैंने अपनी पत्नी को भी ये बातें बताई नहीं। मैं जो कुछ बता दूँगा उस बात पर शायद वह भी विश्वास नहीं कर पाएगी!...लेकिन अब भीतर से ऐसा जलजला उठता है जो मुझे कहता है कि इसे बयान कर...अपने बारे में न सही लेकिन उस औरत...राधाक्का के बारे में...उस ढेंढ़ औरत के बारे में, उसके बच्चों के बारे में...उसने जो हकीकत मुझे बयान की थी उसके बारे में...मेरे दिल पर

उसके द्वारा लादे गए बोझ के बारे में बयान कर...! आजकल संजीदगी भरे दिल पर जो बोझ है, उसकी गाँठें यूँ ही रात-बेरात खुल जाती हैं और जिस तरह गठरी खुलकर फैल जाती है, उस तरह से उस गठरी में मौजूद अनेक यादें पलभर में साँपों की तरह मुझे अपनी गिरफ्त में लपेटने लगती हैं। लेकिन अब यह कहानी सुनाकर मुक्त होना पड़ेगा। गठरी में बाँधी हुई हर एक चीज देखकर, परखकर फिर गठरी में बाँधकर दिल के किसी कोने में रख दी जाएँ...वह वहीं पर रहेगी 'जस की तस' इस बारे में कह नहीं सकते। वैसा होता भी नहीं है। भूतबाधा, टोना-टोटका चलेगा, लेकिन यह बोझ नहीं सहा जाएगा—कभी-कभी ऐसा भी लगता है।

राधाक्का...मेरा और तुम्हारा क्या रिश्ता...मैं न तो तुम्हारी जाति का था, न धर्म का। तुम्हारे समक्ष खड़ा था बदनसीबी, गरीबी, भूख तथा विपदाओं का हिमालय। वह गिर रहा था तुम पर...और मैं एक भगोड़ा लड़का...लेकिन उन चन्द दिनों में तुम्हारी तरह मुझे भी कष्ट झेलने पड़ेंगे, यह जानकर तुमने मुझ पर अपने चिथड़े-चिथड़े आँचल की छाँव धर दी...यदि तुम नहीं होती तो इन तीन दिनों में मेरे साथ कुछ भी हो सकता था...तेरी ममता जैसी बात मैंने पहले कभी महसूस ही नहीं की थी। आज यह सवाल लेकर मैं खड़ा हो जाता हूँ कि मेरे माँ-बाप के प्रति मुझे प्रेम क्यों दिखाना चाहिए और इसी के साथ एक और एहसास शिद्दत से महसूस होता है कि अगला जन्म तुम्हें स्त्री का मिले और मैं तुम्हारे बेटे के रूप में जन्म लूँ। इस जन्म में तुम्हारे हिस्से कोई सुख नहीं आया, मैं तुम्हें सुख दे दूँगा। यदि माँगकर जन्म मिलता है, तो अगले जन्म में मेरी यही माँग होगी। सिर्फ तेरे लिए मैं अपनी यह कहानी बताने जा रहा हूँ, जिसे बताने का धैर्य मैं कभी नहीं करता। तुम्हारे तीनों बच्चों को हमने खोदे हुए गड्ढों में, खेतों के मेंड़ों में किस तरह से गाड़ दिया था...उनकी मिट्टी कौन चुनेगा? जेल में बन्दी उनके बाप को यह कैसे मालूम होगा कि उसके अपने बच्चे किस तरह बिना खाना-पानी के तड़प-तड़प कर मर गए हैं। बच्चों की मृत्यु पर तुमने शोक मनाया। "ईश्वर कहाँ है? उसने आँख बन्द कर ली? क्या वह मर गया है?" कहकर तुमने विलाप किया।

राधाक्का तुम्हारे बच्चे तुम्हें अक्का कहते थे। मैं भी तुम्हें इसी नाम से पुकारता था। अक्का, शायद अब तुम इस दुनिया में नहीं होगी। यदि तुम मर गई हो, तो किस तरह से मरी हो, इसकी जानकारी मुझे मिलने से रही; लेकिन तुम इसी मिट्टी में मिल गई होगी। तीन दिनों के बाद फूल चुनने होते हैं, परन्तु तुम्हारी मृत्यु के बाद का तीसरा दिन मुझे मालूम नहीं हो सका था। लेकिन अब समझ लो कि तुमने अपने बच्चे की तरह जिसे रखा, वही 'आस्सुक्या' तुम्हारी कहानी बयान कर तुम्हारे फूल चुन रहा है...जिस ईश्वर को तुमने कोसा, अभिशाप दिये, शायद वही ईश्वर पश्चात्ताप से प्रेरित होकर तुमसे माफी माँगने आएगा। तो अक्का...राधाक्का...अब मैं बताने जा रहा हूँ तुम्हारी कहानी...

सिर्फ पाँच आनों के लिए

घर में सबके अनचाहे, लताड़े जानेवाले बिल्ली के पिल्ले को जिस तरह से बोरे में या थैली में बन्द कर गाँव से बाहर दूर पठार पर या पहाड़ियों के पीछे छोड़ देते हैं, मेरे बाप ने एक दिन उसी तरह मुझे वड़गाँव से उठाकर बहुत दूर बसे सातारा के बोर्डिंग स्कूल में भर्ती किया और वह खुद वहाँ से भाग गया।

मुझे सही मायने में एक अच्छे से बोर्डिंग स्कूल में भर्ती किया गया था, कर्मवीर भाऊराव पाटील जी के बोर्डिंग स्कूल में! मुझे याद है, वह सब! लम्बा, दूर तक जाकर फिर थोड़ा टेढ़ा हुआ रास्ता! बाईं या दाहिनी ओर एक हरे पानी का तालाब और आगे बढ़ने पर बैराक जैसी दिखनेवाली कमरों की लम्बी कतार। उस इमारत के समक्ष खड़ा वटवृक्ष मुझे अब भी याद है। पीछे की ओर दरवाजे से दिखाई देनेवाला पहाड़ जैसा टीला...बोर्डिंग के सामने काली मिट्टी के खेत फैले हुए थे। वहाँ एक हौज था। उस हौज को अनेक टोंटियाँ थीं। मैं उस वक्त बारह वर्ष या उससे कुछ ही महीने ज्यादा उम्र का रहा हूँगा। बोर्डिंग की इतनी ही कुछ बातें मुझे याद हैं; यादें—मैं इसलिए कह रहा हूँ क्योंकि मैंने उसके बाद वहाँ पर कदम नहीं रखे हैं। मुझमें उस स्थान को लेकर एक दहशत-सी है।

वैसे अब दहशत या डर लगने की कोई बात नहीं। लेकिन पता नहीं क्यों सातारा शहर को लेकर उस वक्त से ही मेरे दिल में एक डर-सा व्याप्त है। उन दिनों रयत शिक्षा संस्था तथा सातारा का बोर्डिंग स्कूल काफी मशहूर था।

समाज के सभी स्तरों के बच्चों को उस बोर्डिंग में बड़े सुख और खुशी से रहते हुए मैंने देखा था, मुझे वह याद है। पहले ही दिन जब मेरा बाप मुझे बोर्डिंग के संचालक के समक्ष खड़ा कर चल दिया तब मुझे दिखाए गए हौज पर मैं हाथ-पैर धोने हेतु आया। वहाँ काफी सालों से रहनेवाले कितने ही बच्चे थे। सब सन्तुष्ट और शान्त थे। लेकिन मैं वैसा नहीं था। मेरे जन्मदाता ने उस संचालक के समक्ष मेरी लाज के चिथड़े-चिथड़े किये थे। बावजूद इसके दो-तीन बच्चों ने मैं कौन, कहाँ से आया हूँ, इस बारे में पूछताछ भी की थी। मैंने भी ज्यादा कुछ न कहकर उन्हें नाम और गाँव की जानकारी दी। बाप ने मुझे छोड़ दिया है, इस एहसास से मेरा रोना रुक नहीं रहा था।

जब मैं संचालक के समक्ष खड़ा था, तब मैंने तय किया था कि कुछ भी हो, मैं यहाँ रहनेवाला नहीं।

"घर में इसका बर्ताव ठीक नहीं है...स्कूल में जाता नहीं, माँ के साथ झगड़ा करता है, अन्य बच्चों के साथ मारपीट करता है...बिलकुल किसी की कुछ नहीं सुनता...मेरा बाप, संचालक महोदय को मेरा परिचय दे रहा था। मैं अपना हरा, टिन की चद्दर का बक्सा अपने पैरों के पास रखकर बेड़ियाँ डालकर लाए गए चोर की तरह खड़ा था।

"मैं वहाँ मुम्बई में...ये लोग कोल्हापुर में...मेरे पीछे इतने झंझट..." पिताजी धीरे-धीरे संचालक को अपने बारे में जानकारी देने लगे। उन दिनों उनका काफी नाम था, एक अच्छे कलाकार, नाटककार के रूप में!...वह कर्मवीर जी को प्रत्यक्ष जानते थे। संचालक महोदय से भी उनका खासा परिचय था... हालाँकि मैं वहाँ कुछेक दिनों के लिए ही रहा...वैसे कितने दिन, अब कुछ याद नहीं आता। लेकिन उन चन्द दिनों के दौरान मैंने कर्मवीर जैसे महापुरुष को कभी देखा नहीं। सिर्फ 'भावराव पाटील' नाम के अलावा, मेरे पास उनका कोई परिचय नहीं था। मुझे यह भी पता नहीं था कि वह उस वक्त वहाँ मौजूद थे या नहीं। अब तक की भयावह यादों की वजह से कोई जानकारी इकट्ठा करने की मेरी मानसिकता भी नहीं थी। एक बात सच है, यदि मैं उस बोर्डिंग

की जिन्दगी में रम जाता, तो शायद इससे भी बेहतर स्थिति में हो सकता था। लेकिन मेरे माँ-बाप को लेकर मेरे मन में शुरू से जो नफरत थी, वह नफरत बाप द्वारा उस चालक से मिलने की वजह से और पुख्ता हो गई और उस ख्यातकीर्त बोर्डिंग स्कूल में कुछ पल बिताए बिना ही उसे लेकर मेरे मन में एक अजीब-सी अरुचि पैदा हो गई। यदि उस वक्त वह अरुचि पैदा न होती तो शायद जिस तरह निचले तबकों के हजारों बच्चों को एक उँचाई देने का काम उस स्कूल ने किया, मैं भी उन बच्चों में से एक होता। इस बारे में मेरे मन में कोई आशंका नहीं।

लेकिन यह नहीं होना था। बढ़िया, अच्छे बोर्डिंग स्कूल में मुझे भर्ती करने का मेरे बाप का उद्देश्य कुछ अच्छा नहीं था। "यदि ऐसा-वैसा कुछ करेगा तो इसे बेरहमी से पीटना...बिलकुल बिगड़ गया है...इसे कड़े अनुशासन में रखना होगा...मैं क्या हूँ, और ये मेरे बच्चे? लोग क्या कहेंगे..." पिजाती कह रहे थे।

शायद संचालक महोदय ने भी ऐसा ही कुछ कहा होगा, पिताजी को सुकून देनेवाला। बाप की कड़ी नजर हटने से बच्चे यूँ ही बिगड़ते हैं, शायद ऐसी भी कोई बातचीत हुई होगी। देखा जाए तो मैं उन्हें जानता नहीं था और वे दयावान दिखाई देने के बावजूद उनसे प्रेम करने की मेरे पास कोई वजह नहीं थी। घर से निकलते समय मुझे बुरा-भला कहते हुए माँ ने कुछ मेरे लिए तथा कुछ मेरे बाप के लिए कहा था, "इस तरह से नखरा करोगे तो तुम्हें अच्छी तरह से मार पड़ेगी। पता नहीं, ईश्वर ने क्यों इस दीये को मेरे आँचल में डाल दिया है...उन लोगों को इसे अच्छी तरह से पीटने के लिए कहना..."

संचालक महोदय ने क्या कहा, वह मुझे बिलकुल भी याद नहीं है, लेकिन वे शब्द मुझे अब भी अच्छी तरह से याद हैं। क्योंकि मेरे जैसे कुछ ज्यादा बदमाश बच्चे से भी मेरा बाप ज्यादा प्रसिद्ध था, नामचीन था और बाप की इच्छा के अनुसार उस संचालक महोदय ने भी मेरे बारे में अपनी वही राय कायम की होगी या उसने यह बात समझ ली थी या यूँ कहिए उसकी वैसे धारणा थी कि बड़े और नामचीन बापों के बच्चे हमेशा नालायक पैदा होते हैं।

'मुझे यहाँ क्यों लाया गया है, इस बात से मैं भलीभाँति परिचित था। मेरे बाप ने मुझे अनुशासन, सलीकेदार बर्ताव, शिक्षा, आदि से सम्बन्धित बड़ी-बड़ी गप्पें हाँकी थी, लेकिन वह सरासर झूठ था। मेरा बाप मुम्बई में रहता था और हम सब कोल्हापुर में, उस बंजर माने जानेवाले जवाहरनगर में! हमारा बाप छह-छह महीनों के अन्तराल से आया करता था। घर में सबसे बड़ा बच्चा मैं ही था। कुछ ज्यादा ही समझने की आयु! माँ-बाप के झगड़े सुनने के मौके मुझे हरदम मिलते थे। बाप कुछ ज्यादा ही महत्त्वाकांक्षी था। पुराना बी.ए. पास और उसे बीवी मिली थी, अनपढ़! थोड़ा-सा नाम होने के बाद मेरे बाप को अपनी अनपढ़ बीवी, बेमेल लगने लगी और वह मुम्बई में किसी पढ़ी-लिखी औरत के अधीन होकर बड़े-बड़े कारनामे करने की डींग हाँकता रहा। उसने नाटक लिखे, फिल्म बनाई, बड़े-बड़े कारोबार किये, बहुत मजा किया, पानी की तरह पैसा बहाया उस बिनब्याही औरत के साथ और फिर अन्ततः गिर गया बड़े से गड्ढे में...लेकिन यह हो गई बाद की बात! इसी वजह से जब भी बाप घर आता था, घर में माँ-बाप के बीच धुआँ उठना शुरू हो जाता था। शायद उसका मानना था कि अनपढ़ पत्नी की वजह से अपनी प्रगति नहीं हो रही है। कुछ सालों के लिए तो माँ-बाप दोनों ने हम बच्चों को यूँ ही छोड़ दिया था। माँ ने अपने मैके में प्रश्रय लिया। दो-ढाई सालों तक वड़गाँव में माँ ने बड़े ही अपमानजनक ढंग से दिन बिताए। हमने उस वक्त जाना कि माँ-बाप के बीच दरार आई है। उन दिनों मैं वड़गाँव के पठार पर स्थित उस स्कूल में जाने के बजाय आवारागर्दी किया करता था। उस वक्त माँ मेरी ओर से ही नहीं बल्कि मेरे दो छोटे भाइयों की ओर से भी उदासीन हो चुकी थी।

मैं दोस्तों के साथ खेतों और जंगलों में घूमता था। स्कूल से गुठली मारकर वड़गाँव के नाले में दिनभर डुबकियाँ लगाता रहता था। कभी-कभार अंबप के मन्दिर की ओर भागता रहता था। बिनावजह कोडोली गाँव तक जाता था। वड़गाँव के तालाब में कहारों के साथ रहा करता था। पढ़ाई का कोई ठिकाना नहीं था। पति द्वारा छोड़ी हुई बहन के बच्चों को हमारे मामा लोग हरदम गुनहगार मानते थे।

उन दिनों उनकी बातों में छिपे नश्तरों की तीव्रता से मैं उतनी अच्छी तरह से वाकिफ नहीं था लेकिन माँ को हरदम रोते हुए देखा करता था। मामा जब कभी सुनता था कि मैंने स्कूल से गुठली मारकर आवारागर्दी की है, तब वह मुझे शिकंजे में फँसाता था। शिकंजे में फँसाने की पद्धति ऐसी होती थी : दोनों घुटनों को पेट तक लेकर हथेलियों को जोड़कर कदमों के साथ कसकर बाँधा जाता था। शरीर को इस तरह दुबकाकर रखने के बाद, मुड़े हुए घुटनों के नीचे से हाथों के बीच एक लकड़ी को घुसेड़ा जाता और इस तरह चरखे की तरह बाँधने के पश्चात धूलभरे रास्ते पर कड़ी धूप में मुझे फेंक दिया जाता था। रोना, धोना, गिड़गिड़ाना, किसी भी बात का कोई असर किसी पर भी नहीं होता था। माँ किसी के खेत में मजदूरी पर गई होती थी और बाप मुम्बई में!

ग्यारह-बारह साल की कच्ची उम्र में मैं यूँ ही बदनाम हो गया था। मेरे जैसी बेवजह पिटाई, शायद ही किसी की हुई होगी। इसका परिणाम एक ही हो गया...मैं बिलकुल बागी हो गया...बिलकुल बागी!

आश्रित माँ, मामा लोगों से मेरे बारे में पूछ नहीं सकती थी, परिणामस्वरूप मेरा कोई पूछनेवाला भी नहीं था। कभी-कभी मुझे शिकंजे में अटकाकर खूँटे पर टाँग दिया जाता था। अब जब भी मैं उन वेदनाओं को याद करता हूँ, तो टीस-सी उठती है। लावारिस कुत्ते को जिस तरह से पीटा जाता है, ठीक उसी तरह कितने ही लोगों ने मुझे पीटा होगा। गालीगलौच तो हरदम होती रहती थी। मेरे बदन पर सौ से अधिक छोटे-मोटे जख्म हैं। उनमें से कितने ही जख्म इमली के पेड़ की लकड़ी से या फिर हम मातंग लोगों के घर में मौजूद बबूल के छिलके से बनाए गए डंडे से मिले हैं।

माँ शायद अपनी गृहस्थी से ऊब गई थी। उसकी छटपटाहट इस बात को लेकर जारी थी कि किसी भी तरह से पति उसका स्वीकार करे। यही वजह थी कि सिर्फ पति के बारे में हरदम सोचनेवाली मेरी माँ को मेरी बिलकुल परवाह नहीं थी। वैसे देखा जाए तो सब बच्चों में मैं ही थोड़ा समझदार था। मेरे शेष भाई बहुत छोटे थे। बड़ी बहन बिलकुल शान्त और बेचारी-सी थी।

माँ जब काम पर जाती थी तब छोटे भाई उसी के साथ चले जाते थे और मैं अकेला रह जाता था, खुली दुनिया में घुमक्कड़ी करने और मार खाने के लिए!

कोल्हापुर में आने के पश्चात् स्थिति और भी बिगड़ गई थी। तकरीबन तलाक लेने अर्थात् उस वक्त के अनुसार 'छोड़ देने' तक मामला पहुँच गया था। छोटे बच्चों से माँ को अधिक प्यार था, जबकि बड़ी बहन को उसकी बेचारगी की वजह से माँ-बाप दोनों पसन्द करते थे। परिणामस्वरूप मैं, महाभारत में बताए गए उस कहानी के नायक की तरह था छोटा बेटा ब्राह्मणी को प्रिय, बड़े से ब्राह्मण को प्रेम सिर्फ बीचवाले बेटे को किसी के प्यार का हिस्सा नहीं मिलता था। महाभारत की उस कहानी के अनुसार सामने प्रत्यक्ष रूप से खड़ा होकर अपनी माँ का उपवास छुड़ाने हेतु, उसके भोजन हेतु 'एक बेटा दे' कहकर धमकानेवाले घटोत्कच को वह बीचवाला बेटा दिया जाता है...महाकवि भास के 'मध्यम व्यायोग' नाटक का वह वाकया पढ़ते समय आज भी मेरी आँखें भर आती हैं।

इस 'गन्दगी को सर्वप्रथम घर से बाहर फेंक दिया जाए', इस बात को लेकर माँ-बाप में समझौता हो गया। अपने बच्चे के बारे में कुछ भी जानकारी न रखनेवाले, महीनों से गायब रहनेवाले मेरे बाप के समक्ष मेरी माँ ने मेरे बारे में क्या-क्या कहानियाँ रट डाली यह बात मैं नहीं जानता, लेकिन बारह साल की उम्र में ही निर्वासन, काला पानी की सजा के लिए पात्र कैदी या महारोगी की तरह सिर्फ मुझे ही शहरबाहर करने की साजिश रची गई। बाद में इस बात पर मैंने काफी सोचा। पति-पत्नी के झगड़े में बीच-बचाव करना नहीं चाहिए, उनका झगड़ा यानी बहते पानी पर मारी गई लाठी! पलभर के लिए पानी दो हिस्सों में बँटा हुआ दिखता है, लेकिन फिर से एक होकर बहने लगता है। दोनों में तुरन्त समझौता होने की सम्भावना अधिक होती है। परिणामस्वरूप बेचारा बीच-बचाव करनेवाला ही मुफ्त में मारा जाता है, बदनाम होता है। वैसे माँ-बाप के बीच मैं बीच-बचाव आदि करनेवाला नहीं था लेकिन उन्हें अपनी गलतियों का ठीकरा फोड़ने हेतु मेरे अलावा कौन मिलता था? अन्तत: दोनों में समझौता हो गया और उन दोनों की आपसी तोहमतों और गलतियों में मुझे बली का बकरा बनाया गया। माँ को अपना सिन्दूर मिल गया।

बाप ने भी 'सौ चूहे खाकर...' कहावत को सार्थक करते हुए मँजे हुए अभिनेता की तरह अपने 'पाक' होने का अभिनय किया। दोनों साफ-सुथरे, स्वच्छ हो गए। मुझे 'घर की दीमक' करार दिया गया। घर में जो कुछ बुरा या अवांछित होता है, उसके असर को दूर करने के लिए अनपढ़, जाहिल लोग मुर्गियों, बकरियों की बलि चढ़ाकर ईश्वर को प्रसन्न करते हैं...तो बात यह हुई, बोर्डिंग संचालक के समक्ष मेरा बाप मेरी इस तरह से बखियाँ उघाड़ते हुए अपना बखान भी कर रहा था। मैं चुपचाप सुन रहा था। मैंने सोच लिया कि बोर्डिंग का यह संचालक हर सुबह-शाम मुझे लाठी से बेदम पीटेगा, मुझे जकड़कर रखेगा और मेरे बाप की इच्छा के अनुसार मुझे कड़े अनुशासन में रखेगा।

लेकिन इस बात का ज्ञान मुझे बाद में हुआ कि ऐसा कुछ नहीं होता। वहाँ से मेरे भागने की वजह से उस बोर्डिंग को या उसके संचालक को यदि कोई तकलीफ हुई होगी, उन पर किसी ने दोष लगाया होगा, तब आज भी मैं उनका क्षमाप्रार्थी हूँ। हालाँकि, दिल से उनसे क्षमा की याचना मैंने सालों पहले की थी।

सारांश, बाप ने संचालक को मेरे खर्च हेतु चार-पाँच रुपये दे दिये और वह मुम्बई की ओर चल दिया।

बोर्डिंग का वह पहला दिन मैंने चुपचाप उस कमरे में रखे गए मेरे हरे टीन के चिपटे बक्से पर बैठकर गुमसुम-सा बिताया। वहाँ और भी बच्चे थे। उनके बिछौने थे। दीवार से सटकर रखा गया एकाध टीन का बक्सा, कुछ बिछौने, थालियाँ, लोटे बिलकुल सलीके से रखे गए थे। अपने-अपने बक्से के सामने चटाई, बारदान या दरी बिछाई गई थी। वहाँ आनेवाले सभी बच्चे गरीब घरों से होते थे। उन बच्चों को बिना देखे ही उनके सामान से आप उनकी माली हालात का पता लगा सकते थे। मैं भी उस वक्त घर के माली हालात और बिगड़ी हुई स्थिति के अलावा कुछ नहीं सोच सकता था। यही वजह थी कि यदि वहाँ मैं रम जाता या मुझे वहाँ अच्छा लगता, तो शायद वे बच्चे भी मुझे अपने लगते।

लेकिन ऐसा होना नहीं था। दिनभर मैं वहीं बैठकर सुबक-सुबक कर रो रहा था। मुझे माँ की याद आ रही थी। अपना घर या माँ को छोड़कर मैं उन दिनों एक-दो दिनों से ज्यादा कहीं रुका नहीं करता था।

लेकिन यहाँ मुझे लम्बे समय तक रखना तय किया गया था। वैसी साजिश की गई थी। लेकिन पता नहीं क्यों, उस दिन माँ के बारे में मेरा प्यार उमड़-उमड़ कर बह रहा था। जब घर में था, तब मेरे अन्य भाइयों की तुलना में माँ-बाप का प्यार मेरे हिस्से में आने की बात मैंने कभी महसूस नहीं की। मेरी माँ तो हरदम कहा करती थी कि "पूरे गाँव में इसके जैसा निकम्मा, नाकारा कोई नहीं होगा..." मेरे बाप के जरिये या खुद उसने उस छोटी-सी उम्र में मुझे अनगिनत बार मार दी होगी। लेकिन उस दिन मैं पिछला सब कुछ भूल गया था और शिद्दत से माँ को याद कर रहा था कि 'माँ, अम्मा रे' कहते हुए मैं देर तक रोते, सिसकते बैठा रहा। बोर्डिंग के बच्चे आवश्यक तथा दायरे में बँधी अपनी दिनचर्या से निपटकर कमरे में आते थे। नये मेहमान यानी मेरी ओर देखकर, सहसंवेदना से मेरा नाम, पता पूछते थे। "चुप...चुप, शुरू-शुरू में घर की याद आती है।"' ऐसी कुछ अजीब-सी लगनेवाली, सातारा शैली की भाषा में बोलकर, मुझे समझाकर वे निकल जाते थे लेकिन मुझे समझाना आसान नहीं था।

रात्रि में बोर्डिंग के संचालक द्वारा मेरी स्थिति का जायजा लिया गया। आज प्रथम दिन होने से आराम था लेकिन उन्होंने मुझे हिदायत दी कि कल से मुझे भी बोर्डिंग के अन्य बच्चों के साथ कुछ काम करना होगा। एक ज्येष्ठ और अनुभवसम्पन्न बच्चे को उन्होंने मेरी जिम्मेदारी सौंप दी। हमारे पिताजी द्वारा उनके समक्ष मेरे 'गुनाहों' का बखान पहले ही किया गया था। अत: संचालक महोदय मुझे एक गुनहगार मानते हैं, इस भावना को मैं अपने में पाल रहा था। शायद इसीलिए मैं उनकी नजरों से नजरे नहीं मिला पा रहा था। पता नहीं क्यों लेकिन इस बारे में मुझे यकीन सा हो गया था कि वे मुझे अच्छी तरह से पीटेंगे। लेकिन उस दिन उनकी आवाज में नरमी थी। अब न तो मुझे उस संचालक का नाम याद है न ही चेहरा, लेकिन जब तक मैं वहाँ रहा उन्होंने कभी-कभार डाँटने या एकाध थप्पड़ लगाने के अलावा मुझे कोई सजा नहीं दी। हालाँकि बोर्डिंग के माहौल में ये बातें कोई मायने नहीं रखती थीं और मेरे लिए तो वह थप्पड़ या डाँटना, कुछ भी नहीं था। बोर्डिंग में हर तरह के, घाट-घाट का पानी पिये हुए बच्चे आते थे। उनकी आदतें, स्वभाव भिन्न-भिन्न होता था।

उन बच्चों को सँभालने, अनुशासन में रखने हेतु संचालक का कठोर होना जायज था। आगे चलकर मैं हाईस्कूल में शिक्षक बन गया, बाद में अध्यापक भी बन गया। हाईस्कूल में पढ़ाते समय अनेक वाहियात, बदमाश बच्चों से मेरा सामना हुआ। जब आवश्यकता पड़ी मैंने इन बच्चों को बड़ी बेरहमी से पीटा भी है। यह जरूरी भी होता है। वहाँ से मेरे भाग जाने में उस संचालक महोदय का कोई हाथ नहीं था। इस बात को स्पष्ट करने हेतु मैं विस्तारपूर्वक बयान कर रहा हूँ। मैं वहाँ रहना नहीं चाहता था। अपनी माँ के पास कोल्हापुर जाना चाहता था। मैं बोर्डिंग की अनुशासनप्रिय, सीमित जिन्दगी जीना नहीं चाहता था। मैं चाहता था, पूरी स्वतंत्रता...घूमना, भटकना, खेलना, मनचाहा बर्ताव, आदि...मेरे माँ-बाप ने मुझे इस तरह से लाकर बोर्डिंग में छोड़ा इस बात का आक्रोश और चिढ़ अब भी मेरे दिल में है और वह आगे भी रहेगी। क्योंकि वहाँ से भागने के पश्चात् मुझे सातारा से कोल्हापुर तक की बहत्तर मील की यात्रा पैदल, नंगे पैर, तीन-साढ़े तीन दिनों में करनी पड़ी थी। उस यात्रा के दौरान घटित घटनाओं ने मेरे संवेदनशील मन पर अपनी अमिट छाप छोड़ दी है। लोगों के पैरों में काँटे चुभते हैं, टूट जाते हैं, कुछ समय बाद उनके गोखरू बन जाते हैं जोकि आगे चलकर दर्दनाक बनते हैं। मेरे दिल में ऐसे कितने ही दर्दनाक, टीसते गोखरू बने हैं...जो अपने दर्द से मेरी रातों को जगाते हैं। उन रातों को उदास, नाराज और बेचैन करते हैं।

बोर्डिंग में कर्मवीर जी की ओर से एक परिपाटी निर्धारित की गई थी। छात्रों को खुद खेतों में काम करना पड़ता था। छात्र ही धान उगाते थे, खाना बनाते थे और पूरे अनुशासन के तहत ये सभी काम करने के बाद वे स्कूल भी जाते थे। वहाँ कोई भी आलसी अमीरजादा नहीं था। कुछ बच्चे झुटपुट अँधेरे में उठकर धुएँ से काले हुए उस खाना बनाने के कमरे में बड़े-बड़े चूल्हों पर लापसी बनाते थे। निर्धारित समय पर सब बच्चे लापसी पीने हेतु इकट्ठा होते थे। उससे पूर्व सभी बच्चों को सामनेवाले हौज पर जाकर अपने नित्यकर्मों से निजात पानी होती थी। मैंने पहली बार अपनी जरमन की थाली से उस लापसी नामक चीज को पिया था। मैंने पहली बार उस चीज का स्वाद चखा था,

इसलिए वह अच्छी है या बुरी, इस बारे में मुझे कोई समझ नहीं थी। जब मैं वड़गाँव में था तब बड़ी थाली में चाय डालकर दोनों हाथों से बाकायदा थाली को गोल-गोल घुमाते हुए चाय को ठंडी कर सुड़ककर पीने की मेरी आदत थी। उन दिनों चाय में बासे चावल मिलाकर खाने की एक अजीबोगरीब आदत भी मैंने पाल रखी थी। इसलिए उस लापसी को पीते समय मेरा मुँह निश्चित रूप से टेढ़ा हो गया होगा। उसके बाद आठ-नौ बजे नाश्ता करना भी मेरी आदत में शुमार था। लेकिन बोर्डिंग में वैसा कोई प्रावधान नहीं था। लापसी ही वहाँ नाश्ते का काम करती थी।

मैंने कुछ बच्चों को गुट बनाकर दिया गया काम करने के लिए जाते हुए देखा। मैं अकेला पीछे छूट गया था।

"आज तुम क्या करोगे?" संचालक जी ने मुझसे पूछा।

मैंने कोई जवाब नहीं दिया। चुपचाप एक ओर जाकर मैं खड़ा हो गया। "देख तो सही, और बच्चे किस तरह से काम करते हैं।" उन्होंने मुझे समझाते हुए कहा।

उनके समझाने पर भी मेरी चुप्पी कायम थी।

संचालक जी भी थोड़ी देर के लिए चुपचाप देखते रहे।

"तुम्हारा नाम क्या है?" उनका सवाल।

दो बार उनकी ओर से यह सवाल पूछे जाने पर मैंने अपने तरीके से उन्हें नाम बताया "आसोक"। "अशोक, शुरू में कुछ दिनों तक घर की याद सताती है। यहाँ आया हुआ हर बच्चा पहली बार रोता है। उस बच्चे को घर की याद आती है...घर के लोगों की याद आती है। लेकिन अब देखो, एक परिवार की तरह रहते हैं ये बच्चे! अरे, कुछ बच्चे तो छुट्टियों में भी घर नहीं जाते हैं। यदि जाते हैं, तो वहाँ उनका दिल नहीं लगता इसलिए जल्दी लौटते हैं।" मैं ज्यों का त्यों चुपचाप खड़ा था! उन बच्चों से मुझे कोई लेना-देना नहीं था। मैं बस, वहाँ रहना नहीं चाहता था।

"फिर नहीं जाओगे? अकेले यहाँ बैठकर क्या करोगे? ठीक है, दो-चार दिन तुम्हारा यह रवैया बरदाश्त किया जाएगा लेकिन बाद में तुम्हारी कोई बात यहाँ सुनी नहीं जाएगी।" उनकी आवाज तेज हो गई थी। शायद मैं कल दिनभर रो रहा था, यह समाचार उन तक पहुँच गया होगा।

उन्होंने मुझे नजदीक बुलाया। पिताजी द्वारा कहे गए अनुसार अब शायद एकाध थप्पड़ रसीद होगा, मैंने तर्क किया। लेकिन ऐसा नहीं हुआ। उन्होंने मेरी पीठ पर हाथ फेरा और मेरी हथेली पर चवन्नी रखकर कहा, "जाओ, गाँव में घूमकर आओ...सातारा बहुत अच्छा गाँव है, तुम्हें अच्छा लगेगा यहाँ।" अप्रत्याशित रूप से मेरी आँखें भर आईं। उन्होंने मेरे अनुमान की तरह मारा नहीं था बल्कि चवन्नी देकर मुझे समझाया था।

"जा बेटा, रोना मत। तुम अच्छे लड़के हो, मैं जानता हूँ।" संचालक महोदय की आवाज में नरमी थी। होंठों पर मुस्कराहट थी। मेरे लिए यह अप्रत्याशित था। मैंने कभी ऐसी बात सुनी नहीं थी। मेरे साथ ऐसा कभी हुआ नहीं था। घूमने-फिरने के नाम से तथा संचालक के स्नेह से मैं खुश हो गया। तत्काल मैं अपने कमरे में आ गया। कपड़े बदलने का सवाल ही नहीं उठता था। मेरे ममतामयी बाप ने मेरे स्कूल के लिए मोटे कपड़े का एक ड्रेस यानी कूल्हे पर पैबन्द लगी हुई निकर तथा धारीदार शर्ट, इतने ही वस्त्र दिये थे। मैंने तुरन्त अपनी फटी-पुरानी दरी को तह कर अपने बक्से पर रख दिया और बाहर निकल गया। उन दिनों चप्पल या जूते पहनने का रिवाज नहीं था। यहीं नहीं, मैट्रीक तक भी मेरे पैरों को जूते नसीब नहीं हुए थे। वैसे देखा जाए तो मेरी जाति ढोर! चमड़ा सिझाकर दुनिया को देनेवाली यह जाति! मेरा बाप बिलकुल रौबदार तरीके से रहता था, वुलन के महँगे कपड़े पहनता था। उसके पास बढ़िया जूते, चप्पल होते थे। लेकिन यह जो तुलना मैं कर रहा हूँ, वह अब! उस वक्त मैं नंगे पैर पैदल घूमा हूँ। उन दिनों न जूतों, चप्पलों की आवश्यकता महसूस हुई न ही उनके बगैर कुछ तकलीफ हुई।

मेरे नजरिये से 'चवन्नी' बड़ी रकम थी। उन दिनों बड़ी मेहरबानी से घर पर कभी दो पैसे, महीनेभर के लिए कभी एकाध गोल, किनारेवाला आना मिल जाता था। कभी बीच में छेदवाला ताँबे का पैसा मिलता था। एक पैसे के जेब भरकर मुरमुरे मिलते थे। ऐसे में, उस दिन मुझे दी गई वह चवन्नी ढेर सारी सम्पत्ति के बराबर थी।

सातारा के मध्यमार्ग पर मैंने उस दिन चहलकदमी की। एक ओर चौड़े सीने की तरह फैला हुआ किला और बोर्डिंग के पिछवाड़े में पहाड़ियों की अन्तिम पूँछ की तरह फैले हुए टीलों को मैंने देखा। मुझे याद नहीं कि अब यहाँ जो 'रजताद्रि' होटल है वह उन दिनों वहाँ था या नहीं। शायद नहीं रहा होगा। लेकिन उस ओर एक बाग था और बीच में एक टीला सा था। उस टीले पर एक लोहे का घेरा बनाकर सातारा शहर की झाँकी देखने की व्यवस्था की गई थी। ऊपर पहुँचने के लिए पायदानवाली या घेरेवाली सीढ़ियाँ बनाई गई थीं। वहाँ तक मैं पहुँच गया। मन में एक सन्तोष था कि बोर्डिंग के संचालक मेरे बाप का कहना मानकर मुझे मारपीट करनेवालों में से नहीं थे। सातारा...नजर के दायरे में शामिल, समकोणों में मौजूद पहाड़ियों के बीच बसा हुआ शहर...अब यह शहर बढ़ गया है, अब यहाँ बड़ी-बड़ी इमारतें दिखाई देती हैं। लेकिन उन दिनों वह एक साधारण-सा, मेरे ननिहाल—वड़गाँव—जितना छोटा-सा गाँव था।

अचानक मैंने दूसरी ओर देखा। एस.टी. स्टैंड...एस.टी. स्टैंड से जानेवाली और वहाँ आनेवाली गाड़ियाँ! उसके बगल में जो रास्ता था, वहाँ से भी ट्रकों तथा अन्य गाड़ियों की आवाजाही हो रही थी। कुछ सातारा छोड़ रही थीं, कुछ सातारा में प्रवेश कर रही थीं। मेरी आँखों में चमक आ गई। लेकिन अब तक की दिल में बसी खुशी खत्म हो गई। किसी अनिवार्य खिंचाव से मैं नीचे उतर गया और एस.टी. स्टैंड की दिशा में भागा। मुझे सातारा छोड़कर—कोल्हापुर की दिशा में जानेवाली एस.टी. गाड़ियाँ देखनी थी। शायद उसी में से किसी एक गाड़ी से अपने बाप और टीन के बक्से के साथ मैं यहाँ पहुँच गया था। तब तक मैंने इतनी बड़ी यात्रा यानी सातारा-कोल्हापुर तक की नहीं की थी। मुझे याद है, जब मैं कोल्हापुर से निकला था तब मुझे यही एक एहसास था कि सातारा दुनिया के दूसरे छोर पर बसा हुआ दूरस्थ शहर है। इससे पूर्व मैंने एक बार वड़गाँव-कोल्हापुर की यात्रा की थी और वह भी सिर्फ घंटे-भर की! वह एक घंटा भी काफी लम्बा गुज़रा था।

मैं एस.टी. स्टैंड पर आ गया। अब उस स्टैंड के पास ही एक नया, बड़ा बस स्थानक बनाया गया है। अब भी जब उस पुराने बस स्टैंड पर नजर पड़ती है

तब मुझे वे दिन याद आते हैं जब मैं अपनी बेचैन स्थिति में इसी बस स्टैंड पर पागल की भाँति घूमता रहता था। उन यादों से दिल भर आता है। मैं एस.टी. स्टैंड पर आ गया और वहाँ कतार में खड़ी गाड़ियों के सिर पर लिखी गई तख्तियों को पढ़ते हुए जल्दबाजी में घूमने लगा। अनेक तख्तियाँ-अनेक नामों से सजी हुई थी। सातारा-वाई, सातारा-पुणे, बेंगलूर, मुम्बई, रत्नागिरि-सातारा...कितने ही नाम। कुछ जाने-पहचाने, कुछ अनजाने-कभी न सुने हुए भी। काली तख्तियाँ और उन पर सफेद अक्षरों में लिखे गए नाम—मैं देखना चाहता था-पढ़ना चाहता था सिर्फ एक ही तख्ती 'सातारा से कोल्हापुर 'लेकिन ऐसी तख्तीवाली एक भी एस.टी. उस वक्त वहाँ मौजूद नहीं थी। वैसे पुणे-बेंगलूर, मुम्बई-मेंगलूर, ऐसी गाड़ियाँ हो सकती थी, लेकिन ये गाड़ियाँ कोल्हापुर होकर आगे जाती हैं, इसकी जानकारी मुझे उस समय नहीं थी। मैं सिर्फ सातारा से कोल्हापुर तक जानेवाली गाड़ी देखने के लिए लालायित था। मैं उस गाड़ी को आँखें भरकर देखना चाहता था। बहुत देर तक मैं वहीं पर दौड़ता रहा, यहाँ-वहाँ पूछता रहा।

"अजी, कोल्हापुर की येस्टी कब आएगी?" कुछ लोगों ने "पता नहीं," "उस बोर्ड पर देखना," कहकर जवाब दिये। मेरी उम्र और कपड़े देखकर ज्यादातर लोगों ने मुझे दुत्कार ही दिया। लेकिन मुझ पर उसका असर नहीं हुआ। तब तक दोपहर बीत चुकी थी। बोर्डिंग के खाने का समय भी बीत चुका था। मैं इस बात से बेखबर, बड़ी उत्सुकता, विवशता तथा अधीरता से कोल्हापुर जानेवाली एस.टी. गाड़ी का इन्तजार कर रहा था। कोई महत्त्वपूर्ण कार्य शायद मेरे इन्तजार में कोल्हापुर में रुका था जिसे निपटाने हेतु किसी भी स्थिति में मेरा कोल्हापुर तक पहुँचना जरूरी था, मेरे अभिनिवेश में यही तत्परता थी। अन्ततः मैंने एस.टी. के यूनिफॉर्मधारी किसी आदमी को सातारा-कोल्हापुर एस.टी. गाड़ी के बारे में पूछ ही लिया।

"शायद गाड़ी लेट है" उसने जवाब दिया। मेरी निराशा और बढ़ गई। यदि जेब में पर्याप्त पैसा होता और वहाँ सातारा-कोल्हापुर एस.टी. मौजूद होती तो कुछ सोचे बगैर मैं तुरन्त उस एस.टी. में बैठकर कोल्हापुर के लिए रवाना हो चुका होता।

लेकिन मेरे दुर्भाग्य से मेरी जेब में सिर्फ एक चवन्नी थी। पीले रंग का चौकोर दो आने का सिक्का! खाने की चीजें खरीदकर दो आनों को मैंने खत्म किया था। दिन ढलने लगा था लेकिन सातारा-कोल्हापुर की तख्तीवाली एस.टी. मुझे कहीं दिखाई नहीं दे रही थी। मेरे दुख की कोई सीमा नहीं थी। वहीं बेंच पर बैठकर मैं रोने लगा। मुझे घर याद आ रहा था, मुझे मेरी माँ याद आ रही थी, बड़ी शिद्दत से! मेरे इर्द-गिर्द सैकड़ों लोग आवाजाही कर रहे थे, घूम रहे थे लेकिन मैं अपने अकेलेपन को बुरी तरह से महसूस कर रहा था।

भूख से पेट में चूहे दौड़ने लगे और मुझे अन्ततः बोर्डिंग की याद आई। मैं वहाँ से उठकर खुद को घसीटते हुए स्टैंड से बाहर निकलकर रोते-रोते बोर्डिंग की ओर चलने लगा। बोर्डिंग की ओर ले जानेवाला हर कदम मुझे यह एहसास दिला रहा था कि मैं कालापानी की सजा भुगतने के लिए जेल जा रहा हूँ।

बोर्डिंग के पास पहुँचते ही मुझे दो-चार बच्चों ने घेर लिया। "यही...यही है ये नया बच्चा" कहते हुए मुझे पकड़कर, खींचते हुए, भगाते हुए वे बोर्डिंग में लेकर आए। सुबह से मैं गायब था इसलिए मुझे ढूँढ़ने के लिए कुछ बच्चों को भेज दिया गया था।

संचालक के समक्ष मुझे खड़ा किया गया। बहुत देर तक रोने के बाद अब मेरी रुलाई रुक गई थी लेकिन सिसकियाँ अब भी जारी थीं।

वहीं पर, सबके समक्ष, सर्वप्रथम संचालक महोदय ने मेरे गाल पर एक जबरदस्त थप्पड़ रसीद किया और काफी देर तक वह गुस्से से आगबबूला होकर बड़बड़ाते रहे। थोड़ी देर के बाद "यदि आइंदा, निर्धारित समय पर नहीं आओगे, तो खाना नहीं मिलेगा" कहकर उन्होंने पूरी जाँच-पड़ताल की। मैं कहाँ-कहाँ गया था, इसकी जानकारी ली।

वहाँ से लौटकर कमरे में आकर अपने बक्से के पास बैठकर मैं फिर विवशता से रोने लगा। खाने का समय हुआ। अपनी-अपनी थालियाँ लेकर आदतन बच्चे खाने के लिए निकले। कोई बच्चा आकर मुझे भी थाली-बर्तन के साथ खाना खाने के लिए खींचकर ले गया।

मैंने निर्णय लिया था कि दूसरे दिन किसी भी स्थिति में मैं एस.टी. स्टैंड पर जाऊँगा। मारपीट का मुझे गम नहीं था। मैं किसी भी तरह से सातारा-कोल्हापुर एस.टी. देखना चाहता था।

तयशुदा कार्यक्रम के अनुसार कांजी पीने के बाद मैंने अन्य बच्चों के साथ यहाँ-वहाँ घूमने का बहाना बनाया और फिर धीरे से खिसककर, सबकी नजरों से बचकर मैं वहाँ से भाग निकला। जल्दबाज़ी में रास्ते के किनारे से, मुख्य रास्ता छोड़कर, अनजानी गली-कूचों से होकर मैं स्टैंड की ओर भाग निकला। सातारा इतना घिरा हुआ गाँव है कि एक-दो रास्ते यदि आप जानते हैं तो कभी गुमराह नहीं हो सकते।

किसी जाने-पहचाने व्यक्ति के मिलने का मुझे डर नहीं था। मेरे मामा की एक बेटी सातारा में ब्याही गई है, इसकी मुझे जानकारी थी। वह कभी-कभार वड़गाँव आती थी, इसलिए उससे मेरी पहचान हुई थी। लेकिन सातारा की ढोरगली में वह कहाँ रहती है, मैं नहीं जानता था। वैसे रिश्तेदार या मेहमानों के पास जाकर, उनके साथ बातचीत करने की मेरी उम्र भी नहीं थी। इधर कुछ दिनों से मैं सिर्फ अपनी माँ, वह एस.टी. स्टैंड तथा सातारा से कोल्हापुर तक जानेवाली गाड़ी, इन्हीं बातों तथा सोच से घिरा हुआ था, इसलिए उसे याद करना भी सम्भव नहीं था।

मैं स्टैंड पर पहुँच गया। कल ही मैंने वह जगह देख ली थी जहाँ सातारा-कोल्हापुर एस.टी. खड़ी होती है। कल वह गाड़ी दिखाई नहीं दी थी इसलिए वहीं बेंच पर बैठकर मैं रोया भी था। लेकिन आज भीड़ में से रास्ता ढूँढ़कर मैं उस जगह आ गया और आश्चर्य! उस जगह पर एस.टी. खड़ी थी। जल्दी से मैंने उस एस.टी. के सामने जाकर उसकी तख्ती पढ़ ली—'सातारा-कोल्हापुर'।

मैं तब की अपनी भावनाओं को शब्दों में बयान नहीं कर सकता। मैंने तुरन्त उस एस.टी. गाड़ी के इर्द-गिर्द चक्कर काटने शुरू किये। खिड़कियों से कुछ लोग दिखाई दे रहे कुछ लोग बाहर आना चाहते थे, तो कुछ लोग अपना सामान, थैलियाँ लेकर अन्दर जाने की कोशिश में मग्न थे।

मैं अन्दर जाने की नाकाम कोशिश कर रहा था। "मुजे बी जाने दो अन्दर! मुजे अन्दर जाना है, जगह दो, मुजे बी येस्टी में बैठना है..." मैं जल्दबाजी मचाते हुए बड़ी उत्सुकता से तथा धड़कते दिल से लोगों से कह रहा था।

जैसे-तैसे मैं अन्दर घुस पाया। अन्दर हर एक सीट पर कोई न कोई बैठा था। उस एस.टी. से यदि मैं तब कोल्हापुर जा सकता था, तो उसकी खुशी कुछ अलग थी, लेकिन मेरी जेब में एक भी पैसा नहीं था। मेरे पास जो एक चवन्नी बची थी, उसे कल ही मेरी जेब से निकाल लिया गया था।

अन्दर बैठे लोग बड़बड़ा रहे थे, 'यहाँ बैठता हूँ, वहाँ नहीं, सीट पहले से बुक है...एस.टी. क्या तुम्हारे बाप की है?' अभिनिवेश से भरपूर इस प्रकार की कई टिप्पणियाँ सुनाई दे रही थीं। 'यदि ब्रेकडाउन नहीं हुआ तो गाड़ी अगले तीन-साढ़े तीन घंटों में कोल्हापुर पहुँच जाएगी।' कोई कह रहा था, जिसे सुनकर मेरी खुशी का कोई ठिकाना नहीं रहा। उन दिनों कोल्हापुर तक का गाड़ी का किराया ढाई या तीन रुपये था और वह रकम मेरे लिए मेरी कल्पना से भी ज्यादा थी। कल जो 'चवन्नी' मिली थी वही चवन्नी मेरी जिन्दगी में अब तक मुझे मिली हुई अधिकतम रकम थी और ऐसी दस बारह चवन्नियाँ यानी...

इस एस.टी. से मैं कोल्हापुर तक पहुँच नहीं सकता, इस बेहद दुखभरे एहसास ने तब तक मुझे घेर लिया था। मुझे अब इस गाड़ी से नीचे उतरना पड़ेगा, इस कल्पना से मैं दुखी हो गया। मैं एस.टी. के बीचवाले पैसेज में घूमता रहा, एक ही आशा लेकर कि कोई पहचान का व्यक्ति दिखाई दे। लेकिन वैसा कोई शख्स दिखाई नहीं दिया। यदि जरा-सी पहचानवाला कोई भी शख्स दिखाई देता तो माँ कसम, मैं उसके पैर पड़ता, उससे कहता, गिड़गिड़ाकर कहता कि मुझे कोल्हापुर तक ले चलो। वह कहता तो मैं उसके पैर भी धो देता। लेकिन उस गाड़ी में वैसा एक भी शख्स दिखाई नहीं दिया। मेरी बेचैनी और अधीरता ने मुझे किसी अनजान शख्स से भी ऐसा अनुरोध करने हेतु विवश किया होता।

लेकिन ऐसा होना नहीं था। गाड़ी में अभी-अभी चढ़े कंडक्टर ने मेरा गिरेबान पकड़ लिया। मेरी गर्दन पकड़कर उसने मुझे दरवाजे तक धकेल दिया।

मैं कुछ समझ नहीं पा रहा मैं था। "चूतिया, पैले भैर निकलो, चोट्टा कहीं का...अब चलते हो भैर या दे दूँ लात गांड़ पर?" उसका गुस्सा सातवें आसमान पर था। उसको सुनते ही मुझे 'चोर उचक्का' समझकर और दो-चार लोगों ने मुझे लगभग दरवाजे से बाहर धकेल दिया। "सब अपना-अपना सामान देको, अपने थैले, बक्से देक लो, नै तो बाद में बोलोगे कि चोरी हुई..." कंडक्टर की आवाज आई। मैं पागल की भाँति बाहर खड़ा होकर एस.टी. की ओर देख रहा था। जिन्दगी में मैंने कभी उठाईगीरी नहीं की थी। लेकिन यहाँ मुझे उठाईगीर समझकर हकाल दिया गया था। मुझे इस बात का भी खेद नहीं था। मैं जिस खिड़की के पास खड़ा था, उस खिड़की में बैठा एक शख्स मेरी ओर तिरस्कृत नजरिये से देखते हुए कंडक्टर से कह रहा था, "सातारा में भी आजकल ऐसे उठाईगीर बहुत हो गए हैं..." नगर में भी...आगे की सीट पर बैठा हुआ शख्स बोल रहा था, "इन लोगों को सीधे पुलिस के हवाले कर देना चाहिए..." "वो किसी चीज को छू भी लेता तो उसको भेज देता, गेट पर..." कंडक्टर ने बेल देते हुए कहा।

शायद गाड़ी में ड्राइवर बैठा होगा। पलभर में गाड़ी थरथराने लगी। उसमें हरकत हुई और कंडक्टर के बेल के इशारे से चलने लगी। गाड़ी को इस तरह जाते हुए गेट से बाहर निकलते हुए देखकर मेरी आँखें फिर से बहने लगीं।

उस उम्र में मैंने काफी मटरगश्ती की होगी। काफी धमाचौकड़ी मचाई होगी। मारपीट की होगी, गालीगलौच भी की होगी लेकिन मैंने कभी चोरी नहीं की थी। कंडक्टर ने मुझे 'उठाईगीर', 'चोर' समझकर, चोरी-छिपे दूध पीनेवाली बिल्ली की तरह बाहर फेंक दिया था और यह दुखभरा एहसास मुझे सुई की तरह गहराई में चुभ रहा था। बावजूद इसके मैं दौड़ते हुए जहाँ से गाड़ियाँ बाहर निकलती हैं, वहाँ गेट तक गया और वहाँ से टीले से बाईं ओर मुड़कर धुँधली सी होती जाती गाड़ी को देखता रहा...बहुत देर तक...वहीं दीवार से सटकर बैठते हुए सिसकियाँ भर-भरकर मैं रोने लगा। बहुत देर तक मैं वहीं पर—अब एस.टी. यहाँ पहुँची होगी, वहाँ तक गई होगी, कौन-सा गाँव लगा होगा, इस बारे में अनुमान लगाते हुए बैठा रहा।

बाद में मैं संस्कृत का अध्यापक बन गया। 'मेघदूत' सिखाते समय कालिदास का पूर्व मेघ पढ़ते समय मुझे यह वाकया शिद्दत से याद आता है। मुझे वह एस.टी. 'सातारा-कोल्हापुर' उस रामगिरि पहाड़ी पर आए बादल की तरह लगती थी। मुझे अपनी पत्नी के पास नहीं बल्कि माँ के पास जाना था। मैं जानता था कि माँ के पास जाकर मैं दूसरी आफत मोल लेनेवाला हूँ। लेकिन वह मेरी माँ थी, मैं उसका बेटा था और यही रिश्ता मुझे फाँसी की डोर की तरह खींचता था। मैं वहीं पर एस.टी. के बारे में अनुमान लगाते हुए बारह बजे तक बैठा रहा। मैं उस महामार्ग पर आनेवाले सभी गाँवों के बारे में जानता नहीं था लेकिन पूर्वमेघ का वह श्लोक— 'मार्गं तावच्छणू कथयतस्त्व त्प्रयाणानुरूपं सन्देशं मे तदनु जलद। श्रोण्यसि श्रोत्रपेयम्। खिन्नः खिन्नः शिखरिषु पदं त्यस्य गन्तासि यत्र क्षीणः क्षीणः परिलघु पयः स्त्रोतसां चोपभुज्य॥' पढ़ाते समय मेरी आँखों के समक्ष वह शापित यक्ष नहीं दिखाई देता है बल्कि मैं खुद को वहाँ पाता हूँ। शापित तो नहीं लेकिन फेंका हुआ, नकारा हुआ, अवांछित-सा, दुत्कारा हुआ...और यह ऐसा क्यों, मैं आज तक जान नहीं पाया हूँ। यक्ष ने कुबेर का अपमान किया होगा...लेकिन मुझे उस सातारा जैसे पहाड़ी क्षेत्र के गाँव में अपनी बेगुनाही की सजा के रूप में रहना पड़ा था।

रात में ये सब बातें मुझे चलतचित्र की भाँति, मानो अभी घटित होती हुई याद आती हैं। बचपन का हठ, उस उम्र की भावनाओं की तीव्रता से मैं भलीभाँति वाकिफ हूँ लेकिन रात को देर-सवेर बिना बताए घर से बाहर निकलने के बाद बच्चों के मन में जो डर होता है, वह अब मेरे लिए खत्म हो चुका था। अँधेरे में तारों से टिमटिमानेवाले आसमान की ओर देखते हुए मुझे लगता है, यदि मेरी जिन्दगी में वह समय नहीं आता तो मैं सन्तुष्ट रहता। मुझे लगता है कि बिना परिश्रम या तकलीफ से आकर आँखों में मोरपंख की तरह बस जानेवाली नींद में ही मेरे मन की कल्पना की सन्तुष्टि समाई होती।

ऐसे ही कुछेक दिन बीत गए। तीसरे दिन से मुझे काम में जोत दिया गया। मुझ पर नजर रखी जाने लगी। शायद मेरे जितना तकलीफ देनेवाला बच्चा बोर्डिंग के संचालक ने अभी तक देखा नहीं होगा। दो दिन अलस्सुबह उठकर

अन्य बच्चों के साथ मुझे 'कांजी' तैयार करने के काम में लगाया गया। कर्मवीर द्वारा दिया गया 'कमाओ और शिक्षा पाओ' मंत्र वहाँ अपनाया गया था। लेकिन मेरे नसीब या बदनसीबी से आनेवाला हर दिन मुझे अधिकाधिक बागी बनाता गया। मेरे पिताजी ने बड़ी उदारता से मेरे खर्च हेतु जो तयशुदा रकम दी थी वह कब की खर्च हो चुकी थी। एक विद्यार्थी के लिए जो आवश्यक और जरूरी चीजें होती हैं, उनमें से कुछ भी मेरे पास नहीं था। पिताजी का मुम्बई का जो पता मुझे ज्ञात था, उसी पते पर मैंने कुछ पैसे भेजने का अनुरोध करते हुए उन्हें पत्र लिखा। पिताजी वहाँ शायद मौजूद नहीं होंगे, अत: उनके साथ रहनेवाली उस औरत ने ही अपनी उदारता का परिचय देते हुए मुझे पैसे भेज दिये, पाँच रुपये! पाँच रुपयों का वह मनीऑर्डर देखकर अपने बाप के बारे में मेरा गुस्सा और बढ़ गया। जिस औरत का मुझसे या हमसे कोई सम्बन्ध नहीं था—उस औरत ने लावारिस कुत्ते के समक्ष फेंकी हुई हड्डी के अन्दाज में मेरे सामने वे पाँच रुपये फेंक दिये थे। उनसे मेरी आवश्यकताएँ पूरी होना बिलकुल सम्भव नहीं था। मैंने वे पाँच रुपये उठाकर संचालक को दे दिये। जब जन्म देनेवाले माँ-बाप को ही परवाह नहीं, जब वे ही अपने बच्चे को त्याग देते हैं, तो शेष बची दुनिया और उस दुनिया के नियमों का पालन करने का ठेका क्या मुझ अकेले को दिया गया था?

फिर एक बार मैं बोर्डिंग से बाहर निकला। उस दिन शायद दोपहर का समय था। खाने का समय था, उस हड़बड़ी के माहौल में मैं वहाँ से भाग निकला।

सातारा शहर के मुख्य मार्ग के पास एक रास्ता मुड़ता है, वहीं पर हमारी ढोर जाति-बिरादरी के नाते-रिश्तेदार हो सकते थे लेकिन वहाँ मैं सिर्फ अपने सगे मामा की बेटी को ही जानता था। कभी-कभार वह वड़गाँव में अपने मैके में आती थी—वहीं परिचय हुआ था।

ढोर बस्ती की गलीकूचों में उसके बारे में पूछताछ करते हुए मैं उसके दरवाजे तक आ पहुँचा। दरवाजे पर ही चमड़ा कमाने हेतु जरूरी 'उबारन', उस पर छाल, हर्र बिलकुल हँसकर भरा हुआ, पगनेवाली बड़ी चमड़े की थैलियाँ...यह नजारा मेरे लिए नया नहीं था। 'अक्का' घर पर ही थी।

फूफी से लेकर माँ, बहन या मौसी के अलावा सभी औरतों को अक्का कहने की मेरी आदत थी।

अक्का ने मुझे पहचान लिया अर्थात् अपने मेहमान के छोटे बच्चे का उसने स्वागत किया। दयावान अक्का ने मेरे लिए खाना परोसा और बिना माँगे ही मुझे दो रुपये भी दे दिये, खर्च के लिए! उसने कहा—"छुट्टियों के दिनों में आते रहना।" मैं वहाँ से खुशी-खुशी बाहर आया। प्यार से बातचीत करनेवाले शख्स से मिलना वैसे कितना मुश्किल होता है। पैसा—दो रुपये, यह खुशी की वजह नहीं थी। पैसा आनी-जानी है। दुनिया में जितना पैसा उपलब्ध है, उससे अधिक है, इनसान, प्राणी, जीव आदि। चंचल पैसे को दया से वश में किया जा सकता है, लेकिन खून के रिश्तेदार इनसान को बस में करना अधिक मुश्किल!

एक मजेदार वाकया आपको सुनाना ही पड़ेगा। जब उस वाकये को याद करता हूँ, उस पूर्व इतिहास की सभी तकलीफदेह घटनाओं के बावजूद मुझे हँसी आती है। जेब में दो रुपये लेकर मैं घूमते-घामते तालाब के पास आ गया। वहीं कोने में एक होटल के पास मैंने सौ-सवा सौ लोगों की भीड़ देखी। एक आदमी अपनी महीन, मोटी और व्यवसायी आवाज में डाँट रहा था, धौंस जमा रहा था। मैं उत्सुकतावश वहाँ गया। भीड़ में घुसकर मैंने सबसे आगे का स्थान हथिया लिया। मेरे जैसे अनेक बच्चे वहाँ इर्द-गिर्द उकड़ूँ या आलथी-पालथी लगाकर बैठे थे।

वहाँ एक जादूगर का चमत्कारपूर्ण खेल चल रहा था। मानव की हड्डियों से लेकर पीली हल्दी तथा लाल कुंकुम से भरी हुई चीजें, साँप-नागों की पिटारियाँ और अन्य ऐसी ही चीजें इर्द-गिर्द बिखरी पड़ी थीं। सिंधी शरणार्थियों की तरह दिखनेवाला तथा मुँह पर चेचक के दागवाला वह जादूगर अपने अन्य दो साथियों के साथ जादू का खेल दिखा रहा था। शायद वह उसके खेल का अन्तिम हिस्सा होगा।

उसने अपने साथी बच्चे को जमीन पर लिटा दिया। उससे पूर्व उसने सबको दिखा दिया कि उस बच्चे के शरीर के नीचे कुछ भी नहीं है। फिर अपने उस साथी को उसने पूरी तरह से लाल कपड़े से ढक दिया और वह

मरियल-सा, गन्दे कपड़ों वाला तथा बिखरे बालों वाला जादूगर हुक्म देते हुए चिल्लाया। चमत्कार हो गया। लाल कपड़े से ढका उस बच्चे का शरीर अपने आप तकरीबन तीन-चार फीट जमीन से ऊपर उठ गया। मेरे आश्चर्य का कोई ठिकाना नहीं था।

इसके बाद उसने अपनी जादूगिरी दूसरे बच्चे पर चलाई। उसे भी जमीन पर लिटाते हुए सिर्फ गला खुला रखकर उसने उसे कपड़े से ढक दिया। "अबी देकिए साबलोग...मैं इस बच्चे का गला इस छुरी से काटता हूँ...कोई हिलना नय...बच्चे लोग, जोर से तालियाँ बजाव...जो नहीं बजाएगा, उसकी माय की चूत..." उसने धमकाया। झख मारकर सभी बच्चों ने तालियाँ बजाईं।

"ये बंगाली विद्या हय..." बताते हुए वह बंगाल के काले जादू के बारे में कुछ बताने लगा, लोगों की नजरबन्दी करने लगा जिससे लगने लगा कि बंगाल में इस 'कृष्णकर्म' के अलावा कुछ भी चलता नहीं होगा।

उसने फिर उस बच्चे के खुले गले पर छुरी चलाई, उसका आधा गला काट दिया। लाल खून से सना गला कटा हुआ लग रहा था। लेकिन वह खून नहीं था। शायद जो जानते थे, उन्हें पता था कि यह सब झूठ है, ऐयारी है लेकिन मुझे उस वक्त वह सब कुछ सही और सच्चा लगा। बाद में, स्कूल में जब गले के भीतर मौजूद विभिन्न अंगों के बारे में मैं जान गया तब पता चला कि जादूगर द्वारा काटे गए उस गले पर लाल रंग के अलावा कुछ भी नहीं था। जादूगर ने फिर वहाँ उपस्थित जनसमूह को पैसे देने के लिए धमकाया और बंगाल की जादू का रसभरा वर्णन भी किया। इस विद्या पर अविश्वास दिखानेवाले को उसने सामने उपस्थित होने की चुनौती भी दे डाली।

शीघ्र ही भीड़ में से एक लड़कानुमा जवान आगे आया "अरे हट्" वह चिल्लाया। "तुम धोका दे रहे हो, मैं अच्छी तरह से पैचानता तुज को" आदि बातें उसने की। जादूगर और उस जवान के बीच थोड़ी देर के लिए वाद-विवाद हुआ; दोनों ने एक-दूसरे को गालियाँ बकी। जादूगर ने झूठमूठ दिखा दिया कि वह गुस्से से आगबबूला हो रहा है। जमीन पर पड़ी हुई मानव की हड्डी लेकर उसने उस बच्चे पर उठाई और वह गरज उठा, "इस बंगालवाली कला पर तुझे

भरोसा नय, देक तेरा सब सामान अब्बी के अब्बी गायब हो जाएगा...डाल तेरी जेब में हाथ और देख तेरे हाथकू तेरा लौड़ा लगता क्या, अरे वहाँ है अबी औरत की चूत..." "अरे, छट, फूट..." कहते हुए उस लड़के ने अपनी जेब में हाथ डालकर अपनी 'चीज' को देखने का नाटक किया।

चमत्कार हो गया। वह लड़का डरकर रोने लगा। "अरे, मेरा माल गया..." और वह "मुजे माफी दो...मैं पाँव छूता हूँ...मेरे पास जितना पैसा है, वह ले लो..." कहते हुए याचना करने लगा। बड़े अभिनेताओं को भी शर्मसार करनेवाला वह नाटक था। लेकिन उस वक्त मेरे पाँवतले से जमीन खिसक गई थी। मैं डर गया था।

जादूगर गुस्से से गुर्राया, "देका, मेरे इस बंगाली इल्म को? अब जेब में हाथ डालो, पैसा निकालो। फेंको मेरे सामने। नय तो इस कुत्ते जैसी हालत करूँगा तुम सबकी..."

उस लड़के ने अपनी जेब से बहुत से नोट और सिक्के निकाले। "मेरा माल वापस दे दो..." वह याचना करने लगा और हम सब दर्शकों से भी अपील करने लगा कि हमें भी उस महान जादूगर की शक्ति के आगे झुकना चाहिए।

इस नाटक से अधिकतम लोग रीझ गए। मैं तो इस कदर डर गया था कि जेब में जितने भी पैसे थे, निकालकर मैंने जादूगर के सामने डाल दिये, वहाँ सिक्कों का छोटा-सा ढेर जम गया और उस दर्शकों की भीड़ से मैं भाग निकला।

मैं वहाँ से निकल पड़ा। काफी समय वहाँ बरबाद हो चुका था। दिन ढल चुका था। मैंने यूँ ही अपनी दूसरी जेब में हाथ डाला। वहाँ मुझे दो चवन्नियाँ और एक आना मिला। शायद यूँ ही छूट गए थे, मेरी रिश्तेदार अक्का द्वारा दिये गए दो रुपयों में से! शेष सारी रकम मैंने उस महा नाटकीय जादूगर को समर्पित कर दी थी। अब सिर्फ पाँच आने शेष थे।

घूमते-घूमते फिर एक बार मैं एस.टी. स्टैंड तक पहुँच गया। 'सातारा-कोल्हापुर' गाड़ी देखने की आस थी लेकिन मैंने उसे दूर से ही देखना मुनासिब समझा। उस गाड़ी के नजदीक जाने का मुझमें ढाढ़स नहीं था। बदन पर मोटे कपड़े का धारीदार शर्ट, थोड़ी देर पहले धूल में बैठने की वजह से गन्दी हुई

पैबन्दवाली आधी पैंट, तेल या कंघी न करने की वजह से रूखे-सूखे बढ़े हुए बाल और नंगे पैर। मेरी हालत को देखते हुए कोई भी 'सभ्य' इनसान मुझे आसानी से चोर-उचक्का या उठाईगीर समझ सकता था। पिछली बार इसी शक्ल की वजह से कंडक्टर ने मुझे गाड़ी से बाहर फेंक दिया था। वहाँ से मैं टीले की ओर जहाँ से कोल्हापुर—की तरफ गाड़ियाँ मुड़ती हैं, उस ओर मुड़ गया। यूँ ही...उदासी से भटकते हुए...मैं नुक्कड़ तक गया और वहीं पर एक बड़े से पत्थर पर चुपचाप बैठ गया...वहाँ एक ओर तीन-चार झुग्गियों का झुरमुट देखा हुआ, मुझे अब भी याद है। शायद वहाँ ट्यूब्ज का पंक्चर निकालने का काम चलता था। मैं वहाँ यूँ ही बैठा रहा। पहाड़ी किले की ओर से सूरज ढल रहा था और अँधेरा होने लगा था। दूसरी ओर तीन आदमी झुग्गी में से निकलकर शराब के नशे में धुत्त होकर डगमगाते, एक दूसरे को गालियाँ बकते हुए आ पहुँचे। शायद किसी ने किसी से कुछ पैसे उधार लिये थे और उसे लौटाने की बात पर उनमें झगड़ा चल रहा था जो मारपीट तक आ पहुँचा था। कुछ पल के लिए वे तीनों मेरे पास रुक गए। "ऐ रंडिया, मुजे पैसा दे, पैसा निकाल" एक की नजर मुझ पर थी। मेरी ओर देखकर शराब के नशे में वह बड़बड़ाया "पैसा निकाल, नै तो यह पत्थर तुम्हारे सिर पर दे मारूँगा।" वह चिल्लाया। मैं हड़बड़ाकर उठ गया। मैं समझ गया वे लोग मुझे ही गालियाँ बक रहे थे। शराबी किस हद तक पहुँच सकते हैं, इसकी जानकारी मुझे बचपन से थी।

"मेरे पास पैसा नय हय..."

"तेरी माँ की...उसको पकड़ रे...जो भी होगा, निकाल लेता हूँ," कहते हुए दूसरा लड़खड़ाते हुए तेजी से मेरी ओर बढ़ने लगा। तीसरा सन्तुलन खो जाने से नीचे धूल में लुढ़क गया।

हाई वे (महामार्ग) नजदीक था। लोगों की आवाजाही, गाड़ियों का आना-जाना चल रहा था लेकिन इसके बावजूद उन दोनों ने मुझे धर दबोचा। मैं उन्हें पैसा नहीं दे रहा था, न ही अपनी जेब को उन्हें हाथ लगाने का मौका दे रहा था और यही बात उनके गुस्से के लिए काफी थी। जितना भी सम्भव था, उन्होंने मुझे मुक्कों और लातों से ठोंक दिया। जिस हाथ से मैंने अपनी

जेब को पकड़ रखा था, एक ने वहीं हाथ खींच लिया और दर्द से फटी हुई आवाज में मेरे चिल्लाने की परवाह किये बिना उसे बुरी तरह से मरोड़ दिया। दूसरे ने मेरी जेब में से पैसे निकाल लिये। मैंने "पैसा नहीं है" कहा तथा उन्हें पैसा नहीं दिया था इस बात से गुस्सा होकर वे दोनों मुझे अपनी पूरी ताकत से फिर पीटने लगे। मेरे बाप ने भी इससे पहले कभी मुझे बिना वजह इतनी बुरी तरह से पीटा नहीं होगा, उन्होंने मुझे बुरी तरह से पीटा। मेरे पाँच आने चुरानेवाले ये तीनों चोर फिर उस झुग्गी की तरफ मुड़ गए। उन्होंने मुझे वहीं छोड़ दिया। मैं बुरी तरह से पीटकर छोड़े गए कुत्ते की तरह वहीं पर हाई वे के पास धूल में पड़ा हुआ था। जबर्दस्त मार पड़ी थी। पूरा बदन टूट रहा था।

थोड़ा समय और बीत गया। मैं धीरे-धीरे उठा। मेरी एकमात्र शर्ट फट चुकी थी। अँधेरा हो आया था। इस वाकये से मेरे गुस्से का लावा फूट-सा गया था। यदि मैं लड़ाई करने योग्य जवान होता तो उस वक्त पाँचों को भी धूल चटा सकता था...लेकिन...

मेरा निश्चय हो चुका था। अब बोर्डिंग की ओर लौटना नहीं। वह सातारा शहर, वह बोर्डिंग, वहाँ का सामान और जो भी कुछ था, वहीं पर छोड़ देने का मैंने निश्चय किया। मुझे किसी लावारिस की तरह यहाँ लाकर छोड़नेवाले माँ-बाप को लेकर, हालातों के बारे में किसी असहाय्य गुलाम के मन में जो चिढ़ होती है, वही चिढ़ मुझमें भर गई थी। उस अँधेरे में, उस हालात में, खाली जेब लेकर, मारपीट से दुखते बदन को लेकर नंगे पैर, फटे कपड़ों में मैं चलने लगा।

पीछे बोर्डिंग की ओर नहीं, कोल्हापुर की दिशा में मैं चलने लगा—जो वहाँ से बहत्तर मील की दूरी पर था—बीच में बंजर भूमि थी, पहाड़ थे-घाटी थी, खतरे थे...लेकिन मैंने तय कर लिया था कि इन सब बातों का मुकाबला करते हुए मैं कोल्हापुर तक जरूर पहुँच जाऊँगा।

अब इस बेरात में भी मैं जाग रहा हूँ। आँखें खुली हैं। अब मैं उस वक्त की मेरी मानसिकता, मेरी स्थिति के बारे में सोच सकता हूँ। कितना पानी बह चुका है इस बीच! लेकिन उस वक्त की मेरी सोच—मेरे दिलोदिमाग में अकेले

भूत की तरह खड़ी होकर, बड़ा डरावना रूप धारण कर मुझे निगलने के लिए तैयार दिखाई देती थी। सागर की गहराई में भूकम्प हो गया है और उस गहराई के कीचड़ में सालों से जो कुछ गहरा धँसा हुआ है, भूकम्प के इस विस्फोट से धज्जियों में बिखरकर बाहर आ रहा है...उसमें से एक धज्जी...मैं हूँ! दुनिया के लिए बिलकुल अवांछित, बेकार चिथड़ा बनकर मैं बड़ी तेजी से, धीरे-धीरे छँटती स्याही से, तूफान में फँसे सूखे पत्ते की तरह उड़ रहा था...जा रहा था, कोल्हापुर की ओर। वहाँ मेरा स्वागत प्यार या अपनत्वभरे माहौल में बिलकुल होनेवाला नहीं था और मैं उस बारे में जानता था।

उस मार से पूरा बदन टिस रहा था। मुझे इस वक्त बोर्डिंग में होना चाहिए था, यह एहसास भी कचोट रहा था। अब तक शायद सभी लोगों ने मेरी अनुपस्थिति के बारे में जान लिया होगा। संचालक महोदय का गुस्सा सातवें आसमान पर होगा। अन्य बच्चे मुझ पर हँसते होंगे और मुझे ढूँढ़ने के लिए साइकिल पर सवार होकर सातारा शहर में घूम रहे होंगे। लेकिन अब मैं उनके हाथ नहीं आनेवाला था। जहाँ तक चल सकता हूँ, जहाँ से सातारा शहर नजर से ओझल होता हो, वहाँ तक पहुँचना चाहता था। हालाँकि उस वक्त मेरी जो स्थिति थी उस स्थिति में कोई भी शख्स दो कदम भी नहीं चल सकता था। लेकिन मैं तो बचपन से ही गँवइया अन्दाज में भेड़-बकरियों की तरह पहाड़ों, दरिचों में भटकता रहा हूँ...पैरों में जब शक्ति आई, मैं रास्ते के एक ओर से सातारा के बाहरी पहाड़ियों में से तेजी से आगे बढ़ने लगा, कभी चलते हुए तो कभी दौड़ते हुए!

भूख आँतों में कुलाँचे मार रही थी। दोपहर में थोड़ा-सा खाया था...फिर कुछ चना-मुरमुरा...जोकि अब तक हजम हो चुका था। हरदम आहुति की चाह में धधकनेवाले यज्ञ की आग की तरह मेरे पेट का हर हिस्सा खाने की माँग कर रहा था...भूख से बेहाल...लेकिन मैं चलता रहा...बिना रुके!

चम्पत होना

पीछे से एस.टी., मोटर, ट्रक, आदि गाड़ियों की आवाजाही चल रही थी। वह हाई-वे मुख्यमार्ग था। तेजी से गुजरनेवाली गाड़ियाँ तेज हवा के झोंके से मुझे झकझोरकर चली जा रही थी। सामने से आनेवाले किसी ट्रक के फूल लाइट इस तरह से आँखों पर आते थे कि उस ट्रक के गुजर जाने के बाद कुछ पल अंधापन हावी होता था, अँधेरा और स्याह हो जाता था।

मैं जहाँ से चल रहा था, वह रास्ता पहाड़ी था। मेरी दोनों ओर घने झाड़-झंखाड़, पौधे बढ़े हुए थे। बड़े-बड़े राक्षसों की तरह पहाड़ियाँ टेढ़ी-मेढ़ी फैली हुई थीं। घुमावदार रास्ता अब इसी रास्ते को विस्तारित कर बढ़ाया गया है। लेकिन उस वक्त वह रास्ता कितना छोटा-सा था, इसकी याद-एहसास मुझे है। दो सवारियाँ एक दूसरे को पार करते हुए आधी-आधी—रास्ते से बाहर निकलती थी और रास्ते की एक ओर से चलनेवाले मुझे इन सवारियों को पार करते समय रास्ते से दूर भागना पड़ता था।

मुझे इस बात का खयाल भी रखना पड़ता था कि कोई पीछे से पकड़ने के लिए तो नहीं आ रहा है, मुझे इसका डर भी था कि अँधेरे में पीछे से आनेवाली तेज रोशनी के झोंके में यदि मैं किसी को दिख जाऊँ तो पूरा मामला खत्म। पीछे से आनेवाली हर गाड़ी, सवारी मेरा पीछा कर रही है और उसमें बोर्डिंगवाले लोग बैठे हैं, इसका भी डर मुझे था। दहशतजदा मैं, गड्ढों में से, रास्ते की एक ओर से चलते हुए, दौड़ते, जब बहुत दूर तक आ पहुँचा, तब मेरा डर, दहशत कुछ हद तक कम हुआ।

उन दिनों उस मुख्य मार्ग पर जगह-जगह बिजली के खम्भे नहीं थे। वैसे आज भी बहुत कुछ सुधारे गए अच्छे रास्तों पर भी वैसी व्यवस्था नहीं है। लबालब भरे बर्तन की तरह दरीचे भी अँधेरे से भर-भरकर बह रहे थे। सिर्फ सवारियों की आवाजाही से जो रोशनी आगे पीछे से आ रही थी, उसी के सहारे मुझे राह दिखाई पड़ रही थी। जब गाड़ी आगे या पीछे से आती थी, मैं रास्ते से दूर भागता था।

सातारा से दूर जाने की कल्पना ने ही मुझे इतना रोमांचित कर दिया था कि उस मार की वेदना को भी मैं भूल गया था।

पहाड़ियों से भरा हुआ इलाका। टेढ़े-मेढ़े पेड़ों से अटा! उसमें से जानेवाला घुमावदार रास्ता, घना जंगल। शाम के बाद उतरनेवाली भूताविष्ट रात अपने साथ ठंड का कड़ाका लेकर आने लगी। मेरी पैबन्दवाली हाफपैंट, उन लोगों का फाड़ा हुआ शर्ट और मेरा खुला बदन, जिसमें अब ठंड की सुइयाँ चुभने लगी थीं। जब तक दिल में डर और वेदना की उष्मा थी तब तक ठंड नहीं लग रही थी लेकिन जब मैं स्याह रास्ते को आँखें फाड़-फाड़कर देखने की कोशिश में ध्यान से चलने लगा तब ठंड की आग बदन को जलाने लगी। देर तक किसी सवारी के न गुजरने की वजह से रास्ते पर रोशनी नहीं पड़ती थी और घने पेड़ों की शाखाओं से ढका, पहाड़ियों के पास से गुजरनेवाला रास्ता बिलकुल ही दिखाई नहीं देता था। यदि रास्ता समझकर चलने जाऊँ तो किसी चट्टान से टकराने या गहरे गड्ढे में गिरने या फिर किसी पत्थर या घासभरी फिसलन से फिसलने तथा हड्डियाँ टूटने का डर था। अत: थोड़ी-थोड़ी देर के बाद रुकना पड़ता था। दस-पन्द्रह मिनटों में एकाध छोटी-बड़ी सवारी गुजरती थी तब उसकी रोशनी से अब तक पैरोंतले छुपा हुआ रास्ता जादू की तरह सामने दिखाई देने लगता था और जहाँ तक नजर पहुँचती थी, वहाँ तक मैं दौड़ते हुए चल लेता था।

गाड़ी से कोल्हापुर से सातारा पहुँचने में ही मुझे अनेक घंटे लगे थे। अब लगा था, रात भर चलते हुए बिना सोये मैं अलस्सुबह कोल्हापुर तक पहुँच जाऊँगा। उस वक्त मैं ठीक से जानता भी नहीं था कि कोल्हापुर वास्तव में कितना दूर है।

लेकिन हरदम इनसान अपने फायदे की सोचता है, मैं भी उसी तरीके से सोच रहा था।

मैं कहाँ तक पहुँचा हूँ, इसका मुझे कोई ज्ञान नहीं था। हर पाँच-दस मिनटों में मुझे लगता था कि मैंने मीलभर का फासला तय कर लिया है। लेकिन वास्तव में मैंने कुछ ज्यादा फासला तय नहीं किया होता था। कभी-कभी घुप्प अँधेरे में खोये हुए रास्ते पर पड़नेवाली रोशनी के इन्तजार में भी खड़ा होना पड़ता था।

अब ठंड से मैं काँपने लगा था। बदन बर्फ की तरह जम-सा गया था। जब कोई मोटर, एस.टी. बस उस रास्ते से गुजरती थी तब भीतरी रोशनी में खिड़कियों की बन्द काँच के अन्दर बैठे ठंड से काँपते हुए यात्री दिखाई देते थे और यहाँ तो मैं खुली जगह पर था। पहाड़ी हवाएँ सह्याद्री में आड़ी-तिरछी बह रही थीं। जिस तरह बच्चे लुका-छिपी का खेल खेलते हैं, उसी तरह एक ओर से ठंडी हवाएँ बहती थीं और दूसरी ओर से ठंड की लहर आकर टकराती थी।

भूख का एहसास तीव्र से तीव्रतर होता गया। शुरू से ही मुझे जल्दी खाकर गुदड़ी में घुसकर सोना पसन्द है। लेकिन यहाँ स्थिति विपरीत थी। यहाँ पूरी तरह से पहाड़ी ठंड में कँपकँपाते हुए, थरथराते हुए मैं रास्ता नाप रहा था। थोड़ी देर के लिए हाथ-पर-हाथ रखकर, हथेलियों को एक दूसरी से घिसा। लेकिन कुछ उपयोग नहीं हुआ। उस दिन की वह प्राकृतिक ठंड मेरे छोटे हाथों से दूर होनेवाली नहीं थी।

समय का कोई ज्ञान नहीं था। किसी यात्री से पूछा जाए, ऐसा मौका भी नहीं मिला। वैसे समय पूछने से भी क्या लाभ होनेवाला था? खाने या सोने का समय हुआ, ऐसी कोई बात वहाँ नहीं थी।

अन्ततः ठंड असहनीय हो गई। सिर पर जो रूखे-बिखरे हुए बाल थे, उन पर हाथ घुमाते हुए लगा कि बाल भी बिलकुल ठंडे हो गए हैं। गाहे-बगाहे दाँत बजने लगे थे। ऐसे समय इनसान सुन्न हो जाता है और पैर में छोटा-सा कंकड़ चुभने पर भी उसका दर्द दिमाग में झुनझुनी पैदा करता है। यह अनुभव अलस्सुबह नंगे पैर रास्ते पर घूमनेवालों को आया होगा।

पीछे छूटी पहाड़ियों के पार सातारा गाँव गुम हो गया था। सातारा का वह पहाड़ी किला भी नजरों से ओझल हो गया था। शायद वह पहाडी सातारा को एक ओर से तेज हवा के थपेड़ों से बचाती भी होगी लेकिन यहाँ सिर्फ पहाड़ियाँ ही पहाड़ियाँ थीं जो मेरे विरुद्ध षड्यंत्र रचकर मुझ पर ठंड की गोलियाँ दाग रही थीं।

आखिर पैर थक गए। एक मोटर के दीये की रोशनी में दिखे हुए रास्ते के मील के पत्थर पर मैं बैठ गया। बहुत देर तक वहाँ से कोई सवारी नहीं गुजरी, न ही कोई मोटर!

बदन दर्द कर रहा था। दिनभर भटकने की वजह से पैरों में भी दर्द हो रहा था। भूख से आँते कुलबुला रही थीं और मैं असहनीय ठंड के समुन्दर में गोते खा रहा था। भूख मिटाने या ठंड दूर करने का कोई उपाय वहाँ नहीं था, कोई मदद नहीं थी। मैं पूरी तरह से अकेला था! जिस तरह से सुआ चुभता है, ठीक उसी तरह अन्दर से पेट मुझे दुख दे रहा था। एक बार लगा, चलो वापस लौटा जाए लेकिन फिर मैंने ही इस सोच को बिखरा दिया। अब वापस लौटना सम्भव नहीं था। मेरा लक्ष्य था कोल्हापुर पहुँचना। मैं हरदम झगड़नेवाले मेरे माता-पिता का लाड़ला बेटा नहीं था लेकिन समाज के डर से ही सही वे मुझे त्याग नहीं रहे थे। समाज के भय से ही सही वे मुझसे प्यार का नाटक कर रहे थे। वैसे यहाँ सातारा में मेरा अपना कौन था?

अन्ततः पेट में सुआ की चुभन बन्द हो गई। चूहा दौड़ भी बन्द हो गई। शायद अब खाने के लिए कुछ नहीं मिलेगा, इस बात का एहसास मेरे पेट को भी हो गया था और वह शान्त हो गया था। शायद इसे ही 'भूख मरना' कहते होंगे। मेरी भूख मर गई थी लेकिन मेरी नींद जाग उठी थी। शायद मेरी असीम भूख ने मुझे यह डाँट पिलाई होगी कि 'अब चुपचाप सो जाओ'। फिर एक ट्रक मोड़ से आगे आया और मेरे बदन पर ठंडी हवा का तेज झोंका उछालते हुए आगे के मोड़ पर अदृश्य हो गया। उसकी रोशनी में मैं फिर एक बार ठंड से काँपते हुए चलने लगा। इस बारे में मेरे मन में कोई आशंका नहीं थी अभी मेरी स्थिति इतनी बुरी हो चुकी है, तो कोल्हापुर पहुँचने तक जरूर मेरा 'राम नाम सत्य होगा'।

दो-तीन मोड़ पार करने के पश्चात् एक ढलान शुरू हुई और अहो आश्चर्यम्! बिलकुल रास्ते की एक ओर खेतों में मैंने एक झोंपड़ी देखी। यह झोंपड़ी इसलिए दिखाई दी थी क्योंकि उस झोंपड़ी के बाहर एक लालटेन जल रही थी—लालटेन की रोशनी में मुझे वह घासफूस की झोंपड़ी—जो सिर्फ खेत की रखवाली करने के लिए खेत में ही बनाई जाती है—दिखाई दी थी। झोंपड़ी देखते ही प्रत्यक्ष रूप से कोल्हापुर देखने की मुझे अपार खुशी हुई। मुझे लगा, मैंने अपनी खोई हुई ताकत वापस पा ली है। मैं उस झोंपड़ी के पास लालटेन के पास पहुँच गया और मैंने वहीं से पुकार लगाई, "कोई हय?"

"क्यों? क्या बात है? कौन हय?" भीतर से गुर्राने जैसी आवाज आई। आवाज के पीछे-पीछे, उस आवाज का मालिक भी बाहर आया। दुबला-पतला, मरियल सा, लम्बी मूँछोंवाला! उसने लालटेन उठाकर उसकी रोशनी मेरे चेहरे पर डाली। उसने मुझे ऊपर से नीचे तक निहारा। उसके दूसरे हाथ में लकड़ी थी लेकिन वह मुझे मारने के लिए नहीं थी। मैं इस बात को जानता था कि इस तरह की रखवाली करनेवाले बाशिंदों के लिए सशस्त्र, जागृत और मगरूर होना जरूरी था। "क्या है? कौन हो तुम?...यहाँ क्या कर रहे हो? कहाँ से आए हो?...और क्या चाहते हो?" एक साधारण-सा, फालतू, मरियल-सा लड़का अपने समक्ष खड़ा है और उससे कोई धोखा नहीं; यह बात पहरेदार के ध्यान में आ गई और उसकी आवाज और प्रश्न में भी नरमी आई। "प्यास लगी हय जी...पानी, पीने के वास्ते?" मैंने कहा। "खाना चाहिए, खाना खिलाइए" ऐसी भाषा का उपयोग मैं चाहकर भी नहीं कर सकता था।

वह भीतर से दो ठिलियाँ भरकर पानी ले आया। 'पियो' उसने कहा। मैं गटगट पानी पीकर अपने पेट की आग बुझा रहा था तब वह लालटेन की रोशनी में मुझे निहार रहा था। मुझे इस तरह पानी पीते देखकर उस भलमानस रखवाले ने कहा, "धीरे-धीरे पियो पानी...अँतड़ियाँ खिंचेगी। तकलीफ होगी।

फिर उसने कुछ सवाल किये। ढेर सारा पानी पीने से अब मैं खुश हो गया था और शान्त भी! मेरे हाथ अब मेरे दुखते हुए पैर को और मार पड़ी जगह को सहला रहे थे। मैं उस दुखते हिस्से को सहलाने के साथ-साथ

जैसे-तैसे उसके सवालों के जवाब भी दे रहा था। उसने उस वक्त क्या-क्या सवाल पूछे, अब याद नहीं लेकिन अपनी लकड़ी लेकर वह वहाँ से उठ गया। "तुम बैठ सकते हो, कुछ देर तक" कहते हुए वह अँधेरे में हाथ में लालटेन लेकर अकेले चलने लगा। वह अपने खेत में तैयार मूँगफली के पौधों में से घूमने लगा। वहाँ शायद चोरी होती होगी। कोई छुपकर बैठता होगा और चुपचाप उन पौधों को उखाड़कर ले जाता होगा। इसीलिए पहरा देने के लिए वह वहीं पर रुकता होगा। मैं वहीं पर लेट गया। जमीन से पीठ के टेकते ही पलभर में ही मैं सो गया। जिस तरह दिल रुकने से अचानक किसी की मृत्यु हो जाए, ठीक उसी तरह मैं चित सो गया था। सचमुच मृत्यु के बाद की नींद! शायद नींद जितनी सुखदाई चीज दुनिया में कोई और हो ही नहीं सकती। शायद इसलिए दर्शनशास्त्र में ऐसी गहरी नींद को समुचित नाम दिया गया है, सुषुप्ति!

पता नहीं किस बात से मेरी नींद खुल गई। लेकिन जगने के बाद मैंने देखा— आसमान तारों से खचाखच भरा हुआ था। मेरे सिर पर ही सप्तर्षि चमक रहा था। चार तारों का चतुष्कोण और जिस तरह एक बिन्दु को एंपेडिटायटीस होता है, उस तरह की पूँछ जैसी तीन तारिकाएँ। पलभर के लिए मुझे महसूस हुआ कि मैं वड़गाँव के घर के सामने से जो रास्ता गुजरता है, उसकी एक ओर आठ-दस समान आयुवाले अन्य बच्चों के साथ गुदड़ी ओढ़कर सोया हूँ और गुदड़ी एक ओर खिसक जाने से मैं जाग गया हूँ। वैसे वड़गाँव में इस तरह जगने के बाद मैंने कई बार वह सप्तर्षि देखा है। शायद इसी वजह से वड़गाँव में मौजूद होने की बात का मुझे एहसास हो गया होगा।

धीरे-धीरे सब कुछ याद आया। मैंने उठने की कोशिश की लेकिन पूरा बदन बुरी तरह से दर्द कर रहा था। हड्डी चटखना या जख्मों के अलावा भी ये जो अन्दरूनी मार लगती है, वह कुछ ज्यादा तकलीफदेह होती है, इस बात को मैं अनुभव कर रहा था। उस पर सुबह की वह कड़ाकेदार ठंड पूरे माहौल को घेरकर मुझ पर हावी हो रही थी। अँधेरा तो था ही लेकिन मेरा पूरा बदन सुन्न हो गया था। चाँदनी में मैंने देखा कि जिस झोंपड़ी के सामने मिट्टी में मैं सोया था,

उसके आसपास कोई दिखाई नहीं दे रहा था। रात का वह पहरेदार भी गायब था। किसी की आहट भी नहीं थी। मैं कराहते हुए उठकर बैठ गया और जिस तरह पाँच-पचास डाकू अचानक हमला बोल देते हैं, ठीक उसी तरह डरावनी, भयावह पहाड़ियाँ मुझ पर आक्रमण करती मुझे दिखाई दीं। अधिकतर पहाड़ियों पर, कहीं नीचे, मध्यभाग या माथे पर धुनी हुई रुई की तरह कोहरे का घना पर्दा पड़ा हुआ था। हालाँकि जहाँ मैं खड़ा था, वहाँ कोहरा इतना घना नहीं था। नजदीक से गुजरती हुई सवारियों की आवाजें जब मैंने सुनी तब मुझे एहसास हुआ कि मैं कहाँ, कैसी स्थिति में, किस तरह से हूँ। पलभर में मुझे सब कुछ याद आया और कोल्हापुर तक पहुँचने का लक्ष्य, बिजली की तरह दिमाग में कौंध गया।

अब तक बोर्डिंग के बच्चों को मेरा पीछा करने हेतु छोड़ दिया गया होगा। पिछले एक-दो बार उन्होंने यूँ ही मुझे ढूँढ़कर, खींचकर बोर्डिंग में फिर से ठूँस दिया था। अगर मैं पीछा कर रहे बच्चों के हाथ लग जाता तो मेरे दुख की कोई सीमा नहीं होती। क्योंकि मेरे दिलोदिमाग पर सिर्फ कोल्हापुर हावी था। कोल्हापुर के अलावा मेरा कोई अन्य लक्ष्य नहीं था, न ही चिन्ता थी। मैं कोल्हापुर तक पहुँचना चाहता था और यदि उन्होंने मुझे पकड़ लिया होता और जिस पहाड़ी को मैंने रात को नंगे पैर पार किया था, उसी रास्ते से वे मुझे लौटा देते तो...

मुझे बहुत बाद का एक वाकया याद आ रहा है। कोल्हापुर में रिमांड होम है। मैं यूँ ही एक दिन वहाँ से गुजर रहा था, तब मैंने वहाँ एक अजीबोगरीब दृश्य देखा। बारह साल के एक बच्चें को उसके दोनों हाथ बाँधकर साइकिल की सीट की रिंग से बाँध दिया गया था और एक मोटा, तगड़ा, बड़ी-बड़ी मूँछोंवाला आदमी, जीत को हासिल करने की भंगिमा में साइकिल को आगे खींच रहा था। जीते हुए गुलाम की तरह वह आदमी उस बच्चे को गालियाँ बक रहा था। आसपास बहुत सारे लोग थे, जो हँस रहे थे, पगलाये-से उस दृश्य को देख रहे थे। बेचारा बच्चा जार-जार रोते हुए चिल्ला रहा था, अनुरोध कर रहा था। अपने हाथ छुड़वाने की उसकी लगातार असफल कोशिश चल रही थी, वह इस कोशिश में जी-जान से लगा था कि उसे फिर से रिमांड होम

के उस जेलखाने में जाना नहीं पड़े और वह आदमी उससे बार-बार कह रहा था "चलो, देखता हूँ तुम्हें! वहाँ जाकर तुम्हें सबक सिखाऊँगा। तुम्हें ऐसा मारूँगा, इतना मारूँगा, यहाँ मारूँगा, वहाँ मारूँगा," आदि-आदि।

मैंने साइकिल रोककर उस आदमी से सीधे-सीधे पूछ लिया, "क्या हुआ? क्या किया इस बच्चे ने? तुम इसे जानवर की तरह बाँधकर क्यों ले जा रहे हो?" "भागा था, मैं उसे लाया हूँ, पकड़कर...अब तो उसकी हड्डी-पसली एक कर दूँगा। तीसरी बार भागा था, यह! अब तो मैं उसका पीछा बावडे तक करके उसे पकड़कर लाया हूँ..." उसने कहा।

क्या कहूँ, मेरी कुछ समझ में नहीं आ रहा था। मैं थर्रा गया था। मैंने उस बच्चे की ओर पलभर के लिए देखा। उसे लग रहा था कि अब मैं ही उसे छुड़ानेवाला हूँ...मेरा चेहरा बिलकुल उतर गया, उस बच्चे को देखकर! जैसे किसी ने मुझे जूते से पीटा हो। मैं वहीं पर खड़ा रहा, बिलकुल चुपचाप नीचे देखते हुए! वह बारात...यानी साइकिल के पीछे जानवर की तरह बाँधा हुआ वह बच्चा और उसे खींचते हुए उस आदमी को मैं देख रहा था। थोड़ी देर के लिए मैं उसी तरह देखता रहा। उस वक्त मैं कुछ नहीं कर सकता था... मैं उसके आँसू भी पोंछ नहीं सकता था। उसको धीरज बँधाने का मुझे कोई अधिकार नहीं था। जिसके माँ-बाप नहीं हैं, जिसके पीछे कोई नहीं है, जिसे सबने छोड़ दिया है, जिसे यह भी पता नहीं है कि उसने क्या गुनाह किया है, ऐसे बच्चे की हड्डियाँ रिमांड होम में जाने के बाद निश्चित रूप से पिस गई होगी। वह दिन...और उसके बाद के कितने ही दिन मैं उदासी से भर गया था। वह बहत्तर मील की मेरी जानलेवा यात्रा, भागदौड़ मेरी आँखों के सामने मुझे दिखाई दी। बँधे हुए हाथ, जानवर से भी जिसकी कीमत गई-गुजरी मानी गई हो ऐसे उस बेबस बच्चे की नजर याद करके मेरा दिल बिलकुल टुकड़े-टुकड़े हो गया था। क्या नहीं था उस नजर में? ऐसी बहुत कम नजरें मैंने देखी थीं...जिनमें आग थी, तीखापन था, दया, याचना, मानवता, अणुबम के विस्फोट की तरह अन्याय के विरुद्ध होनेवाला विस्फोट, कितने ही अर्थ थे उस नजर में...और मुझ जैसों में उस नजर से नजर मिलाने का साहस नहीं था।

ऐसे में इस बात का मुझे शिद्दत से एहसास होता कि आदमी के रूप में मैंने यूँ ही जन्म लिया! अच्छा होता कि मैं गधा या सुअर या उससे भी हीन रूप में जन्म लेता। मैं वह जिन्दगी भी जी लेता लेकिन यह आदमीयत...नहीं... बिलकुल नहीं!

मैंने झुग्गी में झाँककर देखा। जिसका चेहरा मैं रात के अँधेरे में ठीक से देख नहीं पाया था, दूर तक वह आदमी कहीं दिखाई नहीं दे रहा था।

अब जल्दी करनी होगी। अँधेरा हटने से पूर्व मुझे दूर तक जाना था। कल रात की बात ठीक थी। मुझे हरदम लगता था कि अलम दुनिया के हर एक शख्स को यह समाचार मिल गया होगा कि दिन दहाड़े बोर्डिंग से एक लड़का भाग गया है और यह सूचना वह तत्काल सातारा में भेज देगा।

खेतों से होकर मैं रास्ते की दिशा में चलने लगा और क्या बताऊँ महाराज, तलुओं में मिट्टी के ढेले और कंकड़ इस तरह चुभने लगे कि पूछिए मत! लग रहा था पैरों को उठाकर सिर पर रख दूँ और फिर चलने लगूँ। वैसे गाँव-कस्बे में पले हुए मुझे यह अनुभव कोई नया नहीं था। जैसे-तैसे मैंने रास्ता पकड़ लिया। खेतों में ओस की वजह से जो घना कोहरा था, वह रास्ते पर थोड़ा छँट गया था। जिस रास्ते से मैं आया था, वह रास्ता मैं जानता था। रात में मैं पहाडी से उतरा था, इसलिए अब दाहिनी ओर का रास्ता मैंने पकड़ लिया।

रास्ते पर कोई वाहन दिखाई नहीं दे रहा था लेकिन पहाड़ी के ढलान से कुछ लोग धीरे-धीरे नीचे उतर रहे थे। मैंने देखा, एक बिलकुल मरियल सी औरत और शेष बच्चे! दूसरी ओर रास्ते पर और कोई नहीं था।

बदन में सुइयों की तरह ठंड चुभ रही थी। आसमान भी धीरे-धीरे लाल होने लगा था। पश्चिम दिशा की ओर बादलों को लाल-पीले रंग की किनारी चढ़ने लगी थी। अब रास्ता भी दिखाई देने लगा था। मैं जिस स्थिति में था, उस स्थिति में सुबह की ठंड को यदि भगाना था तब एक ही उपाय बचता था, तेजी से चलना या फिर भागना। मैंने वही उपाय अपनाया। कुछ देर के लिए मैं उस कोलतार की सड़क पर तेजी से चलता रहा फिर कुछ देर के लिए दौड़ा भी। लेकिन यह कितनी देर तक चलता? शायद पन्द्रह मिनटों के लिए मैं ऐसा कुछ कर सका।

बाद में मैं थक गया। कल दोपहर में मैंने थोड़ा-सा खाया था। शाम को एक आने के मुरमुरे खाए थे। तब से रात को पिये गए कटोराभर पानी के अलावा पेट में कुछ नहीं था। लेकिन अब भूख नाग के फन की तरह उभर आई थी। लग रहा था, अन्दर ही अन्दर सुइयाँ चुभ रही हैं। भूख की आग कितनी तेज हो सकती है, वह कितना जला सकती है, यह शिद्दतभरा एहसास मैं पहली बार कर रहा था। इससे पूर्व के अनुभव इसके आगे कुछ भी नहीं थे।

फटा हुआ शर्ट और उससे झाँकता खुला बदन, नंगे पैर, चेहरा, सिर, हाथ, शरीर के इन सभी हिस्सों में ठंड की वजह से बधीरता आई थी। पेशाब लगी और उसी के साथ शेष सभी शरीरधर्म की याद आई। मैं रास्ते की एक ओर चला गया। बड़े से पत्थर के पीछे बैठकर मैंने शौचादि क्रिया निपटाई। साफ-सफाई के लिए पानी की अनुपलब्धता पर पत्थर का उपयोग करना, मेरी आदत में शुमार था, जरूरत के समय अब तक, आज तक मैंने उसमें कोई अशुद्धता, गलती महसूस नहीं की।

मैं फिर से सड़क पर आया। तब तक वह औरत और उसके बच्चे काफी नजदीक आ चुके थे। उस औरत के हालात बिलकुल चिथड़ा-चिथड़ा थे। बिलकुल हड्डियों का ढाँचा—हड्डियों पर चमड़ी और उस चमड़ी को ढकने के लिए, शर्म से बचने के लिए पहनी हुई बिलकुल चिन्दी-सी, थिगलों से जुड़ी हुई धोती जो इतनी मलिन थी कि वह अपने मूल रंग की पहचान से परे थी। बाल बहुत लम्बे थे लेकिन महीनों से उनमें तेल नहीं लगाया गया था, न ही उनको धोया गया था। वे जटाओं में तब्दील हो गए थे। वह औरत बीच-बीच में कराह रही थी और सीने से लगाए हुए मरियल से बच्चे को भींचकर बार-बार सिसक रही थी। लग रहा था, वह स्वयं को धीरज बँधा रही थी और स्वयं ही धीरज खो रही थी। वह इतने धीरे से कराह रही थी कि वे सब लोग नजदीक आने तक मुझे उसका पता ही नहीं चला। उसके पीछे उसके पाँच बच्चे चल रहे थे। वे चल नहीं रहे थे बल्कि घसीट रहे थे, जैसे खुद को खींच रहे थे। एक बच्चे की कमर में तौलिया की तरह कोई चिथड़ा लपेटा हुआ था, दूसरा छोटा बच्चा तो नंगा ही था लेकिन उसके सिर पर एक गन्दी सी टोपी तिरछी पहनी हुई थी।

दो बेटियाँ थीं—जो घाघरा पहने हुए थीं। शायद लड़कियाँ होने की वजह से उनकी कमर में गन्दे ही सही लेकिन घाघरे थे, ऊपर के हिस्से में क्या पहना था, यह कहना मुश्किल था। उस औरत के पीछे ये सब बच्चे इस अन्दाज से घसीट रहे थे जैसे कि उन्होंने शराब पी रखी हो या फिर उन्हें नींद आ रही हो।

मैंने जिज्ञासु वृत्ति से इन सबको निहारा। उन सबने मेरी ओर बिलकुल अनजान और भावहीन नजरों से देखा और फिर वे नाक की सीध में चलने लगे। मैं उनसे दस कदम आगे अकेला चल रहा था। सिर्फ उस औरत की दुखभरी तथा सीने से लगाए हुए उस बीमार बच्चे की यातनाओं से लरजती आवाज सुनाई दे रही थी। मैं नया-नया कोल्हापुर में रहने लगा था लेकिन अब भी देहाती ही था। मैंने जान लिया था कि मेरे पीछे आनेवाली वह औरत और उसके वे बच्चे, ढेंढ़ जाति के हैं। ढेंढ़ जाति के लोगों का, विशेष रूप से उनकी औरतों की बातचीत का ढंग, बोलने का अन्दाज अलग होता है। मैं भूख को भुलाने की कोशिश करते हुए इस आशा के साथ तेजी से चलने की कोशिश कर रहा था कि कहीं आगे जाकर कम से कम पीने के लिए पानी मिल जाएगा और भूख की आग को शान्त किया जाएगा। सुबह का समय। दोनों ओर से गाड़ियों की आवाजाही चल रही थी। ठंडी हवाओं के झोंके चाबुक की तरह बदन पर लग रहे थे। जब दो गाड़ियाँ एक दूसरे को पार करने लगती थी तब सड़क छोड़कर मुझे नीचे कंकड़-पत्थर भरी पगडंडी पर जाना पड़ता था और उससे पैरों में झुनझुनाहट होती थी। धीरे-धीरे उजाला फैल रहा था। सड़क, आसपास की पहाड़ी अब स्पष्ट दिखाई देने लगी थी। आगे पहाड़ी इलाका कम होने का एहसास भी हो रहा था। कल रात और अब जिस रास्ते से मैं गुजर रहा था, वह घाटी का रास्ता था। मैं तेजी से चल रहा था, अत: वह औरत और वे बच्चे काफी पीछे छूट गए थे। मुझे भी उनसे कोई लेना-देना नहीं था। मैं चाहता था कि थोड़ी-सी गुनगुनी धूप लगने के बाद बदन में जो गर्मी आएगी उसी गर्मी को लेकर मैं दौड़ लूँगा—मैं चाहता था, जितनी जल्दी हो सके, कोल्हापुर पहुँचा जाए। लेकिन मेरी किस्मत में कुछ अलग लिखा था। अब मुझे अकेले नहीं चलना था बल्कि उस ढेढ़ औरत और

उसके बच्चों के साथ मुझे शेष रास्ता पार करना था। वही ढेंढ़ औरत अपने छह बच्चों के साथ अब मेरी भी अभिभावक बननेवाली थी और मेरे अन्त तक यह भावना मेरे साथ रहनेवाली थी। कुछ माताएँ बच्चों को सिर्फ जन्म देती हैं। वैसे किसकी माँ नहीं होती? सबकी माँ होती है लेकिन सभी माँओं के पास 'माँ' पन नहीं होता। बाप के बारे में भी यही स्थिति होती है। बच्चों का बाप अनिवार्य रूप से होता है लेकिन क्रूर होता है। यदि हमारी देहाती भाषा में कहा जाए तो अपनी खुजली को शान्त करने के लिए बच्चे पैदा करना और फिर उन्हें यूँ ही छोड़ देना...लेकिन बाप होना भी अपने आप में एक अलग बात होती है। और यह राय मेरी अपनी है, जो दृढ़ है।

मैं उन लोगों से बहुत आगे निकल चुका था और इसकी भी एक वजह थी। पहाड़ी से आनेवाले और महामार्ग से जुड़नेवाले रास्ते पर एक बैलगाड़ी रुकी हुई थी। बैलों को खुला छोड़ दिया गया था। शायद गाड़ी में माल भरा हुआ था। मुझे आकृष्ट करनेवाली एक बात वहाँ थी और वह था, अलाव! एक मोटी-सी औरत और गाड़ी हाँकनेवाला शायद उसका पति तथा सोलह-सत्रह वर्ष का एक लड़का उस अलाव के आसपास बैठकर सेंक रहे थे, आराम से! उस हड्डी-तोड़ ठंड में अलाव के सामने बैठकर हाथ-पैर के तलुओं को आग के सामने सेंकना, आगे-पीछे होकर आवश्यकता के अनुसार सेंक लेना और उस सुख से खुश होकर बदन में घुसी ठंड को दुश्मन की तरह भगाने में जो मजा था, वह और कहाँ मिलता? मैं वैसे दौड़ते हुए ही उस बैलगाड़ी के पास पहुँच गया। वे लोग मुझ अनजान बच्चे की ओर अचम्भित नजरों से ताक रहे थे कि मैं चुपचाप जाकर बिलकुल उस अलाव से सटकर खड़ा हो गया।

"अरे, अरे, जल जाओगे!" वह मोटी-सी औरत हँसकर मुझसे कह रही थी। ठंड से आए हुए इस बच्चे को अपने द्वारा सुलगाया गया यह अलाव उपयोगी साबित हो रहा है, उसके चेहरे से इस बात की खुशी साफ झलक रही थी। आँच का एहसास धीरे-धीरे होने लगा। ठंड से ठंडे पड़े बदन में अब गरमाहट सुगबुगाने लगी। मैंने अपनी हथेलियाँ बहुत देर तक आग के सामने सेंकी।

वह लड़का घुन्ना था। चुपचाप इर्द-गिर्द पड़ी छोटी-छोटी लकड़ियाँ, सूखी पत्तियाँ, अलाव में डाल रहा था। वह प्रौढ़ शान्त चेहरे का आदमी मुझे बिलकुल दयावान लग रहा था। उसके गले में पड़ी रुद्राक्षमाला मुझे अब भी याद है। वह कोई अभंग या भजन गा रहा था, बुदबुदा रहा था। "कौन गाँव के हो?" उसने पहला और अन्तिम प्रश्न पूछा।

"कोल्लापुर" मैंने जवाब दिया। उसके बाद वह यूँ ही अपने आपसे बुदबुदाता रहा। उस बातूनी औरत ने मुझसे यूँ ही कुछ फालतू सवाल किये और बाद में वह कुछ भी जवाब न देनेवाले तथा अभंग गानेवाले उस आदमी के साथ व्यापार, बिक्री, माल का दाम, लेना-देना आदि बातों में उलझ गई। मुझे उसमें कोई दिलचस्पी नहीं थी। उनकी बातों से मैं इतना भर जान पाया कि वे नागोठने जा रहे थे और वे बनिया लोग थे। फिर मैंने अपना फटा हुआ शर्ट ऊपर कर अपना पेट, पूरा बदन सेंक लिया।

"गाड़ी जोड़ लें" उस औरत ने उस युवा लड़के से कहा। सुनते ही वह लड़का उठा और गाड़ी जोड़ने लगा।

इतने में वह ढेंढ़ औरत और उसके वे बच्चे अलाव की ओर लालची नजरों से देखते हुए आगे बढ़ गए। उनके लिए वह अलाव शायद एक असम्भव-सा, अप्राप्य, मरुउद्यान-सा मामला था। अब मैंने उसके सीने से चिपके उस बच्चे की मरियल-सी रोने की आवाज सुनी।

मुझे उन लोगों से कोई लेना-देना नहीं था। वे राहगीर थे। वे कहाँ से आए थे, कहाँ जानेवाले थे, सीने से चिपकाये उसके बच्चे को क्या तकलीफ थी, इन सब बातों को जान लेने में भी मुझे कोई दिलचस्पी नहीं थी, वैसे सब बातें जानने की कोई आवश्यकता भी नहीं थी। मैं अपनी ही चिन्ता में डूबा हुआ था। सातारा से फरार होने के बाद मुझे चोरी-छुपे आगे बढ़ना था। वही मेरे लिए हितकारी था। वैसे भी वे लोग इतने धीरे से, बेजान तरीके से चल रहे थे कि उन्हें कोल्हापुर तक पहुँचने में सालभर यूँ ही लग जाता और मैं पगला चाह रहा था कि किसी भी तरह से जी-जान लगाकर दौड़ते हुए आज शाम तक कोल्हापुर पहुँच जाऊँ।

वह जवान लड़का मुँह से 'झक...झक' आवाज करते हुए बैलों को पेड़ के तने से खोलते हुए, उन्हें पुचकारते हुए गाड़ी के पास लेकर आया। उन दो बैलों में से एक बैल शायद थोड़ा मस्तवाल-सा था या फिर उस कड़ाके की ठंड में अपनी गर्दन पर कुछ बोझ लेना नहीं चाह रहा था। जिस बैल का यह शिकायत भरा लहजा था, उसकी गर्दन पर जख्म हुआ था, जिसे मैं स्पष्ट रूप से देख रहा था। "तेरी माँ की..." गाली बकते हुए उस लड़के ने उसके पुट्ठे पर चाबुक लगाया। "कम खाते हो क्या, वजन ढोने में जब देखो तब नखरा..." वह कह रहा था। "तुझ पर हैजा पड़ा..." गाली बकते हुए वह मोटी औरत उठ गई। "अब तुझे फसल काटने के बाद बाजार दिखाना ही होगा।"

"हरी, इट्ठला, पांडुरंगा" वह आदमी अलाव के सामने से उठ गया, तब उसके पीछे रखा हुआ पानी का ताँबे का घड़ा और उस पर रखा हुआ लोटा मुझे दिखाई दिया। "पानी...पानी..." अनायास ही मुझे अपनी शिद्दतभरी जरूरत का एहसास हो आया।

"थोड़ा पानी पी लूँ?" किसी ने विरोध नहीं जतलाया। अब तक गाड़ी जोड़ ली गई थी। वह लड़का बैलों के गले के नीचे की रस्सियाँ खींचकर बाँध रहा था। वह औरत गाड़ी में अपना माल रखने के बाद अपना बोझ ठीक ढंग से सहेजने में लगी थी और हमारे यह सन्त तुकाराम महाराज 'इट्ठल' नाम का जाप करते हुए मोक्षप्राप्ति की राह पर चल दिये थे। यानी वह अपनी जेब में से तिलक करने की सलाख निकालकर उस पर तीन उँगलियाँ ओढ़कर अपने माथे पर तथा गले में पड़ी रुद्राक्ष की माला के पास सीने पर लगा रहे थे। फिर उसने अपनी वितृष्णाभरी आवाज में कहा, "उन पर चाबुक मत लगाना रे...दवा-दारू कर लो, उसकी...बेजान जानवर...वो क्या अपना दुक बताएगा। समझ लो रे भैया, तुम तो बोल सकते हो ना..." जब तक वह ये बातें कह रहा था, मैंने दो-चार लोटे भरकर गटागट पानी पी लिया था। फिर एक बार भूख के बड़वानल को मैंने शान्त कर दिया था। अब मुझे कोई भी पूछ सकता है कि जो वाकया उस वक्त हुआ था, इतने सालों बाद वह मुझे पूरी तरह कैसे याद है?

लेकिन उस बात को, वाकये को मैं कैसे भूल सकता हूँ? वह शख्स जिसने खुद सन्त-महात्मा का जामा ओढ़ लिया था, जो बेजुबान जानवर के दुख के बारे में भी संवेदनशील था, उसी ने बाद के आधे घंटे में मुझे लात मारकर गाड़ी से बाहर फेंक दिया था और बीच रास्ते में उस कड़ाके की ठंड में मेरे खुले बदन पर गुस्से से सटासट चाबुक ओढ़ा था।

अब आप ही बताइए, इतनी छोटी-मोटी घटनाओं को यदि मैं याद नहीं रख सकता तो फिर ईश्वर ने इस दिमाग का निर्माण किसलिए किया होगा?

मैंने पानी पी लिया था। मैंने सोचा, बैलगाड़ी तेजी से चलेगी। यदि मैं भी कुछ कदम इस बैलगाड़ी के पीछे-पीछे चलकर उन लोगों को पूछ लूँ 'मैं भी गाड़ी में बैठ जाऊँ?' तो वे 'भले लोग' मुझे निश्चित रूप से मना नहीं करेंगे।

और मेरा अनुमान सही निकला। बैलगाड़ी मुख्य सड़क पर चलने लगी। उन लोगों को नागठाणे तक पहुँचना था। वहाँ तक तो इस गाड़ी से पहुँचा जा सकता है, लेकिन इन लोगों से कैसे पूछ लिया जाए, यह सोचते हुए मैं उस बैलगाड़ी के पीछे तेजी से चलने लगा। वह घुन्ना लड़का बैलों की पूँछों को मरोड़ रहा था। वह औरत ठंड से बचने के उद्देश्य से नाक-मुँह पर आँचल बाँधकर बीच में बैठी थी और उसके पीछे उसकी बगल में बैठा था, वही रुद्राक्षमालाधारी! चुभती ठंडी हवा बह रही थी, इसलिए उसने भी साफे के छोर से नाक मुँह को ढक लिया था।

'हाईक...ह्राईक' बीच-बीच में उस गाड़ीवान लड़के की आवाज गूँजती थी। बैल भी तेजी से दौड़ रहे थे, गाड़ी की आवाज कोलतार की ठंडी सड़क पर कुछ ज्यादा ही सुनाई दे रही थी। अब मैं भी दौड़ने लगा था। पैरोंतले कोलतार की सड़क बर्फ की तरह ठंडी थी। कहने के लिए ही वह कोलतार की सड़क थी—महामार्ग—हाई-वे—लेकिन मुम्बई की गलियों की सी इज्जत उस वक्त के राष्ट्रीय महामार्ग के रूप में जाने जानेवाले उस रास्ते की नहीं थी। आज यह रास्ता काफी बदल चुका है। मैं जो बात कह रहा हूँ वह पुरानी है।

"अरे बच्चे, आके बैठ भी जाओ गाड़ी में! "उस रुद्राक्षधारी आदमी ने स्वयं कहा। मेरी एक खासियत थी। समझदारी की उम्र से मैं काफी घूम चुका हूँ,

पहाड़ियों, कंदराओं में जानवरों की तरह मैंने घुमक्कड़ी की है। लेकिन अब तक एक बात मैंने जी-जान से सँभाली है, और वह है मेरा स्वाभिमान! वैसे यह बात आपके खून में होनी चाहिए। जब तक बात सिर से ऊपर नहीं जाती, मेरी सीमा से बाहर नहीं जाती, मैंने कभी किसी के सामने याचना नहीं की, न ही कभी किसी से कुछ माँगा। लेकिन मेरे हालातों ने मुझे उस दिन याचना करने के लिए ही नहीं बल्कि भीख माँगने के लिए भी मजबूर किया था।

उस आदमी के कहने की देरी थी, मैं तुरन्त उछलकर उस चलती गाड़ी में कूद गया। कुछ ही दूरी पर एक गाँव था, उनकी बातचीत से मैंने पहले ही जान लिया था कि नागठाणा अभी भी काफी दूर है। शायद उस वक्त हम सुरसे नामक गाँव में पहुँच गए होंगे।

उस आदमी ने अपना पान-सुपारीवाला बटुआ निकाला। सुपारी को कतरते हुए वह 'कहाँ से आए हो, कोल्लापुर क्यों जा रहे हो, वहाँ कौन है, माँ-बाप हैं या नहीं,' आदि बातें पूछने लगा। सातारा से मैं भागकर कोल्हापुर जा रहा हूँ, इस बात को छुपाते हुए मैंने भी पूरी जानकारी उसे दे दी।

तब तक गाड़ी उस ढेंढ़ औरत और उसके बच्चों को पार कर आगे निकल चुकी थी। मैंने एक अजीबोगरीब जेता के अन्दाज से उनकी ओर देखा। वह औरत और उसके बच्चों को मुझसे या उस गाड़ी से कोई सरोकार नहीं था। भावहीन चेहरों से मेरी ओर या गाड़ी की ओर देखी-अनदेखी करते हुए वे सब झूलते हुए गाड़ी के पीछे चले आ रहे थे। उस आदमी ने बिलकुल करीने से सुपारी कतराकर उस औरत तथा लड़के को भी दी। "खाओगे?" उसने मुझे पूछ लिया। "क्यों नहीं!" मैंने ठाठ से कहा। मैं अभी उनमें से ही एक बन गया था।

उसने मेरी हथेली पर थोड़ी-सी कतरी हुई सुपारी धर दी। मैंने जल्दी से उसे मुँह में डाल दिया। कल दोपहर से यही एक चीज मेरे मुँह में गई थी।

अब पान बँट गए। मुझे भी एक हरा-भरा पान मिल गया। चूने की डिब्बी को घुमाते हुए उसने सहजता से पूछ लिया, "कौन-सी जाति तुम्हारी?" "मराठों का दिखता है।" उस औरत ने यह बात कहने के साथ ही मेरे मुँह से सच्ची बात निकल गई। 'ढोर जाति से हूँ।' गाँव-कस्बों में ये सवाल बड़ी आसानी से पूछे जाते हैं।

उनके जवाब भी बड़ी मासूमियत से दिये जाते हैं और उसके बाद जो बर्ताव किया जाता है, वह भी समाजमान्य होता है। मेरे लिए यह कोई नई बात नहीं थी। लेकिन जो कुछ हुआ, वह उससे भी अप्रत्याशित था।

वह आदमी इस कदर तेजी से उठा मानो बिच्छू ने काट खाया हो। पीछे मुड़कर और पहले से वितृष्णा से भरी अपनी आँखें फाड़कर वह मेरी ओर देखने लगा। शेष दोनों की नजरें भी मुझ पर थीं। अब उस आदमी की नजर से वितृष्णा कहीं गायब हो चुकी थी। धोखा, अपमान आदि भावनाओं से उसका चेहरा पलभर में बदल गया था। उसका चेहरा उग्र दिखने लगा। "तेरी माँ की... ढोर...कहीं का..." कहते हुए उसने गाड़ी के पिछले हिस्से से पीठ टिकाकर पैरों से जोर दिया। मैं दूसरे हिस्से से पीठ टिकाकर, पैर आड़ा रखकर बैठा था। इससे पहले कि मैं उसकी प्रतिक्रिया देखूँ या उसकी गाली समझ लूँ, उसकी लात मेरी जाँघ पर इतने जोरदार तरीके से आ लगी कि कुछ समझने से पहले ही मैं गाड़ी में से उछलकर पीछे रास्ते पर गिर गया था। "ओ आय... अगायय" आवाज निकालने से पहले ही मेरी एक कनपटी का हिस्सा रास्ते से टकरा गया था और उससे उठी वेदना दिमाग तक पहुँच गई थी।

मैं जैसे-तैसे हड़बड़ाकर उठने लगा। बैलगाड़ी रुक गई थी और उसमें से 'वह' नीचे कूद रहा था। उतरते हुए उसने अपने बेटे के हाथ से चाबुक खींच लिया था। मेरे कूल्हों पर अच्छी मार लगी थी। कनपटी का एक हिस्सा बुरी तरह से पिचक गया था और वहाँ झनझनाहट हो रही थी। मेरी बालबुद्धि कुछ समझ नहीं पा रही थी लेकिन चाबुक के साथ उसका उठा हुआ हाथ देखकर मेरा दिल थर्रा गया था। उसने मुझे उठने का मौका ही नहीं दिया। चाबुक की गीली पट्टी मेरे बदन पर 'सड़ाक, सड़ाक' कर बजने लगी। मैं चिल्लाने लगा।

मैं रास्ते पर ही लोट रहा था, खुद को बचाने की कोशिश कर रहा था और वह आदमी मुझे चाबुक से बुरी तरह से आड़ा, तिरछा मार रहा था।

"रंडी की औलाद...बारा बोडे का...ढोर की औलाद, सुबह में छुआछूत की...तुम्हारी माँ की..." गालियों की बौछार के साथ चाबुक की मार मेरे तन-बदन पर पड़ रही थी।

मैंने कोशिश की उठने की और वहाँ से भाग जाने की! लेकिन चाबुक का एक झपट्टा मेरे माथे पर बैठा। वह इतना जोरदार था कि माथा बिलकुल सुन्न-सा हो गया। सिर, दिमाग बधिर हो गया। बड़ी देर तक मेरी कुछ समझ में ही नहीं आ रहा था। बेहोशी का आलम था। बेहोशी थोड़ी उतर रही थी कि मैंने जैसे-तैसे आँखें खोलकर देखने की कोशिश की। बैलगाड़ी चलने लगी थी। "भाड्या, अपने हाथ से हम बनियों के मटके का पानी पिया तुमने, वो भी लोटा मुँह से लगाकर...तुम्हारे बदन में कीड़े पड़ेंगे..." वह औरत मुझे गालियाँ बक रही थी, बदुवाएँ दे रही थी। वह रुद्राक्षधारी-चाबुकवाला आदमी अब सिर्फ गुस्से से मेरी ओर देख रहा था। मैं कूल्हों के बल पर घसीट-घसीटकर रास्ते के एक ओर हो गया था क्योंकि दूर से मैंने एक ट्रक को आते हुए देख लिया था और मैं रास्ते के बीचोबीच पड़ा था।

ट्रक बिलकुल मुझे छूते हुए चला गया। मैं रास्ते के एक ओर मील के पत्थर से पीठ टिकाकर बिलख-बिलखकर रोने लगा। मेरा पूरा बदन इस तरह से जल रहा था कि किसी ने चरका दिया हो। माथा बधीर हो गया था। मैंने माथे को हाथ लगाया। खून से हाथ सन गया। माथे पर जख्म था...यही वह जख्म था जो मेरी ढोर जाति के हिस्से में आया था...पहले जमाने में बेशर्म और सजायाफ्ता गुनहगारों के माथे पर दाग दिया जाता था, वैसा ही दाग मेरे माथे पर उसने दाग दिया था। मैं उठ नहीं पा रहा था। वेदना और जलन से मेरा पूरा बदन तप रहा था। उस बैलगाड़ी की ओर मैं देखना भी नहीं चाहता था। मैंने नजर दूसरी ओर घुमाई।

वह ढेंढ़ औरत और उसके बच्चे अब मेरी ओर आ रहे थे। लेकिन अब वह औरत धीरे-धीरे नहीं चल रही थी। वह बड़ी तेजी से, अपने बच्चों से भी आगे चलते हुए मेरी ओर बढ़ रही थी...वह मेरी मदद करने के लिए ही आ रही थी। "ढोर की तरह पीटा रे बच्चे को! आदमी कहूँ या हयवान उस भड़ुए को..." वह चिल्लाई।

जब भी मुझे रास्ते पर चाबुक से की गई मेरी पिटाई की याद आती है, एक अलग तरह की गम्भीरता से मेरा दिल भर जाता है। राधाक्का ने उस वक्त कहा था कि जानवर की तरह यानी ढोर की तरह पीटा बच्चे को, लेकिन तब तक वह नहीं जानती थी कि मैं भी 'ढोर जाति' का हूँ।

आज यदि आप मुझे उस चाबुक से पीटनेवाले आदमी के बारे में मेरी भावनाओं, मेरे गुस्से या मेरी भावनाओं के उत्पीड़न के बारे में पूछना चाहेंगे तो मेरे मन में उस आदमी के प्रति कोई दुराभाव नहीं है। सालों बीत गए उस घटना को। 'कालः सर्वस्यौषधम्' उक्ति के अनुसार समय के मरहम ने मेरी सभी वेदनाओं, जख्मों को भर दिया है। वह बेचारा आदमी उसका वह समाज, उस समाज की रूढ़ियों, परम्पराओं को बड़ी श्रद्धा से माननेवाला, उन्हीं को अपना धर्म माननेवाला, पंढरपुर को नियमित रूप से जानेवाला वह आदमी शायद सच्चा श्रद्धालु हो सकता था; लेकिन समाज ने उसके दिल को एक विशिष्ट रूप से मरोड़ दिया था और उस मरोड़ ने उसके उस 'तथाकथित श्रद्धालु' पन को खत्म कर दिया था। उसे सीधा नहीं किया। आगे चलकर मैं ही—यानी एक ढोर जाति का आदमी ही संस्कृत का प्रोफेसर बन गया। बाद में मैंने संस्कृत विषय में पीएचडी भी की। अन्तिम वर्ष के बच्चों को भी मैंने पढ़ाया है। अध्यापन के क्षेत्र में मैं कितने ही लोगों से रूबरू हुआ हूँ लेकिन उन लोगों में और चाबुक से पीटनेवाले उस आदमी में कुछ ज्यादा अन्तर नहीं था। फर्क सिर्फ इतना था कि वे चाबुक के बजाय जुबान का इस्तेमाल करते थे।

एक वाकया बताता हूँ। मुम्बई आकाशवाणी पर 'संस्कृत पाठमाला' कार्यक्रम के जरिये मैंने कुछ कार्यक्रम प्रस्तुत किये। एक बार रेडियो कार्यक्रम से सम्बन्धित कुछ अधिकारियों ने मुझे बताया कि मेरे संस्कृत उच्चारण को लेकर अनेक लोगों ने अपनी नापसन्दगी पत्रों के जरिये व्यक्त की है। उदाहरण के तौर पर... फलाँ कार्यक्रम में मैं 'ख' का उच्चारण सही ढंग से नहीं कर पाया था, आदि।

इन पत्रों के पीछे कौन-सी बात थी यह मैं जानता था। उन्हें यह बात चुभ रही थी कि मुम्बई में संस्कृत के विद्वानों के रूप में अनेक प्रतिभाशाली ब्राह्मणों के होते हुए मुझ जैसा दलित आदमी संस्कृत भाषा के पाठ पढ़ा रहा है।

इसी बात के सन्दर्भ में एक बार मैं उत्तर भारतीय और मुम्बईवासी विद्वानों के बीच बातचीत कर रहा था। तब मैंने उन्हें छेड़ा। उत्तर के पंडितों ने मुझ पर तोहमत लगाई—"आप संस्कृत का अध्यापन करते हैं, इस बात पर हमारी नाराजगी नहीं है, लेकिन आप मांसाहार करते हैं और मांसाहार करने से जबान मोटी हो जाती है, जिससे उच्चारण में परिवर्तन आता है और संस्कृत भाषा के शब्दों के उच्चारण में परिवर्तन यानी घोर अपराध!"

मैंने उनसे कहा—'आप काशी के विद्वान ब्राह्मण हैं। लेकिन कितने ही शुद्धवर्णों का उच्चारण आप सही ढंग से नहीं करते। उदाहरणार्थ 'विज्ञान' को आप 'विग्यान' कहते हैं या फिर 'ड' का उच्चारण आप 'र' की तरह करते हैं, जैसे 'साड़ी' को 'सारी', 'बड़ौदा' को 'बरोडा', आदि। अपनी बात को और मजबूत करते हुए मैंने उन्हें एक श्लोक सुनाया—

आशीर्वादो नैव गृहणीयात मरुदेशनिवासि नाम्।
शतायुरिति वक्तव्ये हतायुरितिभाषिणाम्॥

मारवाड़ के ब्राह्मण से गलती से भी आशीर्वाद लेना नहीं चाहिए। 'शतायुभव' (सौ साल जियो) कहने के बजाय वह 'हतायुभव' (तत्काल मर जाओ) कहेगा। वे 'श' का उच्चारण नहीं कर सकते। उसके एवज में 'ह' या 'स' का उपयोग करते हैं। 'शतायुभव' के बजाय 'हतायुभव' कहते हैं। इस श्लोक का 'रचयिता' मैं नहीं हूँ। उत्तर भारतीय ब्राह्मणों के गलत उच्चारण के बारे में किसी महाराष्ट्रियन संस्कृत पंडित ने काफी पहले इसे लिखा है। ऐसे में मेरे उच्चारण को लेकर यह नाराजगी क्यों? यदि आप मांसाहार की बात कर रहे हैं, तो वेदकालीन ब्राह्मण क्या भक्षण करते थे, इस बात को मैं साक्ष्य के साथ साबित कर सकता हूँ। ऐसे में वर्तमान समय के बारे में क्या कहना? तथापि उनका मानना और निर्णय भी था कि 'यह सही नहीं हैं।'

मैं इन लोगों को भी चाबुक की मार देनेवाले उस इनसान के समूह के सदस्य के रूप में मानता हूँ।

सामाजिक परम्पराओं की गुलामी करना, भारतीय मानसिकता की अत्यन्त महत्त्वपूर्ण आवश्यकता है। अन्य मामलों में अपनी हीनता को छुपाने के लिए भी जातियों की श्रेष्ठता की बात स्वयं को न पटते हुए भी जारी रखी जाती है। मेरी जानकारी में एक जाने-माने प्रोफेसर महोदय हैं, उन्हें अपने 'ब्राह्मण' होने पर गुमान है। वे स्वयं दर्शन पढ़ाते हैं तथा 'लॉजिक' का विद्वान होने की वजह से अपनी बात को बड़े तर्क तथा शास्त्रीय तरीके से प्रस्तुत करते हैं। कुल मिलाकर, किसी भी तरह से, किसी की भी मानसिक, बौद्धिक गुलामी स्वीकारने का एहसास ही बहुत मजबूत होता है। इसलिए आज इसी पल उस एहसास को मैं तुच्छ, तिरस्करणीय मानता हूँ। यह एहसास किसी व्यक्ति के बारे में नहीं है। यह मेरा एहसास आगे जाकर बदलेगा नहीं, इस बात का मुझे पूरा विश्वास है। उपलब्ध साहित्यिक कलाकृतियों के जरिये वेदकालीन समाज का मैंने गहराई से अध्ययन किया है। इस बात का विरोध करनेवाले बुद्ध, महावीर, बसवेश्वर, आदि कई सन्त-महात्मा ज्ञात या अज्ञात होकर गुजर गए लेकिन भारतीय मानसिकता पर पड़े इन पर्दों को वे दूर नहीं कर सके, न कर पाएँगे। आज भी अधिकतर लोग कहते हैं कि आनेवाले बीस, पच्चीस या सौ सालों में सब कुछ 'खत्म' हो जाएगा और ये कहनेवाले सभी लोग बड़े विद्वान, नेता, सन्त, महात्मा हैं। मेरी समझ में नहीं आता कि यह इन लोगों की बदमाशी है या अज्ञान। मुझे बड़ा गुस्सा आता है, इन लोगों पर!

मैं यह-हमारी लम्बी और जानलेवा यात्रा की कहानी—जो आपको बताने जा रहा हूँ, वह महज इसलिए नहीं कि सहसंवेदना या करुणा का लाभ मिले। मैं ऐसा कुछ चाहता भी नहीं। संयोग से इस कहानी में ढोर जाति का एक लड़का और 'महार' जाति की एक औरत और उसके बच्चे हैं इसलिए यह कलाकृति 'दलित' हो सकती है। लेकिन इसमें दलितों की वेदना शामिल है, ऐसा नहीं कहा जाए, तो अच्छा! एक लम्बे अन्तराल के बाद मैं इस कहानी को बयाँ कर रहा हूँ। ऐसे में उसे बयान करने की पद्धति के बारे में सोचा जाए, तो बेहतर होगा। रात-बेरात जब मैं इस घटित कहानी के बारे में चिन्तन करता हूँ तब सोचता हूँ कि क्या मैं इसके जरिये जीवन का सार बताने जा रहा हूँ?

मैं आपको अपनी तकलीफें, गुजारे हुए बेसहारा दिनों, भूख-प्यास के बारे में बताकर मानसिक तकलीफ नहीं देना चाहता। दुनिया में करोड़ों लोगों ने इससे भी बुरे दिनों को झेला होगा, ऐसे में मेरे दुखों का क्या? लेकिन अब उम्र के साथ-साथ अध्ययन, चिन्तन भी बढ़ता गया है और तदनुसार इस घटना की ओर देखने का नजरिया भी बदल गया है। कैलिडोस्कोप के जरिये जिस तरह से हर पल अलग-अलग दृश्य और सौन्दर्य दिखाई देता है, ठीक उसी तरह से मैं भी इस कहानी में बताई जानेवाली घटनाओं की ओर देखता हूँ।

वास्तविक रूप से, गलती मेरी थी। मैं जानता था कि मैं 'ढोर' जाति का हूँ और बैलगाड़ी में बैठे हुए लोग बनिया हैं। उन्हें मेरी छुआछूत चलेगी नहीं, लेकिन मुझे बैलगाड़ी में बैठने का मौका मिल रहा था। पैदल चलने के परिश्रम से मैं बच सकता था, इसी स्वार्थी सोच ने मुझ पर कब्जा किया था। उसका फल मुझे मिल गया था।

बचपन में मैं अपने पिताजी के गाँव—माल्या—मदमाल्या जाता था। वहाँ रुकता था। जोतिबा की पहाड़ी तथा कोडोली गाँव के बीच में यह गाँव बसा था। बिलकुल कस्बाई माहौल में पली-बढ़ी मेरी सभी बुआएँ बहुत प्यार करनेवाली थीं। वहाँ के सभी गाँववालों, मेहमानों में एक तरह की गरीबी और जाति की वजह से आनेवाली लाचारी, खून में रची-बसी थी।

सबसे बड़ी ताराक्का! आज वह इस दुनिया में नहीं है। बहुत ही भोली। सभी तरह की तकलीफों, वनवास को चुपचाप सहनेवाली! घास की जड़ों की तरह किसी भी मौसम में कठोर परिश्रम कर जमीन से जुड़कर रहनेवाली। उसके जैसी सहनशील स्त्री मैंने अब तक देखी नहीं है। अनेक बहनों के इकलौते भाई के रूप में मेरे पिताजी! सबसे छोटा और इकलौता बेटा होने की वजह से उनके लाड़-प्यार की कोई सीमा नहीं थी। मैंने उन्हें देखा, महसूस किया एक हठी और बेहद अभिमानी इनसान के रूप में! उनकी बहनों को बेहद उपेक्षाभरी जिन्दगी जीनी पड़ी जबकि 'इकलौता बेटा' होने की वजह से मेरे पिताजी के जो लाड़ हुए वे आज भी उनकी आदतों में शुमार हैं। मेरे पिताजी यानी पारिवारिक तौर पर दुष्टता, बदमाशी और पूरी तरह की नाटकीयता का अनोखा संगम!

ताराक्का, उनकी सबसे बड़ी बहन। ताराक्का ने अपने इस भाई के तकलीफदेह और तापदाई हठों से सम्बन्धित अनेक किस्से हमें बताए हैं। वैसे मैं नहीं चाहता कि ताराक्का की मृतात्मा को दोष दिया जाए। अपने भाई को वह बेहद चाहती थी। सभी अच्छी-बुरी आदतों को माफ करने की उसकी आदत के कारण पिताजी की ओर से सबसे ज्यादा तकलीफ मुझे भुगतनी पड़ी।

मेरे पिताजी भयंकर हठी थे, नाटकीय बर्ताव करते थे। वह सबके आकर्षण का केन्द्र बनना चाहते थे तथा यह बात उन्हें बिलकुल पसन्द नहीं थी कि उनके दोष कोई और दिखाए। लेकिन दूसरों का अपमान करने, उन्हें भला-बुरा कहने में उन्हें मजा आता था। विशेष रूप से जब कोई उनकी पसन्द की बात नहीं करता, भले ही वह बात अच्छी हो, तब उस आदमी को वह शत्रुता की नजर से देखते थे। हर सम्भव तकलीफें देकर उस आदमी का जीना हराम करने में वह विश्वास रखते थे।

आगे चलकर, "मैं जो भी करूँगा, वह चलेगा," वाली भावना ने इस युवक की मानसिकता पर कब्जा कर लिया। ताराक्का मुझे हर बार एक वाकया बताती थी...कहती थी..."तेरे बाप की खातिर मुझे खून की उलटी करनी पड़ी है रे..."

बात यह थी कि हमारे पिताजी को बोर्डिंग या कॉलेज की फीस भरने के लिए पैसों की जरूरत थी। हालाँकि वह स्वयं कष्ट कर, पैसे कमा सकता था लेकिन उस स्वार्थी इनसान ने अपनी बहनों को काम पर लगा दिया। ताराक्का ने मजदूरी की। इसलिए कि 'भाई को शाम तक पैसे देने हैं, वह एक भारी-भरकम बोझ बड़ी दूर से सिर पर लादकर ले आई। वह बोझ ताकतवर पुरुष के लिए भी भारी था लेकिन उस वक्त चन्द चार-आठ आनों के लिए ताराक्का वह बोझ लेकर मालिक के दरवाजे तक आई। जब उसने वह बोझ सिर से उतारा तब उसे बुरी तरह से उलटी हुई...और वह भी खून की!

मेरा बाप उस वक्त कोल्हापुर में पढ़ रहा था। सोलह-सत्रह बरस की उम्र में वह अपनी पढ़ाई का खर्च स्वयं जुटा सकता था लेकिन उसने कुछ

काम किया होगा, यह जानकारी मुझे नहीं मिली। उसके तत्कालीन दोस्तों से पूछताछ करने के पश्चात् ही यह बात मैं लिख रहा हूँ। लेकिन मेरे बारे में उसका रवैया बिलकुल अलग था। मैं जैसे ही मैट्रिक पास कर कॉलेज में आया, उसने मुझे नौकरी में जोत दिया। मैंने भी बात को निभाया। वैसे नौकरी कर पढ़ना कोई कठिन बात नहीं है। मैं आज भी वही कर रहा हूँ। लेकिन उस वक्त ताराक्का—उसकी बड़ी बहन यदि उसे समय रहते डाँटती, फटकारती तो शायद शादी के बाद के वे झगड़े, पति-पत्नी के बीच की दरारें, मेरे बाप के नाजायज धंधे आदि सब बातों पर रोक लग जाती। जब भी मैं ताराक्का को याद करता हूँ, मुझे लगता है, वह स्वयं अपनी सहनशीलता के हत्थे चढ़ गई है।

ये सारे विचार 'मसूदमाले' की यादों से पके हुए फोड़े में इकट्ठा मवाद की तरह याद आते हैं और ताराक्का की याद से टीसने लगते हैं। उसे जहाँ दफनाया गया, वह स्थान अब भी मुझे याद है। ताराक्का बीमारी में हमारे यहाँ कोल्हापुर आई थी। तब हमारी 'माँ साहब' द्वारा उसे योजनाबद्ध तरीके से दी गई यंत्रणाएँ मुझे अब भी याद है। 'माँ साहब' के घर पर न होने पर मैंने कितनी ही बार अपनी पत्नी से ताराक्का को पेटभर खाना देने के लिए कहा है। ताराक्का इन्हीं हालातों में मर गई। शायद उसकी आत्मा भी भटकती होगी। जिस घर में वह अपने जन्म से रहती थी, मेरे बाप ने उसे उसी घर में मरने भी नहीं दिया। वह घर भी उसने बेच दिया। ताराक्का अकेली गाँव के बाहर महारवाड़ी (हरिजन बस्ती) में एक झोंपड़ी में रही और वहीं पर मर गई। कुछ लोग जिन्दगी क्यों जीते हैं? क्या कीमत होती है, उनकी जिन्दगी की? कुछ भी नहीं! तिनके जैसा भी जिन्दगी का मूल्य नहीं। मैं ताराक्का को याद करता हूँ...वह मुझे याद आती है। अपने भाई का बेटा, इस नाते उसने बचपन में मुझ पर बहुत प्यार बरसाया। वह प्यार, स्नेह तथा ममत्व की आदमकद मूर्ति थी। वह भोली-भाली भावनाओं की जिन्दा गठरी थी।

ढोरवाड़ी से बहुत दूरी पर एक नाला था। नाले से पानी लाने हेतु मैं उसके साथ जाया करता था। अब सुनता हूँ कि मसूदमाले में नल से पानी आता है। लेकिन उस वक्त ताराक्का के साथ रास्ते का एक छोर पकड़कर बुनकर गली

को पार कर सरकारवाड़ा से नीचे उतरते हुए एक ओर से नाले की ओर जाना और नाले की रेत पर बैठकर नारियल की कटोरियों से रेत को खोदकर पानी को ढूँढ़ना, मुझे अब भी याद है। उसने उसी समय 'जाति से सम्बन्धित महान दर्शन' मेरे दिल पर गहराई से उकेरा था। जहाँ हम घुटने तक रेत को खोदकर नारियल की कटोरियों से हमारी गागर भरने की कोशिश करते थे, वहीं से दस गज की दूरी पर बहुत बड़ा कुआँ था। लेकिन वहाँ हम 'ढोर जाति' के लोगों का जाना मना है, यह बात ताराक्का ने गहराई से मुझमें उतारी थी।

"महार, माँग जातियों को छूना बी नय लेकिन मराठों, बामनों पर तो हमारी छाँव भी गिरनी नय मँगती, छूने की तो बात ही नय..."

जब भी मैं मसूदमाले गया, मैंने ताराक्का से यही बातें सुनीं और सीखीं। हालाँकि अब वहाँ की स्थिति से भी मैं अनभिज्ञ हूँ क्योंकि अब वहाँ जाना अच्छा नहीं लगता। मैं वहाँ जाता नहीं हूँ। हमारा घर देखते ही ताराक्का की याद से दिल टीसता है, फिर उसे जहाँ दफनाया गया वह जगह, उसकी बताई हुई भूत की कहानियाँ, कुछेक 'धरम-करम' की बातें...मेरा बाप बचपन में कैसा हठी था, इसके नमूने भी वह पेश करती थी। मुझे उन यादों के साथ इस बात का यकीन भी हो जाता है कि मेरी तकलीफों, यातनाओं तथा मेरे बाप की दूसरों को यातना देने की प्रवृत्ति के लिए, वह मासूम औरत उतनी ही जिम्मेदार है। 'उसकी आत्मा को शान्ति मिले,' इतना भर कहने से क्या होगा? क्योंकि उसकी समग्र जिन्दगी अशान्त और ध्वस्त हो गई थी। मृत्यु के बाद आत्मा को शान्ति मिलने से क्या होता है? बददुआ को मैं मानता हूँ, इस बात पर भी मेरा विश्वास है कि बददुआ 'लगती' है, लेकिन 'बददुआ' किसे और 'किस तरह' से लगेगी यह व्यक्तिसापेक्ष है, व्यक्ति की भावनाओं पर निर्भर है।

यह लिखते समय मेरा एक हाथ उस दिन की चाबुक की मार से मेरे माथे पर हुए जख्म को सहला रहा है। दिल में सोच का तूफान हिलोरे ले रहा है। हम यह बात जान नहीं सकते कि कौन, किसे, किस तरह से तकलीफदेह हो सकता है। लेकिन जिस वक्त चाबुक की मार से तिलमिलाकर मैं रास्ते की एक ओर पड़ा था, तब मुझे उस मारनेवाले इनसान से सिर्फ डर लग रहा था,

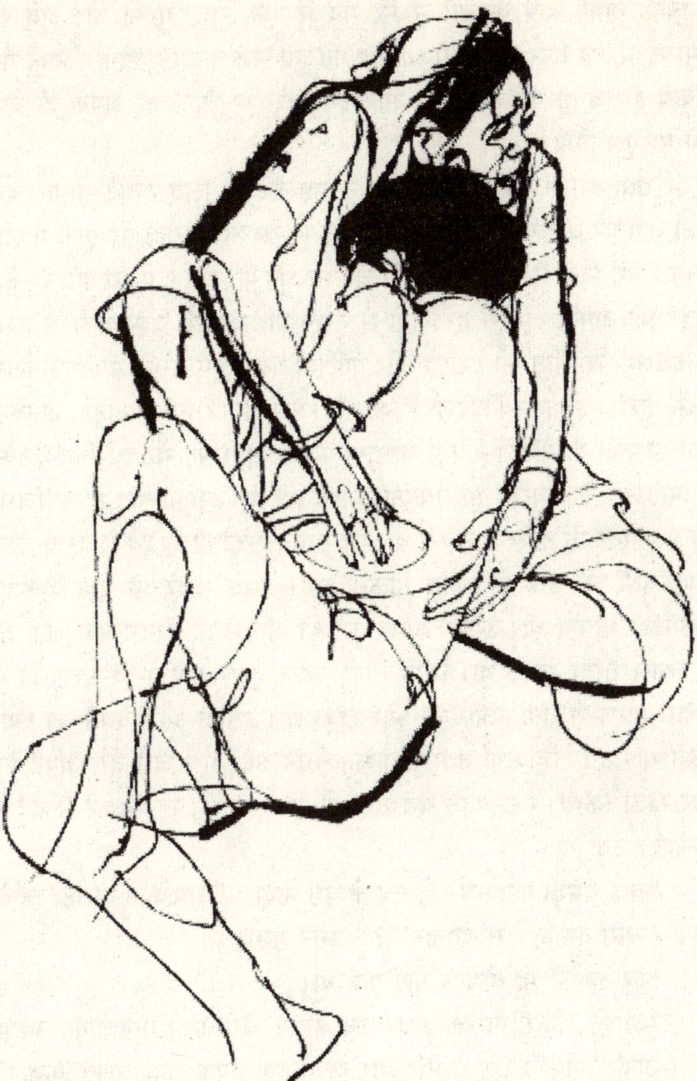

जबकि अपने बाप के बारे में मेरे मन में एक चिढ़, गुस्सा था। अब वह मुम्बई में, या फिर मुम्बई से बाहर घूमते हुए मजे कर रहा होगा। अपने पैदा किये हुए बच्चों की इच्छाओं, आकांक्षाओं से अनजान वह अपनी ही बातों में मशगूल होगा।

राधाक्का ने मेरा थरथराता बदन सहलाने के लिए अपने बीमार बच्चे को वहीं पर धूल में छोड़ दिया। मरियल-सा वह बच्चा वहीं पर धूली में लोट गया। मेरे माथे से होकर नाक से बहकर मुँह में उतरे हुए मेरे ही नमकीन खून को अपनी खुरदरी हथेलियों से उसने पोंछा। उसी जल्दबाजी से उसने मेरे हाथ, पैर, पीठ को टटोला और गालियाँ बकते हुए उसने अपनी उँगलियाँ उस गुजरी हुई गाड़ी की दिशा में चटकाईं। उसकी गालियाँ तो अटूट, अनवरत थी। उसकी दो बेटियाँ—बड़ी बायजा और छोटी भिमी, मेरे इर्द-गिर्द बैठकर अपनी उम्र के अनुसार सहसंवेदना जतला रही थीं। उसका बेटा राणू—जिसने कमर पर सिर्फ तौलिया लपेटा था, मेरे सामने खड़ा होकर, कुछ देर के लिए बड़े-बूढ़ों की तरह मेरी ओर ताकता रहा। उसके चेहरे पर एक अनजान सी ठंडी भावना थी। उसकी आँखें तेज थीं और उनमें हरदम एक शक का एहसास तैरता रहता था। सिर्फ टोपी पहना हुआ इट्ट्या-विट्ठल, किसी और कारण से रोता हुआ एक ओर खड़ा था। उसकी ओर किसी का ध्यान नहीं था। उन लड़कियों तथा राधाक्का ने मिलकर मुझे जैसे-तैसे अपने पैरों पर खड़ा किया। मेरा बदन बुरी तरह से टूट रहा था। रह-रहकर मैं दर्द से कराह उठता था।

"कई चमड़ी फट नय गई, नय तो बुरा व्हता..." राधाक्का बोली, "बच्चे, क्यों रे मारा तुमकू, उस हयवान ने?" उसने पूछा।

अब तक मैं भी थोड़ा सँभल गया था।

"आक्के, किसी पर तो हाथ डाला होगा, चोरी करने गया होगा, पकड़ा और ठोंका" शक्की राणू ने मेरी ओर देखते हुए अपना शक व्यक्त किया।

मुझे गुस्सा आ गया। गुस्से से उसकी ओर देखते हुए मैंने कहा, "मैंने कहीं भी हाथ नहीं मारा...उन्होंने कहा—बैठो—तभीच मैं गाड़ी में बैठा था।"

"फिर...?" राणू का प्रतिसवाल। दस साल का राणू बढ़िया वकील या पुलिस अधिकारी बन सकता था। कोई उसकी तेज नजर से बच नहीं सकता था; लेकिन होनी को कौन टाल सकता है? राणू होशियार था और सुरीला गाता भी था। लेकिन इसी बच्चे की कल मौत होनेवाली थी। दर्द से तड़पते हुए, वेदना से चिल्लाते हुए वह मरनेवाला था।

जब वर्ष 68-69 में मैं सांगरुल में हाईस्कूल टीचर के रूप में संस्कृत पढ़ाने के लिए गया था तब पहले ही दिन बिलकुल राणू जैसे दिखनेवाले, वैसी ही तेज नजरवाले काले लड़के को बेंच पर बैठे हुए देखकर मैं चौंक सा गया था...उस लड़के में और सालों पहले गुजर गए राणू की आदतों बातचीत और बर्ताव में बहुत-सी समानताएँ थीं। मैं इसे प्रकृति का चमत्कार ही मानता हूँ। इस तरह से यह कैसे होता होगा शायद वहीं जानती होगी।

"फिर...फिर क्या, ढोर जाति का हूँ, इसलिए उस ××× ने मारा मुझे... साले के..." मेरा गुस्सा सातवें आसमान पर था। मैंने उस मारनेवाले के नाम से कुछ भद्दी-भद्दी गालियाँ बकीं। बचपन में मैं इन गालियों के क्षेत्र में भी काफी प्रवीण था। कोल्हापुर में हमारी एक टोली थी। बिलकुल गए-गुजरे, नालायक और उजड्ड बच्चों की टोली। जब किसी को कोई तकलीफ देने का काम नहीं बचता था तब हम इकट्ठा बैठकर अन्ताक्षरी खेलने की तरह घंटों गालियाँ बकने का काम किया करते थे। ये गालियाँ किसी विशिष्ट व्यक्ति के लिए नहीं होती थीं लेकिन एक बार दी गई गाली दुबारा न देने का हमारे खेल का कठोर नियम था। कुछेक लोग ही जानते होंगे कि इस खेल में कल्पनाशक्ति और शब्दसामर्थ्य की जरूरत होती है। मैं आज भी गालियाँ बकनेवाले बच्चों को रोकता नहीं। मैं अपने बच्चों को भी गालियाँ देने से टोकता नहीं। गालियाँ बकना भी आना चाहिए और गालियाँ झेलना भी आना चाहिए। जिस तरह से तन के लिए मजबूती जरूरी होती है, उसी तरह गालियाँ खाना भी मन को मजबूती प्रदान करता है।

मेरी जाति के बारे में जानकारी मिलने के बाद राणू की शक्की नजर बदल गई। फिर राधाक्का, उसकी बेटियाँ और राणू के साथ मेरी दोस्ती होने में ज्यादा समय नहीं लगा।

राधाक्का ने देखा, मैं अपने पैरों पर खड़ा होकर ठीक ढ़ंग से चल सकता हूँ। उसने बायजी से कहा, "अरी, दगड़ी के पत्ते देख ले। पीसकर बच्चे के माथे पर लगाती हूँ...बायजी और भिमी दोनों बिलकुल अपनी माँ पर गई थी। अत्यन्त सहनशील और ममत्व से भरपूर। वैसे उन दोनों बहनों को मैंने आपस में बुरी तरह से झगड़ा करते हुए देखा था। दोनों मिलकर राधाक्का से भी मुँह लड़ाने में बाज नहीं आती थीं लेकिन वक्त पड़ने पर वे सब एक हो जाते थे।

बायजी और भिमी सड़क की एक ओर तथा राणू दूसरी ओर बढ़ते हुए दगड़ी की बेल के पत्ते ढूँढ़ने लगे। हम भी सड़क पर चुपचाप आगे बढ़ने लगे—पीछे से चलनेवाला इट्ट्या चुपचाप, रोते, सुबकते हुए घसीटने लगा। जिस तरह बन्दरिया अपने बच्चे को पकड़ती है, उसी तरह और एक बच्चे—चन्दर को हाथ से पकड़कर राधाक्का चलने लगी। बीमार और मृतवत दूसरे बच्चे—सुन्दर को उसने कमर पर लाद लिया। चन्दर और सुन्दर दोनों जुड़वाँ थे।

मैं ढोर जाति का बच्चा था और उसी की तरह सताया हुआ था इसलिए शुरू से मेरे प्रति उसे सहसंवेदना थी। जब हम अंबप गाँव के पास बिछड़ गए तब तो वह प्रत्यक्षरूप से मेरी माँ—मुझे जन्म देनेवाली माँ ही बन गई थी। हमारा वह रिश्ता अटूट बन गया था। मेरी ओर देखते हुए, मुझसे सटकर चलते हुए वह मुझे पूछने लगी, 'कौन-सा गाँव? कहाँ जाना है?'

"कोल्लापुर को..." मैं दर्द से कराह रहा था।

"चलकर...पैदल...?"

मैं चुप हो गया, थोड़ी देर के लिए।

"हाँ...मेरा पैसा...उन्होंने ले लिया।" मैंने जानकारी दी।

"ले लिया? मतलब?..."

मैंने उसे पूरी जानकारी दी। उसे बहुत बुरा लगा था।

"बारडिंग यानी क्या रे? जेल जयसा होता है क्या रे?"

उसने बोर्डिंग शब्द को याद रखा था। वैसे कुछ शब्दों का उच्चारण करना, उसके बस की बात नहीं थी। वह बोर्डिंग को 'बारडिंगी' कहा करती थी।

मैंने उसे बताया था कि मेरा नाम 'अशोक' है। (हालाँकि उस वक्त मैं भी ठीक से उच्चारण नहीं कर पाता था।) तब वह मुझे 'आस्सुक्या' कहने लगी थी। और हम जब और करीब आए तब वह अपने बच्चे की तरह मुझे 'आस्सुक्या' कहकर पुकारने लगी। हालाँकि गाँव, कस्बों में मुझे यूँ ही विभिन्न नामों से पुकारा गया है। इसलिए उच्चारण के दोष को मैंने कभी महसूस नहीं किया। 'अपने पेट जाए को बारडिंगी में डालना' इस संकल्पना को उसने भी कभी समझा नहीं। अन्त तक वह यही सोच रही थी कि मैंने कुछ बहुत बड़ा अपराध किया है और सरकार ने मुझे बारडिंगी में ठूँस दिया है। यह शक उसे अन्त तक रहा। 'झेल (जेल) बड़े लोगों के लिए होता है' इस बात से वह वाकिफ थी, क्योंकि फिलहाल उसका पति जानबा यानी हारळ्या ऐसी ही किसी जेल में अपने आजन्म कारावास की सजा भुगत रहा था। वह कहानी मैं आगे जरूर बताऊँगा।

'बारडिंगी' के बारे में उसे समझाने की मानसिकता में मैं बिलकुल नहीं था लेकिन वह हरदम कोई न कोई सवाल करती रही। 'बाप कहाँ है...माँ किदर है?' आदि-आदि। मैंने भी उसके सभी प्रश्नों का उत्तर देने की कोशिश की। लेकिन नागठाणा तक पहुँचने तक फिर वहाँ एस.टी. में घुसने की असफल कोशिश के बाद वहाँ से बाहर की ओर धक्का खाने तक उसके बारे में मेरे मन में कोई अपनापन नहीं था। मैं तुरत-फुरत कोल्हापुर पहुँचना चाहता था। मुझे जल्दी पहुँचना था जो इन लोगों के साथ रहकर सम्भव नहीं हो सकता था। लेकिन जब यह तय हो गया कि अब पैदल चलने के सिवाय कोई और चारा नहीं है, तब मैंने उसके तथा उसने मेरे सभी सवालों के विस्तृत जवाब दिये।

काफी समय गुजर जाने पर दोनों ओर दगड़ी के बेल के पत्ते ढूँढ़नेवाली दोनों लड़कियाँ रास्ते पर लौट आईं और उन्होंने हताशा में कहा, "ये दगड़ी के पत्ते कई बी नय मिलते"—यह भिमी थी। "नय उगते होंगे, इस मुलुक में"—बायजी का तर्क था। लेकिन दूसरी ओर से हमसे काफी दूरी पर चलनेवाला राणू बड़ी तेजी से आगे बढ़ रहा था। उसका यूँ रास्ते से दूर भटकना, खेतों, टीलों से होकर गुजरना मेरी भी आदतों में शामिल था। राणू का उद्देश्य अच्छा होता था। इस तरह चलने से कहीं कोई पेड़ फलों से लदा हुआ दिखाई देता था,

बेर या करौंदे के साथ यूँ ही जंगली फलों के झुरमुट या फिर खाने की कोई चीज मिल जाती थी। पेड़ का रस या गोंद उसे भी पसन्द थी, मेरी तरह! ड़ेढ़-दो दिन के साथ में हमने काफी घूम लिया। रास्ते के आसपास, कभी-कभार थोड़ी दूरी पर जाकर हम दोनों ने लगभग तसलाभर बबूल का गोंद खा लिया होगा। अन्त में...दगड़ी के बेल के पत्ते उसने ही ढूँढ़ लिये। तब तक नागठाणे भी नजदीक आ गया था। बीच रास्ते में एक नदी या बड़ा-सा नाला पड़ा, हम दोनों ने वहीं पर पेटभर पानी पी लिया। थोड़ी देर के लिए हम पेड़ की छाँव तले बैठ गए। खाने के लिए जिद करनेवाले विट्ठल की नजर तब तक बेलफल के पेड़ पर पड़ी। तुरन्त राणू और उन दो लड़कियों ने पत्थर से ढेर सारे बेलफल गिराए और उन्हें इकट्ठा कर वे खाने के लिए बैठ गए। तब तक राधाक्का ने वे दगड़ी के पत्ते पीसकर उसका लेप मेरे जख्म पर लगा दिया। चाबुक की मार से मेरे हाथों पर जो निशान बन गए थे, उस पर उसने उस रस को फैलाया। थोड़ी देर के लिए जलन हुई लेकिन बाद में सब ठीक हो गया। अब भी माथे पर बाईं ओर उस जख्म का छोटा-सा निशान रह गया है। चाबुक की मार से भी राधाक्का की याद के लिए मुझे वह जख्म बड़ा मूल्यवान लगता है।

नदी के पास सबको खाने के लिए कुछ न कुछ मिलने से सब खुश हो गए थे। मैंने भी लालच में पेटभर बेलफल खा लिये थे। वड़गाँव के तालाब के पास बेलफल के पेड़ थे (अब भी वे पेड़ वहाँ हो सकते हैं)। हम वहाँ भी ऐसी ही करतूतें करते थे। बेलफलों को पत्थर से गिराना, उसमें गुड़ मिलाकर उनका गुदा खाना आदि।

वहीं पर आधा-पौना घंटा बिताकर हम फिर से चलने लगे। टीले पर फैला हुआ नागठाणे गाँव दिखाई दिया। नदी की ओर से निचले स्तर से ऊपर चढ़ते हुए हमने उस गाँव को देखा। अपने भीड़भरे छतों की विशिष्टता को लेकर यह गाँव विस्तार से फैला हुआ था।

नागठाणे गाँव के बारे में मेरे दिल में कोई गुस्सा या चिढ़ नहीं। लेकिन वहाँ का एस.टी. स्टैंड, वह एस.टी...उस एस.टी. गाड़ी का वह बेनाम कंडक्टर और कुछेक यात्रियों को लेकर अब भी मेरे दिल में थोड़ा-सा गुस्सा शेष है।

मैंने पहले भी कहा था कि नागठाणे में पहुँचने तक इन लोगों के बारे में मेरे मन में अपनेपन का धागा बिलकुल नहीं था; क्योंकि नागठाणे का एस.टी. स्टैंड देखते ही मैं सब कुछ भूल गया था। वहाँ एकलौती एस.टी. बस खड़ी थी, जिसमें से कुछेक लोग उतर रहे थे तो कुछेक बस में चढ़ रहे थे। मैंने तुरन्त अपने उस परिवार का साथ छोड़ दिया। एस.टी. के सामने आकर मैं उचक-उचक कर एस.टी. का बोर्ड देखने लगा। पुणे-कराड़ बोर्ड देखते ही जो खुशी मुझे हुई, उसका वर्णन शब्दों में नहीं किया जा सकता। कोल्हापुर से लौटते समय रास्ते में कराड़ गाँव-शहर पड़ता है। वहीं अन्तर इस एस.टी. के जरिये काटने का मेरा इरादा था और यही सोच मुझे बेचैन कर रही थी। जेब में फूटी कौड़ी नहीं थी। एस.टी. में किस तरह घुसा जाए, यही मैं सोच रहा था। टिकट कटाना पड़ता है, पैसे चुकाने पड़ते हैं, फिर कंडक्टर अपने बक्से का ढक्कन उठाकर विभिन्न रंगों के आकर्षक टिकट निकालता है। उसके हाथ में एक मजेदार मशीन रहती है, जिससे 'कट-कट' की आवाज करते हुए वह टिकटों में छेद करता है। पहले यह बात मेरे लिए एक अजूबा थी लेकिन अब मैं एस.टी. बस के दरवाजे तक पहुँच गया। मैं बस में घुसने की ताक में था।

एस.टी. बस पूरी तरह से भर चुकी थी। पैर रखने के लिए भी जगह नहीं थी। जो लोग बस में चढ़ना चाह रहे थे, वे मुझे पीछे धकेल रहे थे, इतने में मैंने एक आवाज सुनी।

"ये पोट्टे, जाना मत...सोच जरा...तेरे पास पैसा नय..." मैंने आगबबूला होकर, पीछे मुड़कर देखा दूर से राधाक्का मुझे पुकार रही थी। यह उसी की आवाज थी। लेकिन मेरे दिल का दर्द, उस तक कैसे पहुँचता? "अरे, जाना मत, सुन..." वह फिर से पुकार उठी। साथ ही उसने एक मुहावरा भी दे मारा, "नय गिन्नी तो नय बुन्नी बी..."

यह सुनकर तो मेरा गुस्सा और बढ़ गया। यह मुहावरा मेरा सुना हुआ था। गरीबी में और ऐसे ही गरीब रिश्तेदारों के समूह में मैं पला-बढ़ा था। उस वक्त 'बुन्नी' शब्द सुनकर मैं हँस देता था लेकिन बाद में उस मुहावरे का गहन अर्थ मैं समझने लगा। दाग देने के समान, पत्थरों पर छेनी से खुदा हुआ-सा यह मुहावरा है।

जिसके पास पैसा नहीं, उसके पास कुछ भी नहीं। कुत्ता भी उसके पास फटकता नहीं, वेश्या भी उसे पास फटकने नहीं देती। एक बार मैं भी छुपते-छुपाते वेश्या के पास गया था। मेरी उम्र के हिसाब से वह औरत कुछ बड़ी थी, मोटी भी थी लेकिन अन्य झगड़ालू औरतों के बीच वही मुझे शान्त, शालीन और गरीब-सी लगी। वह एक ओर चुपचाप खड़ी थी। सौदा तय हुआ। डेढ़ रुपया। जेब टटोलते हुए मैंने पैसे गिन लिये...फिर एक बार...'एक गिन्नी' कम थी। डेढ़ रुपये के लिए एक गिन्नी कम थी। मैंने यह बात उस औरत को बताई और उस औरत का गुस्सा सातवें आसमान पर पहुँच गया। अनगिनत गालियाँ बकते हुए उसने कहा, "अरे मेरे राजा, शरम तो कर। आज कह रहे हो, गिन्नी नहीं; कल कहोगे, चवन्नी नहीं; परसों कहोगे, रुपया नहीं...स्साले, नीचेवाली के बदन के बारे में भी सोचना मंगता...अरे, साड़ी ऊपर उठाने के लिए भी हिम्मत लगती है...और उसके लिए चाहिए...पैसा...जा, जा...बड़ा आया चढ़नेवाला..."

मैंने जिन्दा होने की इस बात का, इस तरह की जिन्दगी जीने का अनुभव बहुत बार किया है। जिनके पास पैसा नहीं, दरिद्रता का साम्राज्य है, उनके पतियों की इज्जत के परखच्चे उड़ते हुए मैंने कितनी बार देखे हैं, बड़ी नजदीक से, गहराई से! राधाक्का ने जिस मुहावरे का उस वक्त उपयोग किया था, वह मुहावरा मुझे, जब मैं प्रोफेसर बनकर संस्कृत 'मृच्छकटिकम्' पढ़ाने लगा था, तब भी बड़ी शिद्दत से याद आता था। पहले ही प्रवेश में दरिद्री चारुदत्त अपना दुखड़ा रोता है, वह गरीबी को लेकर ही!

'निबृद्धिः सयमेत्यहो निर्धनता सर्वापदामास्पदम्॥' चारुदत्त जैसे पूर्व धनवान और शीलवान पुरुष की कहानी अलग होती है। 'सुखान्तु यो याति नरो दरिद्रतां मृतः शरीरेण धृतः स जीवति॥' यह उसका मंतव्य। इसलिए गुजरे हुए उन वैभवसम्पन्न दिनों की याद उसे के समान लगती है। 'अल्पकेशं मरणं दारिद्यमनन्तकं दुखम्।' लेकिन मुझे दरिद्री चारुदत्त से भी जन्म से ही गरीबी और दरिद्रता को झेलनेवाले, व्यंग्य करनेवाले उस कवि के हास्यगर्भ शोक श्लोक की याद आती है। उस श्लोक का अर्थ : 'अरे, दरिद्रदेव, तेरी कृपा तथा

आशीर्वाद से मुझे एक असामान्य सिद्धि प्राप्त हुई है। मैं सबको देख सकता हूँ लेकिन कोई मुझे देख नहीं सकता, यही वह सिद्धि है।'

लेकिन स्थिति कितनी भी बदतर, तकलीफदेह या विपरीत होने दे, इनसान अपने निरन्तर गिरते मूल्य को किसी एक स्तर पर लाकर स्थिर कर देता है। वह नहीं चाहता कि उसका मूल्य अधिक गिरता जाए। अब, आप उपरोल्लिखित वेश्या का उदाहरण लीजिए। उसकी उम्र और स्थिति को देखते हुए कोई भी उसके पास फटकता नहीं होगा। शायद उसे फाँके पड़ते होंगे लेकिन अपने निर्धारित मूल्य—'डेढ़ रुपया' से वह एक गिन्नी—एक आना भी नीचे उतरी नहीं। अपना अपमान होता हुआ देख उसने मुझे वहाँ से हकाल दिया था। कुल मिलाकर हर इनसान की अपनी कीमत होती है। वह या तो पैसों में होती है या फिर तारीफ में! किसी न किसी तरह से आप सबको खरीद सकते हैं। राधाक्का के मामले में यह बात शीघ्र ही सच होनेवाली थी। चरित्र, शील, सतीत्व सारी कोरी कल्पनाएँ हैं। जब तक काँच के बर्तन पर आघात होकर वह टुकड़ों में बँट नहीं जाता, तब तक उसके 'अटूट' होने की गाथाएँ आप गा सकते हैं। कुल मिलाकर मैं बता रहा था कि 'गिन्नी' ने मेरे मन में क्या-क्या यादें जगाईं।

किसी आदमी के पीछे-पीछे मैं उस एस.टी. बस में घुस गया। वह आदमी बिलकुल गोल-मटोल था, यदि मैं उसके पीछे-पीछे बस में चढ़ जाऊँ तो कंडक्टर को दिखाई नहीं दूँगा, यह मेरी समझ थी। मेरे पीछे दो-चार और लोग भी बस में चढ़ गए। मैं इस बात को भी आजमाने लगा कि कंडक्टर कहाँ हो सकता है। अब कंडक्टर बेल बजाने लगा। ड्राइवर ने इंजिन शुरू किया। मैं भी उस इंजिन की तरह थरथराने लगा था। बस के अन्दर काफी हड़बड़ी थी। कंडक्टर किसी से चिढ़ा हुआ था, वाद-विवाद चल रहा था। "चल बे..." उसने चिल्लाकर ड्राइवर से कहा और एस.टी. बस शुरू हुई। मेरा दिल खुशी से उछलने लगा था। मैंने धीरे से खिड़की से बाहर झाँका। राधाक्का अपने बच्चों के साथ, फिर से, रास्ता नापने लगी थी। सिर्फ वे दो लड़कियाँ और राणू उन्हें पार कर जानेवाली एस.टी. बस की ओर अजीब-सी निगाहों से देख रहे थे। पलभर के लिए मैंने राणू की तीखी नजर में अस्थिरता देखी, बायजी और भिमी के दहशतजदा चेहरे देखें।

मैं अब भी उन निगाहों का अर्थ ढूँढ़ रहा हूँ। एस.टी. बस कोई भूत है, कोई अवांछित, अप्राप्य चीज है, जो घेर लेगी, लपेट लेगी; हम जैसे नरकवासी लोगों के लिए वह नहीं है—इतना सब कुछ था, उन निगाहों में! मैं उन्हें पढ़ पाया था। एस.टी. बस में भीड़ थी, मैं धीरे-धीरे उस मोटे आदमी के पैरों के पास बैठने की कोशिश करने लगा। नीचे बैठकर मैं अनेक पैरों को देख रहा था। उन सभी पैरों को पार कर दो खाकी पैंट वाले पैर दरवाजे के पास आए। 'यहाँ से कौन-कौन चढ़ा है?' कंडक्टर का हुक्मरानी सवाल था। बिल्ली जिस तरह दूध पीते समय आँखें बन्द कर लेती है, ठीक उसी तरह मैंने आँखें भींच लीं। लेकिन बकरे की अम्मा कब तक खैर मनाती? दो मिनटों में ही मेरी पतली गर्दन पकड़कर कंडक्टर ने मुझे खड़ा कर दिया। "कहाँ जाना हय?"

मैं घबड़ा गया था, थरथर काँपने लगा था। "क...क...कोल्लापुर" मैंने जैसे-तैसे कह दिया। शायद उसे यकीन नहीं हुआ। उसने फिर एक बार मेरी ओर देखा। बढ़े हुए बाल, रूखा-सूखा चेहरा, गन्दे-मैले कपड़े देखकर शायद उसने सब जान लिया होगा। किराया न बताते हुए उसने मुझसे पूछा, 'पैसा दिखा, है तेरे पास पैसा?' सभी यात्रियों की नजरें अब मुझ पर आ टिकी थीं। जैसे उन्होंने किसी पकड़े गए चोर को देख लिया हो। संवेदनाहीन, दयाहीन, कठोर लोगों के वे अमानुष खुशी से भरे चेहरे...मैं भूल नहीं सकता उन चेहरों को। एक भी चेहरे पर सहसंवेदना नहीं थी।

"पैले पैसे दिखाव।" कंडक्टर चिल्लाया। उसने बेल बजानेवाली वह डोर पकड़ ली। बेल कर्कश बजी और एस.टी. बस रुक गई।

"पैसे नय मेरे पास, पर मुझे छोड़ देना कोल्लापुर तक..." मैं गिड़गिड़ा रहा था। यह मेरा आखिरी प्रयास था। मुझे लगा, शायद कंडक्टर का दिल पसीज जाएगा। कंडक्टर के बिना बताए मेरे पीछे खड़े एक युवा ने दरवाजे का लोहे का हैंडिल घुमाकर दरवाजा खोल दिया, उसी के साथ वह हँस भी दिया।

पल-भर के लिए कंडक्टर भी किसी अनकही सोच में डूब गया। फिर अचानक वह मुझ पर चिल्लाया, "उतर...उतर...उतर जाव पैले...तेरी माँ कू... पैले नीचे उतर जाव।" उसकी आँखों में क्रूरता तैर रही थी। वह दाँत पीस रहा था..."पैले नीचे उतर जाव..."

उस मोटे आदमी के पीछे से उसने मुझे आगे खींच लिया और दरवाजे की ओर जोर से धकेल दिया। मेरी पीठ में पंच मशीन की नोक चुभोते हुए वह बड़ी क्रूरता से बोला, "तेरी माँ की...तेरे बाप की हय एस्टी...भिखारी कहीं का..."

पीछे से मैंने बहुत कुछ सुना। कंडक्टर की गालियाँ, यात्रियों की हँसी, लोगों के ताने, बहुत कुछ! मुझे नीचे उतरने के लिए जगह देने हेतु दरवाजे के पास खड़े दो लोग खुद नीचे उतर गए। "सरकार, उतर जाइए...उतरा जी महाराज, उतर लीजिए छत्रपति...बेकार, फोकट खाऊ स्साला..." लोगों द्वारा दिये गए विभिन्न विशेषणों को सुनते हुए मैं रास्ते पर आ गया था।

अब एस.टी. बस मुझे छोड़कर चल देगी और कोल्हापुर तक की लम्बी यात्रा, मुझे अकेले करनी होगी, अब मैं कभी कोल्हापुर नहीं पहुँच पाऊँगा—इस प्रकार के कई विचार मेरे मन में उस एक-दो पल में आकर गुजर गए। मैं रास्ते पर आ गया था लेकिन एस.टी. बस का दरवाजा पकड़कर अब भी मैं उनसे याचना कर रहा था, "अजी, मय भिकारी नय हूँ। मेरे पास अब पैसा नय हय लेकिन बाद में मैं पूरा पैसा लाकर दूँगा। माँ कसम..."

दरवाजा बन्द होने लगा था। अन्तिम उपाय के रूप में मैंने अपना बायाँ हाथ दरवाजे के बीच में डाल दिया। मैं कंडक्टर की दया का पात्र बनना चाहता था। मेरी ओर जितनी भी खिड़कियाँ थीं, उनमें से जितने सम्भव थे, उतने सिर झाँक-झाँककर मेरी यातना, हड़बड़ी और दौड़धूप के साथ-साथ मेरी याचना को हँसते हुए, उत्सुकता से देख रहे थे। उस युवक ने जोरदार आवाज के साथ दरवाजा बन्द कर दिया। बिजली के झटके की तरह एक जानलेवा दर्दभरी वेदना, तीर की तरह मेरे हाथ से निकलकर दिमाग में घुस गई; बाएँ हाथ की बीचवाली उँगली का नाखून एस.टी. बस के दरवाजे में अटककर पूरी तरह से चिपट गया था।

"ओ...आय्...आय्..." मैं बुरी तरह से चिल्लाया। बेल बज गई। मैंने झटके से अपना हाथ दरवाजे से खींच लिया। दाहिने हाथ से बायाँ हाथ, बीच की उँगली को दबाकर मैं वहीं रास्ते पर बैठ गया...मैं कराह रहा था, चिल्ला रहा था, रो रहा था।

मैंने उँगली की ओर देखा। बीच की उँगली, नाखून की ओर से पिचक गई थी। नाखून जड़ से उखड़ गया था। लेकिन उसमें से खून नहीं निकल रहा था... कुहनी से लेकर हथेली तक वेदना का जलजला उठ रहा था...बड़ी देर तक!

उस दिन एस.टी. बस द्वारा दी गई वह निशानी आज भी मौजूद है। हालाँकि पेड़ पर चढ़कर गोंद खाने या मधुमक्खियों का छत्ता तोड़ने की कोशिश में वह नाखून इससे पहले भी एक-दो बार जख्मी हुआ था। लेकिन अबकी बार वह पूरी तरह से तहस-नहस हो गया था। अन्य उँगलियों की तरह वहाँ नाखून नहीं निकलता। सिर्फ नाखून जैसी दिखनेवाली कोई टेढ़ी-मेढ़ी चीज वहाँ मौजूद है। जो नया नाखून वहाँ से निकलता है, वह भी पिचका हुआ होता है। पासपोर्ट हेतु किये गए आवेदन में भी मैंने बाएँ हाथ की बीचवाली उँगली के अजीबोगरीब नाखून का उल्लेख, निशानी के तौर पर किया है। मैंने पहले भी कहा है कि सुबह यानी दो घंटे पहले मुझे चाबुक से मार देनेवाले इनसान के बारे में मेरे दिल में कोई गुस्सा नहीं है; लेकिन एस.टी. बस की बात अलग है। मैं उस एस.टी. बस को, वहाँ काम करनेवाले लोगों को—उनकी क्रूरता को भूल नहीं सकता। मैं जो कुछ कह रहा हूँ, वह पूरी तरह से सत्य है, यह मेरा दावा भी नहीं है, लेकिन यह बात उतनी ही सत्य है कि वे बातें मैं भूल नहीं सकता। चाबुक से मुझे मारनेवाला वह इनसान विवेकशील था, शायद वारकरी सम्प्रदाय से होने के कारण उसकी श्रद्धाभावना उसे बाद में नश्तर चुभोती रही होगी। उसे भी अपनी गलती का एहसास हुआ होगा और अपने किये पर वह पछताया भी होगा...यदि वह जिन्दा होगा तो उसे निश्चित रूप से अपने किये पर पछतावा होता...लेकिन एस.टी. वालों का काम ही कुछ अलग है...

आगे चलकर हमारे पिताजी जब विधायक बन गए तब कुछ महीनों के लिए आमदार निवास में रहने का मौका मिला। एस.टी. के एक-दो कार्यकारी सदस्यों से मेरा परिचय हुआ। वे लोग ऐश करते थे। एस.टी. द्वारा दी गई गाड़ियों में घूमते थे, इस तरह से खाते रहते थे कि देखते ही बनता था। एस.टी. के कुछेक अधिकारियों को भी मैं जानता हूँ...उनका बड़प्पन, ऐश भी देखने लायक होता है। उन दिनों नागठाणा-कोल्हापुर का एस.टी. किराया ज्यादातर ढाई-तीन रुपये होगा।

एस.टी. के लिए मेरा बोझ असहनीय नहीं था, न ही उन ढाई-तीन रुपयों से कॉरपोरेशन को भारी नुकसान उठाना पड़ता। मुझ जैसे अनेक लोगों की हाय लगी है, एस.टी. कारपोरेशन को! आप खुद जाकर देख सकते हैं इस खाते को! उनका डिपो, दापोड़ी की उनकी कार्यशाला—जाकर देखिए किस तरह से ये लोग लाखों की बात को मिट्टी में मिला देते हैं।

मैंने राणू को दूर से भागकर आते हुए देखा। उसके पीछे बायजी, भिमी दौड़ रही थीं और फिर एक बार तेजी से डग भरते हुए राधाक्का हाथ फैलाकर, बड़बड़ाती हुई आ रही थी। "मय बता रही थी ना, मैंने बोला तुमकू! क्यों, नय बताया था? जो है, वही पकड़ने का...नय तो छोड़ देने का...क्या...लात मारकर फेंका ना तुजे बाहर...मैं बता रय थी, पैसा नय, मत जाना...एस.टी. को छूना बी नय। पर मेरी कौन सुनेगा?" राधाक्का शुरू हो चुकी थी। इतने में राणू मुझ तक पहुँच गया था। "क्या हुआ? क्या हुआ? कहाँ लगा?" वह पूछ रहा था।

थोड़ी देर में फिर से वे सात लोग मुझे घेरकर खड़े थे। "ऐसा नय करते बाबा, पैसा नय होता, तो चुपचाप बैठने का..." राधाक्का फिर से कह रही थी। मैंने उसी वक्त निर्णय लिया कि अब एस.टी., बैलगाड़ी के आकर्षण में नहीं बँधना। अब इतना लम्बा रास्ता सिर्फ पैदल चलना, इन लोगों के साथ! अपने इस निर्णय के बाद थोड़ी ही देर में मैं चलने लगा था, उनके साथ... उनमें से एक बनकर!

अब तक मेरे डर के बारे में वह औरत जान चुकी थी। शाम होने तक एक ही डर मेरा पीछा कर रहा था कि पीछे से सातारा से बोर्डिंग के लोग आकर मुझे पकड़कर ले जाएँगे। उसने मुझे आश्वस्त किया, कहा, "आने दे, भाड़ों को! देकती हूँ, तेरे कू कौन हात लगाता है। फाड़ के खा जाऊँगी उनको। राधी कहते हैं मुजे! तुम कह दो, तुमारा नाम 'आस्सुक्या' नय है! तुम महार (हरिजन) जाति के हो—तुम्हारे बाप का नाम—हारळ्या महार है—कहना, कोल्लापुर मेरा गाँव नय। मैं सातारा कैसा हय, ये बी जानता नय—बता देना...

मैंने तुरन्त हामी भर दी। मरता क्या न करता? यदि कोई पीछे से आकर पकड़ लेता तो मैं उन्हें कहनेवाला था कि 'हम बहुत दूर शिरवळ से पैदल आ

रहे हैं और हमें अंबप पट्टे से पन्हाला की ओर जाना है। ये सब मेरे भाई-बहन हैं और यह है, मेरी माँ—राधी...!'

यहाँ आकर मेरी कहानी खत्म होती है। अब मैं अपनी नई माँ की कहानी शुरू करना चाहता हूँ। मैं बताना चाहता हूँ उस रास्ते की कहानी, जो बिलकुल कठिन था, जिस पर हरदम, हरघड़ी तकलीफें आती थी और सिर्फ पसीना बहता था। उस पुराने हाई-वे ने राधाक्का के पाँच बच्चों में से दो का अन्त होते देखा है और उसी रास्ते से थोड़ा भीतर, खेतों में उन बच्चों को दफनाते हुए भी देखा है। माँ के ममता भरे हृदय का करुण विलाप अब के उस नामौजूद महामार्ग ने रात-बेरात सुना है। यही नहीं, अपने शील की रक्षा हेतु एक पागल हैवान के साथ एक माँ द्वारा किया गया संघर्ष भी उस रास्ते ने देखा है और अन्ततः थक-हारकर, पूरी तरह से नाउम्मीद होकर, अपने ही हाथों हुई उसकी हार, उसका पतन भी उस रास्ते ने देखा है। उसकी 'पूरी कहानी—जिन्दगी का खेल' उस रास्ते ने सुना है। उसने जिन तत्त्वों को अपने कठोर अनुभवों के जरिये जाना, समझा और बताया, उन तत्त्वों को यदि आप आज भी किन्हीं लोकोक्तियों के साथ जोड़कर देखेंगे तो वे सिर्फ 'सुन्दर' ही नहीं बल्कि रत्नों की तरह चमकदार और कभी-कभी—अग्नि की तरह जलानेवाली भी हो सकती है।

मैंने पहले ही बताया है कि मेरी बहत्तर मील की यात्रा या फिर उन लोगों की लगभग सौ मीलों की यात्रा (टेढ़े-मेढ़े रास्ते से शिरवळ से लेकर पन्हाळा तक) यह कोई बड़ी यात्रा नहीं है। मैंने मार्को पोलो, ह्युएन्संग, आफ्रिका के एक छोर से दूसरे छोर तक यात्रा करनेवाला लिविंगस्टन, कैप्टन स्कॉट आदि के आत्मकथ्य, यात्रा वर्णन पढ़े हैं। उनकी तुलना में हमारी यह यात्रा, कुछ भी नहीं थी। आजकल के बच्चे हाइकिंग में आसानी से इतना अन्तर हँसते-खेलते पार कर जाते हैं।

लेकिन हमारी यात्रा का महत्त्व अन्तर को लेकर नहीं था। कहने के लिए तो हम रास्ते से गुजर रहे थे लेकिन वैसे हम अजगर की पीठ पर से गुजर रहे थे। हम जिन लोगों से मिले, वे लोग सिर्फ एहसासभर थे, मरुद्यान जैसे थे। कभी-कभार उनमें से कोई वास्तविकता में उपस्थित हो जाता था लेकिन वह

इनसान न होकर जहरीला नाग या धोखेबाज सियार निकलता था। आवाजाही और वाहनों से भरपूर वह रास्ता हमारे लिए किसी भयावह, डरावने तथा मनुष्यहीन ग्रह की यात्रा से कम नहीं था। इन राह चलती विपदाओं का सामना करते हुए क्या हुआ होगा उस माँ का, जिसका शरीर सिर्फ हड्डियों का ढाँचा भर-सा था। आज, अब मैं इस यात्रा के बारे में सोचता हूँ तो इस यात्रा के अलग अर्थ जोड़ने बैठता हूँ। बीच में समयावधि की बड़ी-सी खाई है लेकिन अंबप के नुक्कड़ पर उसने मुझसे कहा था, "सामने देखकर चलना...नय तो ये गाड़ीवाले कुचल देंगे" जिस बात को मैं पूरी तरह से भूला तो नहीं लेकिन उसका पूरी तरह से पालन भी मैं नहीं कर पाया। कुछ 'नाम' कमाया लेकिन बदनामी भी मोल ली।

'सँभलना...' राधाक्का इस शब्द का इस्तेमाल बार-बार करती थी। मेरे खयाल से 'बैलेंस-नियंत्रण' के हिसाब से वह उस शब्द का इस्तेमाल करती होगी। जिन्दगी की भविष्यगत यात्रा में बहुत बार यह सँभलना नहीं हो पाया। कभी-कभार बैलेंस छूट गया, पतन हुआ, धूल में मिलना हुआ लेकिन जैसे-तैसे फिर से उठना भी हुआ, 'सँभलना' हुआ।

शायद शेष जिन्दगी, इसी 'सँभलने' के अज्ञात बिन्दु के इर्द-गिर्द चलती रहेगी। सँभलना, गिरना, गिरकर फिर से सँभलना, इसी में शायद जिन्दगी गुजर जाएगी, यह डर हमेशा से रहता है। सँभलने-गिरने की इस कवायद से छुटकारा पाने की इच्छा से आत्मघात जैसे आतंकी प्रयास भी मैंने किये। लेकिन अब यह लिखते समय मैं निश्चित रूप से 'सँभला हुआ हूँ'। मैंने प्रतिज्ञा की है कि यह लिखना पूरा होने तक यह 'सँभलना' जारी रहना चाहिए।

दुनिया में चींटी, हाथी जैसे विभिन्न प्रकार के प्राणी जन्म लेते हैं और मर जाते हैं। बड़े-बड़े राज बनते हैं, बिगड़ते हैं...मैं भी एक ऐसा ही प्राणी हूँ। नामी-बदनामी, आबादी-बरबादी, सब मुझे एक जैसा लगता है। कोई यदि कुछ उपदेश देता है, तो उसका पालन करना सबके लिए सम्भव नहीं होता। मैं भी उपदेश का पालन करने में बहुत कमजोर हूँ। उपदेश देने का अधिकार मैंने सिर्फ एक ही व्यक्ति को दिया है और वह है, राधाक्का।

हालाँकि उपदेश का पालन करने की कोशिश मैं लगातार करता हूँ लेकिन यह साली दुनिया मुझे ऐसा करने नहीं देती...इसमें मेरी क्या गलती? लेकिन जब तक मैं सँभला हुआ हूँ, तब तक उस महान स्त्री को मैं याद करता रहूँ, यही मेरी इच्छा है। रिश्ते-नाते से वह मेरी कुछ भी नहीं लगती, मेरा और उसका कोई सम्बन्ध नहीं लेकिन उसने अपना मातृत्व मुझे दिया। उसके मानसपुत्र के नाते मैं उसके प्रति अपनी कृतज्ञता व्यक्त करना चाहता हूँ। मानव को हम 'जानवर' इसलिए नहीं मानते क्योंकि उसमें 'कृतज्ञता' नामक एक अलग धर्म है। वैसे तो बुद्धि, विवेक आदि क्षेत्रों में मानव की मौजूदगी के नमूने मेरे देखे हुए हैं। ये चीजें तो कीड़े-मकोड़े, चींटियों से लेकर जानवरों में भी हो सकते हैं; लेकिन अपनी 'कृतज्ञ' भावना के आधार पर मानव इन प्राणियों से अलग हो जाता है।

प्रथम दिन

जब हम सबकी संयुक्त यात्रा शुरू हुई, तब धूप काफी निकल चुकी थी। एस.टी. बस के दरवाजे में पिचका हुआ उँगली का वह नाखून बुरी तरह से दर्द कर रहा था, वह दर्द मेरे दिलो-दिमाग को प्रभावित कर रहा था। अबकी बार बायजी आसानी से दगड़ी बेल के पत्ते ढूँढ़ पाई। राणू की सहायता से पत्थर पर पीसकर उसने उन पत्तों का रस मेरे टूटे हुए नाखून पर छोड़ा तथा पत्तों की पूरी लुगदी उँगली पर चढ़ाई। उँगली सूज गई थी और बीच में से मुड़ नहीं पा रही थी। "अरी, कपड़ा किदर है बाँधने कू?" बायजी ने अपनी माँ से पूछा।

कपड़े की सबसे बड़ी समस्या थी। उन सबके बदन पर इतने फटे-पुराने वस्त्र थे कि कपड़े की कल्पना भी नहीं की जा सकती थी। राधाक्का ने बायजी के सवाल का कोई जवाब नहीं दिया। थोड़ी देर तक हम सब यूँ ही चलते रहे। राधाक्का की गोद में चढ़ा हुआ वह मृतप्राय-सा बच्चा—सुन्दर, बीच-बीच में कुछ आवाज कर अपने होने का एहसास दिला रहा था। लेकिन उसकी वह आवाज और कुछ नहीं दर्द से उठती कराह थी। अब जब मैं सोचता हूँ तो लगता है कि वह कराहना नहीं था बल्कि अन्तिम साँसें गिनना था। राधाक्का ने शायद इस बात को महसूस किया था। उसने अपनी गति बढ़ाई। कुछ दूरी पर रास्ते से हटकर एक पेड़ था। वे सब बच्चे और अपनी जख्मी उँगली पकड़कर मैं भी चुपचाप उसके पीछे-पीछे चलता गया। अकेले यात्रा करने का मेरा गरूर अब खत्म हो गया था और अब तक उन लोगों ने मेरी इतनी सहायता की थी कि उन्हें यूँ ही छोड़कर आगे बढ़ना मुझे उचित नहीं लग रहा था।

उस पेड़ की छाँव के नीचे आकर राधाक्का बैठ गई। अपनी गोद में उस बीमार, मरियल बच्चे को लेकर वह उसे निहारने लगी। बायजी, भिमी, राणू, विट्ठल और मैं—अब आस्सुक्क्या—हम सब उसे घेरकर दुखी अन्त:करण से देख रहे थे।

राधाक्का अपनी हड्डीभरी गोद में लेटे हुए सुन्दर का चेहरा, सीना तथा गर्दन टटोल रही थी। उसका रूखा-सूखा हाथ उस बच्चे के बदन पर घूम रहा था, बच्चे के बदन से उन गन्दे-मैले चिथड़ों को जब उसने दूर किया तब मालूम हुआ कि वह बच्चा यानी सिर्फ चर्मास्थियुक्त एक ढाँचाभर है। उसकी आँखें, उसका चेहरा, मरते समय उसके होंठों की वह अलग-सी भंगिमा, सब कुछ एक अलग छटा लेकर आई थी। "अरे, बया ये सच्ची मर रहेला है..." राधाक्का जैसे खुद से बात कर रही थी। बायजी, भिमी ने रोना-धोना शुरू किया। दोनों बहनें माँ की गोद में लेटे हुए अपने भाई को सहलाते हुए बड़बड़ाने लगीं। राणू का चेहरा देखते ही बनता था। उसकी तीखी नजर अब असहाय्य-सी लग रही थी। वहाँ से वह मुड़ गया। मैं अपनी दुखती उँगली पकड़कर एक ओर खड़ा था। राणू मेरे नजदीक आया, उसने मेरी ओर देखा और बाद में दूर की पहाड़ी पर नजर लगाकर देखने लगा। मासूम विट्ठल की समझ में कुछ नहीं आ रहा था। "उस डागदर का सत्यानाश हो, उसका वंश खंड हो...देवा, उसे सजा देना..." बायजी अभिशाप दे रही थी। "थोड़ी-सी दवा देता तो क्या उसकी इस्टेट डूबती..." भिमी सिर्फ दुख से कराह रही थी लेकिन राधाक्का कुछ नहीं कह रही थी। वह सिर्फ पल-पल मरनेवाले अपने बच्चे की ओर एकटक देखे जा रही थी।

मेरा हाथ पकडकर राणू मुझे वहाँ से थोड़ा दूरी पर ले गया। थोड़ी दूरी पर आकर हम रुक गए। उस पेड़ से दूर एक बड़े पत्थर पर चढ़कर राणू घुटनों में गर्दन देकर चुपचाप बैठ गया। मैं नीचे खड़ा रहा।

"तेरे भाई को क्या हुआ हय?"

"छह महीनों से बीमार है, वह...बाबा को पुलिसवाले पकड़कर ले गए तब भी वह बीमारच था। पता नय उसे क्या हुआ हय। भोत उपाय किये, टोना-टोनका, जादू, अंगारा, भोत कुच किया पन कोई उपाय नहीं लगा..."

“आवशीद नय लिया...?” मैंने सहजता से पूछा। उन दिनों गाँवों, कस्बों में डॉक्टर के पास जाना बड़ी बात होती थी उसके बजाय मंत्र, जादू-टोना, भस्म, नमक-मिर्च उतारना, देवऋषि द्वारा बताए गए मार्ग पर चलना आदि बातें महत्त्वपूर्ण मानी जाती थीं। फिर किसी औरत के शरीर में संचार हो जाता था, उसके मुख से स्थानीय देवताओं में से कोई एक बोलने लगती। किसने क्या जादू-टोना किया है, यह बात वह औरत बताने लगती। वह जो भी बताती, सुननेवालों के लिए वह अमृतसमान होता था। जमाना ही ऐसा था। हालाँकि अब भी ये बातें, विश्वास प्रचलन में है।

मेरी एक बड़ी मामी थी, उसके शरीर में यह संचार होता था। मरियल-सी, हड्डी के ढाँचे जैसी औरत लेकिन दो-तीन महीनों में एकाध दिन वह खड़े-खड़े थरथराने लगती, उसका चेहरा बिलकुल अलग-सी आभा लेकर दमकने लगता...अब देवी का संचार हो रहा है, हम समझ जाते थे। फिर मामी अपनी दोनों हथेलियाँ एक दूसरे में उलझाकर अजीबोगरीब तरीके से बदन को हिलाने लगती, वह घूमने लगती। उसके नाक-मुँह से ‘हं हं हं हं’ की आवाज निकलने लगती। उसके शरीर में संचार का यह समाचार तुरन्त बिजली की तरह सर्वत्र फैल जाता। फिर पाँच मिनट में देवी के समक्ष पचास-साठ लोगों का जमावड़ा इकट्ठा हो जाता था। बड़े, बूढ़े, बच्चे सब लोग हमारी मामी—यानी देवी के पैर पड़ने हेतु भीड़ करते थे। फिर एक-एक उठकर अपनी शिकायत, तकलीफ उसके समक्ष पेश करता था। वह भी उसे उपाय बताती थी। मेरी माँ ने भी इस तरह की देवी से मेरे बारे में कितने ही सवाल पूछे थे। इसे भूत ने पछाड़ा है, इसे किसी की नजर लगी है, इसके शरीर में किसी औरत का भूत है—आदि अनेक जवाब उसके प्रश्न के एवज में मिल जाते थे।

एक वाकया याद है। मसूदमाले में एक दिन ताराक्का की नजर से बचकर मैं और मेरे दो-तीन दोस्त अमावस की रात को, भूतों का नृत्य देखने हेतु श्मशान गए थे। ऐसा मानना था कि हर अमावस की रात को श्मशान में मशालें लेकर भूत नृत्य करते हैं। लेकिन लोगों का यह मानना दूसरे दिन मुझे बिलकुल रास नहीं आया।

उस रात को ठंड कुछ अधिक थी। ठंड की वजह से दूसरे दिन मुझे बुखार चढ़ा। रात भर ताराक्का का रोना-धोना चल रहा था। अपने इकलौते भाई का बड़ा बेटा श्मशान में रातभर रुका था, यह समाचार उसे रात में ही मिला था और दूसरे दिन मुझे चुप-चुप सा देखकर उसका जी घबड़ा रहा था, वह परेशान हो उठी थी। उसके सौभाग्य से और शायद मेरे दुर्भाग्य से वहाँ की माँगवाड़ी में भूतों को छुड़ाने का मंत्रोपचार करनेवाला प्रसिद्ध मांत्रिक था। उसे दोपहर में बुलाया गया। मुझे देखते ही उसने घोषणा कर दी कि 'इसे भूत ने पछाड़ा है।' मैं बेहद डर गया था। मैंने कई बार देखा था कि भूतों द्वारा पछाड़ लिये गए लोगों के शरीर से भूत को किस तरह से उतारते हैं। ये मांत्रिक लोग उस आदमी-औरत को घेरे में खड़ा कर, बुरी तरह से पीटते थे।

वैसे भी मांत्रिक का वह डरावना हुलिया देखकर मेरी घिग्गी बँध गई थी। मैं रोने-चिल्लाने लगा था लेकिन किसी ने मेरी ओर ध्यान नहीं दिया। उनके अनुसार मांत्रिक को देखकर मुझमें मौजूद भूत डर गया था।

मेरे कान के नीचे जोरदार थप्पड़ लगी और इमली की शाख से बनी पतली छड़ी के पहले प्रहार से मैंने चड्डी में ही मूत दिया और उस मूत्रविसर्जन के साथ ही भूत ने भी मेरे शरीर को त्याग दिया (छोड़ दिया) ऐसा माना गया। "जा रहा हूँ, बोल...बोल...तेरा तुजको मिल जाएगा। जाने की बात बोल... जा...और फिर इस शरीर के पास फटकना नहीं।" मांत्रिक जोर-जोर से गर्जना कर रहा था और डर के मारे मैं यूँ ही "जाता हूँ,...जाता हूँ..." चिल्ला रहा था। उस चिल्लाने ने मुझे और मार से बचाया था।

मैं यह इसलिए बता रहा हूँ कि राधाक्का ने अपने उस मरते बच्चे पर ऐसे ही अघोरी उपाय किये थे। पूरी गम्भीरता के साथ राणू ने यह बात मुझे बताई..."मेरे बापकू पुलिसवाले खींचकर, मारकर, हाथ में बेड़ी डालकर ले जा रहे थे, तब बाप सुन्दर को लेकर दवाखाने में जा रहेला था। वैसे उस नाले के पास, पुलिया पर ही पुलिसवालों ने उनको पकड़ लिया था। दोनों को गेट पर लेकर गए। हम तो कुच बी नय जानते थे। दो दिन के बाद पता चला तब तक सुन्दप्या, वहीं पर था, गेट पर! महार का बच्चा...कौन उसे देकेगा।

ऐसाच पड़ा रहा, गेट पर! जब मालूम पड़ा, माय और मैं उसे लेकर आए। कैसी दवा...क्या दारू...मायने भोत कुच किया, देव, मंतर, जादू-टोना...एक साले मंतरे ने तो कहा कि इसकू जच्चे के भूत ने पछाड़ा है। इसे मिर्ची के धुएँ से सेंक दो...उसी वक्त मरता था ये, माय ने उसे मिर्ची के धुएँ से सेंक भी दिया था...!" राणू बता रहा था। विट्ठल भी आकर वहीं धूल में बैठ गया। राणू ने बात जारी रखी, "आखिर शिरवल में नाना—माय के मामा ने कहा, डागदर को दिखाना। माय उसे लेकर वहाँ भी गई...उस बम्मन डागदर ने माय के पास पाँच रुपये का नोट माँगा और बोला 'तबीच बच्चे को हात लगाऊँगा...' माय क्या करती? आई वापिस...पाँच रुपये जितनी बड़ी रकम, माय कहाँ से लाती? बाप होता तो कहीं से बी लाकर उस डागदर के मुँह पर मार देता... लेकिन माय...!" राणू बड़बड़ा रहा था।

पेड़ के नीचे से कोई आवाज नहीं आ रही थी। राधाक्का और उन दो लड़कियों की आवाज भी अब बन्द हो चुकी थी। मैंने पीछे मुड़कर देखा। राधाक्का जमीन पर नजरें गड़ाकर निश्चल बैठी थी। अपने रूखे-सूखे बालों में उँगलियाँ खोंसकर वह पत्थर की तरह बैठी हुई थी। दोनों लड़कियाँ अपनी माँ की ओर अजीब-सी निगाहों से टुकुर-टुकुर ताक रही थीं।

सुन्दर के प्राणपखेरू उड़ चुके थे। सिर्फ बायजी और भिमी ही दुख से कराह रही थी। मृत सुन्दर का जुड़वाँ भाई चन्दर भी वहीं पर टखनों के बल बैठकर चारों ओर आश्चर्य से देख रहा था। अपने भाई के साथ क्या हुआ, यह बात उसकी समझ से परे थी।

सुन्दर के बारे में राधाक्का की तटस्थता ने मुझे आश्चर्य में डाल दिया था। शायद सुन्दर की मृत्यु उसे अपेक्षित थी। सुन्दर मरनेवाला था, यह बात निश्चित थी, लेकिन उसकी मृत्यु का समय तय नहीं था। वैसे अपने बेटे की मृत्यु पर वह काफी पहले से ही रो रही थी। जब सर्वप्रथम इस टोली से मेरा सामना हुआ तब राधाक्का अपनी गोद में लदे सुन्दर की ओर देखकर अन्दर ही अन्दर रो रही थी, कराह रही थी। उसके उस रोने ने उसके चेहरे की रंगत ही बदल दी थी। मुझे आज भी उसका वह विचित्र-सा चेहरा याद है।

यदि राधाक्का के पास भरा-पूरा बदन होता, तो निश्चित रूप से सुन्दर और कमनीय स्त्रियों में उसे गिना जा सकता था। उसकी आँखें, चेहरा परिवर्तनशील था। बाहरी घटना, बातों की प्रतिक्रिया उसके चेहरे पर तत्काल पढ़ी जा सकती थी। यदि वह सोच रही होती तो इसका अनुमान भी आप सहजता से लगा सकते थे कि वह क्या सोच रही है। उसकी सीधी नाक की नोक पर पतली-सी भूरी रोएँ थीं। चेहरा रूखा-सूखा था लेकिन सूरज की किरणों में चमक उठता था। काली-कजरारी आँखें, काली कमानदार भवें, वैसे राधाक्का का रंग बिलकुल काला था लेकिन काले रंग में जो अभिजात सुन्दरता होती है, वह उसमें थी। मुझे अब भी उसका चेहरा याद है। उसकी काली चमकदार त्वचा, पॉलिश की हुई-सी, वह भी मुझे याद है।

(मुझे वैसे भी कृष्णवर्णीय सुन्दरियों का बड़ा आकर्षण है। गोरेपन को लेकर मुझे कोई खास आकर्षण नहीं। हमारी भाषा में तो उसे 'सफेद केकड़ा' कहते हैं। दिखने में बढ़िया लेकिन स्वाद में बेकार। यदि आप उन सफेद केकड़ो के साथ खेलते हैं, तो वे इतने नाजुक होते हैं कि उस खेल में भी उनकी जान जाती है। काले केकड़ो की बात ही कुछ अलग होती है। मैं यहाँ कृष्णवर्णियों की तारीफ नहीं कर रहा हूँ या न ही उनका बड़प्पन बखान कर रहा हूँ बल्कि मुझे काली स्त्री पसन्द है, यह बताने में मैं गर्व महसूस करता हूँ।)

बायोलॉजी और सायकोलॉजी कहती है, यदि युवा लड़के को स्वतंत्रता दी जाती है तो वह अपनी माँ के चेहरे से समानता रखनेवाली लड़की को अपनी पत्नी या प्रियतमा के रूप में चुनना चाहता है। वैसे मेरी माँ काली नहीं है; वह सुन्दर है लेकिन राधाक्का और मेरी माँ की सुन्दरता में फर्क है। यदि मुझे अपनी पत्नी चुनने की स्वतंत्रता होती तो मैं निश्चित रूप से राधाक्का के चेहरे से समानता रखनेवाली काली लड़की को पत्नी के रूप में चुनता। सिर्फ तीन दिनों की अल्पावधि में राधाक्का ने मेरे दिल में मेरी जन्मदात्री माता को लेकर जो भावनाएँ थीं, उन्हें भी निकाल बाहर कर दिया और अपनी प्रतिमा को मेरे दिल में उकेर दिया। इस मामले में बायोमाइकोलॉजी के सिद्धान्त से मैं पूरी तरह से सहमत हूँ।

राणू और विट्ठल को वहीं पर छोड़ मैं राधाक्का के पास आ गया। मैं उस मृत और अस्थिपंजर देह के बच्चे की ओर देख रहा था। अब तक मैंने कितनी ही मृत्युओं को तथा तदुपरान्त के उपचारों अर्थात् तीन दिनों के बाद फूल चुनना, बारहवाँ, तेरहवाँ करना, उसके पश्चात् रात को एक बर्तन में चावल पकाकर उस बर्तन को उलटा कर ढककर रखना और दूसरे दिन उसे देखकर, उस पर बने पदचिह्नों से आत्मा की दिशा का अनुमान लगाना, आदि को देखा था। लेकिन राधाक्का के इस सुन्दर के अलावा राणू और चन्दर की मृत्यु के बाद भी ऐसा कुछ होते हुए मैंने नहीं देखा। वड़गाँव, मसूदमाले में ढोरवाडी के पास महारवाड़ी (हरिजनवाडी) में किसी न किसी के मरने के बाद जो रोना-धोना चलता था, वह मेरा देखा हुआ था। महारों में मृत्यु के बाद के विशिष्ट संस्कार, क्रियाकर्मों को मैंने देखा था लेकिन वैसा कुछ यहाँ होनेवाला नहीं था। मैं सिर्फ राधाक्का के पास बैठ गया। ऐसे वक्त क्या कहना चाहिए, किस तरह से बातचीत करनी चाहिए या कैसे बर्ताव होना चाहिए, इस बारे में मैं अनभिज्ञ था, वैसे आज भी मैं उतना जानता नहीं हूँ। इस दुनियादारी से वाकिफ लोग कहते हैं, 'यह तो होना ही था। दुनिया में कोई हमेशा के लिए थोड़े ही आया है। जो गया, वह गया। उसका भला हो गया। अब रोना मत...रोकर उसकी आत्मा को दुख मत देना।' लोग इस तरह से समझाते हैं। लेकिन मुझसे यह भी नहीं हो पाता। ऐसे वक्त मैं कुछ कह नहीं पाता।

लेकिन राधाक्का ने धीरे से मुझसे कहा, "आस्सुक्या! छूट गया रे मेरा बच्चा...बुरे दिन निकाले उसने, बोत बुरे दिन...कायकूँ मेरे पेट से उसने जनम लिया, पता नय..." कहते-कहते उसकी आवाज और धीमी हो गई, लेकिन वह रोई नहीं। "मैंने कबी उसकू पेट भर खिलाया नय, कबी पूरा कपड़ा नय दिया...बड़ा शान्त, गुणों वाला बच्चा था मेरा, बिलकुल मेरे बाप की तरह! लगता था, मेरे बाप ने ही मेरे पेट से जनम लिया है..." मुझे लग रहा था, अब किसी भी पल राधाक्का मेरे सीने से लगकर जार-जार रो देगी। मैं यहाँ-वहाँ से नजरें चुराकर उसकी ओर देखने लगा। लेकिन वैसा कुछ नहीं हुआ। नाक साफ करते हुए मेरी ओर मुड़कर बड़ी गम्भीरता से उसने मुझसे पूछा, "अब तेरी उँगली का दरद कयसा है?"

अब चौंकने की बारी मेरी थी। गोद में मरा हुआ उसका बच्चा और पूछताछ मेरी तकलीफ की!

'अब दुकता नय..." मैंने जवाब दिया।

फिर उसने अपनी बेटियों को समझाया, "चुप हो जाव अब! अगले जनम में मेरा सुन्दर राजा के घर में होगा। उसने पिछले जनम में पाप किया होगा इसलिए महार के घर में उसका जनम हुआ होगा। अब तो वह सब पापों से छूट गया...तुम चुप बैठो..." फिर राणू की ओर देखते हुए उसने सानुरोध कहा, "अब उट बी जाओ...चलो रास्ता नापो...दोपहरी तक उंब्रज पहुँचना होगा...नय तो यहींच रयना पड़ेगा...चलेगा?"

वह खुद वहाँ से उठ गई। अपने मरे हुए बच्चे को उसने एक हाथ से अपने आँचल की ओट में छिपा लिया। लेकिन सुन्दर के पतले पैर यूँ ही डगमगाते हुए, टँगे हुए दिखाई दे रहे थे। एक हाथ से बच्चियों को वहाँ से उठने का इशारा करते हुए वह रास्ते पर आगे बढ़ने लगी। "अरे, अब चलो बी...कदम बड़ाओ...आस्सुक्या, इस चन्दर को जरा हात देना...रानू, इट्या, चलने लगो...अब..."

मैंने चन्दर की ओर हाथ बढ़ाया। यह बच्चा बिलकुल अस्थिर था। उसमें एक अलग तरह की मस्ती और मतवालापन था। मैंने कभी उसे रोते हुए नहीं देखा था, भूख लगने पर वह थोड़ा-सा चिढ़ जाता था लेकिन खाने को कुछ मिलने पर बन्दा बिलकुल बिंधास्त हो जाता था। फिर पूरे रास्ते भर उसका यूँ ही दौड़ना, सिर के बल उछलना, बीच-बीच में पैलवान की तरह अपनी गोद में 'हाथ मारकर' 'हय्या' कर चिल्लाना, अपनी बाजुओं पर हाथ मारकर यूँ ही पतली बाजुओं पर 'खाड' आवाज करना, मुझे अब भी याद है। राधाक्का ने मुझे बताया था कि उसका बाप उसे पैलवान बनाना चाहता था। हारळ्या यानी उसका बाप अपने छोटे से मिट्टी के आँगन में उसे पैलवान बनाने के पाठ पढ़ाता था। शायद चन्दर पैलवान बन भी गया होता। क्योंकि उसकी हर भंगिमा पैलवान की तरह होती थी। लेकिन इस बार वह नरमी से पेश आया और उसने चुपके से मेरा हाथ पकड़ लिया। फिर से हम सब रास्ता नापने लगे थे।

विट्ठल भी मेरे पीछे-पीछे चल रहा था। लड़कियाँ अपनी माँ के साथ थीं। हम सब रास्ते पर आकर रुक गए। मैंने पीछे मुड़कर देखा, राणूजी, वहीं पर उस बड़ी सी चट्टान पर मूरत की तरह खड़ा था।

"अरे, अब तुम बी चलो...अरी अक्का...वो तो वहींच बैठा है..." मैंने पहले राणू पुकारा और फिर राधाक्का से शिकायत की। वह रुक गई। उसने पहले चट्टान पर हुए अपने बड़े बेटे की ओर देखा और फिर हम सबकी ओर! उसकी नजर में एक असहायता सी थी। अधिकतर राणू उसकी नहीं सुनता था लेकिन उसने यह बात समझ ली कि अबकी बार वह पीछे क्यों रुक गया है। वह बच्चा वास्तविकता से पूरी तरह वाकिफ था। अपने भाई की मृत्यु, बाप की नामौजूदगी, विपरीत हालात, उसकी माँ—अक्का की असमर्थता—वह सब कुछ जान रहा था, समझ रहा था। उसका दिल तार-तार हो रहा होगा लेकिन मैंने उसे कभी रोते हुए नहीं देखा था।

राधाक्का थोड़ी देर के लिए उसकी ओर देखती रही फिर बिलकुल मरियल-सी आवाज में उसने मुझसे कहा...'तुम चलो...आएगा वह...इट्टल, तुम चलो बाबा...' बच्चियों का रोना भी अब थम गया था लेकिन बीच-बीच में वे आँखें पोंछ रही थीं।

मैं अपनी ही सोच में उलझा हुआ था। यह औरत इस मरे हुए बच्चे को अब कहाँ तक ले जाएगी...अपने गाँव तक? कहाँ उसे मिट्टी के हवाले किया जाएगा, उसका क्या किया जाए? मैं सोच रहा था। मेरे सभी सवालों के जवाब मुझे घंटेभर में मिलनेवाले थे।

रास्ता सीधा था, बिलकुल नाक की सीध में गया हुआ। धूप जैसे-जैसे चढ़ने लगी, माहौल के साथ हम भी तपने लगे, जलने लगे। एक ओर का पहाड़ी इलाका हरा-भरा दिखाई दे रहा था। वह पाली इलाके की पहाड़ी थी। (हालाँकि उस वक्त इन नामों से मैं पूरी तरह से अनभिज्ञ था। उम्ब्रज, कराड़, नेर्ले, आदि गाँवों के नामों को मैं तब जानने लगा, जब ढाई-तीन साल पहले स्कूटर से मैंने इस इलाके को पूरी तरह से नाप लिया। मैंने हर उस स्थान, परिसर को याद करने की कोशिश की जिसे मैंने उस यात्रा के दौरान देखा था, महसूस किया था।)

एक-डेढ़ मील चलने के बाद सबकी अगुवा राधाक्का फिर एक बार रास्ता छोड़ बाईं ओर मुड़ गई। विट्ठल का हाथ पकड़कर मैंने तथा उन लड़कियों ने भी राधाक्का का अनुसरण किया। पीछे से राणू भी आते हुए दिखाई दे रहा था। वह चलते-चलते अपने हाथों में लिये छोटे-छोटे कंकड़ यहाँ-वहाँ फेंक रहा था, लेकिन उसकी नजर हम पर ही थी। जैसे ही हम लोग मुड़ गए, वह पलभर के लिए ठिठक गया और हाथ में लिये कंकड़ों को फेंककर हमारी ओर दौड़ने लगा।

वह बंजर खुली धरती थी। जहाँ से हम चल दिये थे वह गाँव बहुत पीछे छूट गया था और आगे का गाँव नजर के पार था। सिर्फ एक ओर पाली इलाके की पहाड़ी दिखाई दे रही थी और उसके नीचे खेत दिखाई दे रहे थे। अब रास्ते पर गाड़ियों की आवाजाही भी बढ़ गई थी। गाड़ियों की विभिन्न आवाजें माहौल में तैर रही थीं, लेकिन उनसे हमारा कोई वास्ता नहीं था। राधाक्का एक निश्चय के साथ आगे बढ़ रही थी। वैसे पीछे से बच्चे ठीक से आ रहे हैं या नहीं यह देखने की उसकी आदत थी लेकिन इस बार वह वैसा कुछ नहीं कर रही थी। रास्ता छोड़कर हम खुली जमीन पर, सूखी, हरी घास से होते हुए, गड्ढों में से आगे बढ़ रहे थे। हर बार रोनेवाला विट्ठल भी इस बार चुपचाप चल रहा था। लड़कियाँ भी माँ के पीछे-पीछे चिपककर चल रही थीं।

मेरी समझ में यह नहीं आ रहा था कि यह औरत सामनेवाली पहाड़ी की दिशा में क्यों जा रही है। लेकिन शीघ्र ही उसके इस निर्णय के बारे में मैं जान गया। वह एक खेत के पास पहुँच गई। वहीं पर खड़ी होकर उसने आसपास का जायजा लिया। देखा, कोई पराया आदमी तो नहीं आ रहा है। अचानक उसने कुछ निर्णय लिया। वह खेत के बीच में मौजूद और घास से ढके हुए टेढे-मेढ़े मेंड़ के पास आ गई। शायद बहुत पहले किसी ने वहाँ खेती करने की कोशिश की होगी। जमीन बिलकुल बंजर थी। पत्थरों से भरपूर थी। लेकिन उसे मेंड़ आदि से बहुत अच्छी तरह से सहेजकर रखा गया था।

राधाक्का सुन्दर को दफनाना चाहती है, यह बात अब मेरी समझ में आई। वह मेंड़ के पास बैठकर टटोलने लगी। कहीं से मिट्टी या मिट्टी का

बहत्तर मील

नर्म हिस्स्सा मिलता है क्या, यह देखने हेतु वह आगे-पीछे घूम रही थी। एक जगह पर आकर उसकी खोज खत्म हुई। वहीं पर वह रुक भी गई। उसने लम्बी साँस लेकर सुन्दर के उस अस्थिपंजर शरीर को नीचे जमीन पर लिटा दिया। मिट्टी में उसकी वह देह मरे हुए कौओं की तरह फैली हुई दिखाई दे रही थी। उसका मुँह खुला था। आँखें अधखुली थीं। सिर के बढ़े हुए बाल माथे पर फैले हुए थे।

थोड़ी देर के लिए राधाक्का अपने उस बेजान बच्चे की ओर गम्भीरता से देखती रही। अब उसका चेहरा दुख से तन गया था। वह नाक, होंठ चबाकर खुद को नियंत्रण में रखने की कोशिश कर रही थी। मुझे लगा किसी भी पल वह रो देगी लेकिन वैसा कुछ नहीं हुआ। आदतन उसने जोर से आवाज करते हुए नाक खींच ली और बच्चों की ओर पीठ करके वह अपनी उँगलियों से मेंड़ से मिट्टी निकालने लगी। अपनी बच्चियों से भी उसने मदद नहीं माँगी। उसने पहले घास को उखाड़कर निकाल लिया, फिर खुली मिट्टी नीचे आने लगी। मैं उसके पीछे खड़ा देख रहा था कि वह क्या कर रही है।

राणू बड़ी तेजी से हम लोगों के पीछे-पीछे चलते हुए वहाँ पहुँचा लेकिन वह हमसे थोड़ी दूरी पर मेंड़ पर ही बैठ गया और दूरस्थ पहाड़ी को ताकते हुए घुटनों पर हाथ रखकर चुपचाप बैठा रहा। भिमी ने मेंड़ की दूसरी ओर कुछ आकर्षक चीज देखी होगी। उसने बायजी को कुहनी मारकर दिखाया। मैंने भी उस चीज को देखा। मेंड़ों पर उग आए पौधों पर लाल-पीले टमाटर थे। अधिकतर टमाटर सूख गए थे।

दोनों लड़कियाँ, दूसरी ओर चली गईं। लेकिन उन पौधों के पास आते ही वे वास्तविकता भूल गईं। इस बात को भी शायद वे भूल गईं कि अपना भाई मर गया है और अपनी माँ उसे मेंड़ में दफनाने के लिए कोशिश कर रही है। उनकी नाराजगी, दुख काफूर हो गया था। "आरी, इसे देक, वह देक, इसे निकाल, झोली भर निकलेंगे टम्बाटर..." जैसी खुशहाली से भरपूर बातें और आवाजें उनके मुँह से निकलने लगीं। वे जल्दबाजी में थीं। विट्ठल ने भी मेरा हाथ छोड़ दिया। चन्दर तो अपनी बहनों का पिछलग्गू था।

राधाक्का सब कुछ देख रही थी, लेकिन उसने किसी से कुछ नहीं कहा। मैं उसके पास खड़ा था। मेरी ओर तिरछी नजर से देखते हुए उसने धीरे से कहा, "जब देको तो अपना पेट...और कुच नय। यहींच रीत है। गरज पड़ेगी तो माँ-बाप को भी काट खाएँगे...ये बी इनकी रीतच है..." वह शायद खुद से बात कर रही थी। लेकिन मुझे लग रहा था, वह मुझे सुना रही है। मैं तुरन्त नीचे बैठकर—एक हाथ से मेंड़ उकेरने में उसकी मदद करने लगा।

"तेरी माँ कू तेरी...तेरे बाप ने ऐसी मिट्टी डाली थी कबी?" राणू दूर से ही अपनी माँ को गालियाँ बकते हुए चिल्ला रहा था, "सुन्दप्या को तुमने बिल्ली, कुत्ता या मुर्गा समज लिया, इस तरह मिट्टी देने के लिए!...तेरी माँ का..."

राधाक्का ने कोई जवाब नहीं दिया। राणू भी अपनी जगह से हिला नहीं था। अपने भाई को कुत्ते, बिल्ली की तरह जमीन में गाड़ दिया जा रहा है, इस बात की तकलीफ से राणू बौखला गया था। वह अपनी भावनाओं को व्यक्त नहीं कर पा रहा था, इसलिए अपनी माँ को पहले तथा बाद में मुझे भी गालियाँ बकने लगा था।

थोड़ी ही देर में हम दोनों ने तकरीबन आधी मेंड़ खोद ली थी। जैसे चूहे बिल बनाते हैं, ठीक उसी तरह से हमने बड़ा-सा बिल तैयार किया था।

राधाक्का को जब एहसास हो गया कि अब इतनी जगह पर्याप्त है, तब उसने पीछे मुड़कर सुन्दर के मृत शरीर को उठाया। एक बार उसे बड़े जतन से सीने से लगाने के बाद उसने उस शरीर को नई बनाई गई उस खोल में सावधानी से छोड़ दिया और फिर थोड़ा आगे धकेल दिया। उस शरीर को स्पर्श करने की हिम्मत मुझमें नहीं थी। "जो जनम देती है, उसे ही समजती है, ममता" वह धीरे से बड़बड़ाई।

शायद राणू के लिए यह उसका जवाब था या फिर अपने न रोने की वजह बतानी थी, पता नहीं।

"आस्सुक्क्या...मिट्टी डाल बाबा...इस पर! भाई-भैनों का हाथ नय लग्या पर तेरा हाथ तो लगने दे, इसकी मिट्टी को" कहते हुए उसने गड्ढे में मिट्टी डालना शुरू किया। मैं जिन्दगी में पहली बार ऐसा कुछ काम कर रहा था।

वड़गाँव के श्मशान में अनेक लोगों को दफनाते, जलाते हुए मैंने देखा था, लेकिन उस हर वाकये में मैं दर्शक भर था। यहाँ बात अलग थी।

"जल्दी-जल्दी करना...कोई आएगा, तो सत्यानाश होगा।" फिर मैंने जल्दी से दोनों हाथों से मिट्टी डालते हुए मेंड़ को पहले जैसा बना दिया। सुन्दर को उस मिट्टी के नीचे, मेंड़ के नीचे दबा दिया गया था। राधाक्का फिर आसपास के बड़े बड़े पत्थरों को धकेलकर वहाँ लेकर आई और उनको भी उसने मेंड़ पर रख दिया।

"सियार, कुत्ते सूँघ लेंगे...उसके बदन को बाहर खींच लेंगे..." राणू ने शिकायत भरे लहजे में कहा...उसकी मरियल-सी आवाज असहायता में डूब सी गई थी। उसमें कोई दम नहीं था। शायद राधाक्का भी जानती थी इस बात को, शायद उस बंजर और खुली जमीन पर सियारों और कुत्तों ने उस मृत शरीर को बाद में बख्शा नहीं होगा।

मैंने देखा, राणू की नजर का तीखापन सूख-सा गया था। उसकी आँखों में दुख के बादल घिर आए थे। सुन्दर से उसका खून का रिश्ता था, सुन्दर उसका सगा भाई था। उम्र के लिहाज से राणू काफी समझदार था। अपने भाई को इस तरह से मिट्टी के हवाले करने की बात ने उसके सीने में हलचल पैदा कर दी थी। महारवाड़ी में जब कोई मर जाता—तब जोरदार हो-हल्ला होता था। दर्शन हेतु उस मृत शरीर को दिनभर यूँ ही रखा जाता, मेहमान, नाते-रिश्तेदार इकट्ठा होते थे, रोना-धोना चलता था..."कितना अच्छा था जी, सोने जैसा था जी...सूर्व्या की तरह था...सोने का था...नक्षत्र की तरह था...बाय...गया... अब..." ऐसे सुर लगाकर रोया जाता था। फिर कोई दो मुख्य लोग 'बाजार' जाते थे, खरीदने हेतु...तिकटी लाई जाती थी...वही मटका...उसमें आग..."

राणू ने भी मेरी तरह ही मौत को देखा होगा। मौत भी शायद इन सब बातों के बिना शोभायमान नहीं होती होगी। सुन्दर के साथ यह सब कुछ नहीं हो पाया, शायद राणू को इसका बेहद दुख हुआ होगा। दूसरे दिन खुद उसकी यात्रा खत्म होनेवाली थी। तब तक अपने 'बा' के बड़प्पन के बारे में उसने मुझसे ढेर सारी बातें की थीं। आजीवन कारावास भोगनेवाले अपने बाप के बारे में उसे काफी आकर्षण था।

उसका बाप उसका आदर्श था। शायद अपनी माँ को उसने बहुत कम अवसरों पर 'माँ' कहकर पुकारा होगा। अन्यथा वह उसे "आक्के...आक्का...माय..." और गुस्सा आने पर 'रादे' कहकर भी पुकारता था।

उसने कभी माँ के प्रति अपने प्यार या एहसास को मुझसे स्पष्ट नहीं किया, न ही बताया। उसकी मृत्यु के बाद राधाक्का की आबरू के साथ खिलवाड़ करनेवाले उस हैवान को हम बच्चों ने हो-हल्ला करके भगाया और राधाक्का को छुड़वाया, तब राणू होता तो शायद अपनी माँ के प्रति अपने प्यार को व्यक्त कर देता। नेर्ले में तो उसकी उपस्थिति अनिवार्य थी।

लेकिन यह बात उतनी ही सच है कि राणू ने अपने अन्त तक अपनी माँ के साथ अच्छी तरह से बातचीत नहीं की। उसके साथ उसकी बातचीत गाली दिये बगैर कभी पूरी नहीं होती थी।

कुछ देर तक राधाक्का यूँ ही मेंड़ के पास बैठी रही। अपनी हड्डी जैसी उँगलियों को पिचके गालों में रोपकर वह सुन्न सी बैठी रही।

"अब चलते हैं...बच्चों..." अन्तत: प्राणहीन आवाज में उसने इतना भर कहा और थकी-हारी बुढ़िया की तरह वह उठ गई। एक ओर चेहरा घुमाकर उसने बड़े जोर से नाक ऊपर खींच ली।

"चन्दर...आ जा बाबा..." कहते हुए वह आगे बढ़ गई। चन्दर बड़ी चपलता से ढेलों पर से उछलते हुए उसके पीछे हो लिया। मैं भी चुपचाप, उन बच्चियों तथा विट्ठल की ओर देखते हुए उसके पीछे चलने लगा। लड़कियों ने ढेर सारे 'टम्बाटर' तोड़ लिये थे तथा अपनी गोदियों, कपड़ों के झोलों में भर लिये थे। वैसे कड़वाहट और मिठास को लेकर चलनेवाले ये जंगली फल बेस्वाद रहते हैं। 'टमाटरों' का स्वाद उनमें कहाँ? हमने रास्ता नापने की शुरुआत की लेकिन लड़कियाँ अब भी वहीं थी। अन्तत: राणू अपनी जगह से उठ गया और उसने उन्हें गालियाँ बकना शुरू किया। ढेलों को उनकी दिशा में उछालकर वह उन्हें धमकाने लगा। "अपनी बाप की औलाद...अब बस भी करो। चलो...इट्या...तेरी माँ कू...बायजा, भिमी, तुम्हारी माँ को..."

उन दोनों लड़कियों ने भी राणू पर गालियों की बौछार की। "भड़ुए, तुमारे पेट में क्यों दरद हो रहेला हय...बाद में हमसे ही भीक माँगेगा, टम्बाटर खानेकू..." भिमी कुछ अलग ही अन्दाज से अपने शरीर और दाहिने हाथ को नचाते हुए उसे चिढ़ाने लगी थी। मैं रास्ते पर खड़ा, उनका झगड़ा देख रहा था। लेकिन राधाक्का चन्दर का हाथ पकड़कर पीछे मुड़कर देखे बिना धीरे-धीरे आगे बढ़ रही थी।

अपनी नकियाती आवाज में बायजी ने कहा, "देक तो...हमकू खाने को मिलेगा करके इसके पेट में दरद हो रहेला हय...इसका तो नकराच भारी... कुतरा कहीं का..."

दोनों बहनों का यह अपमानजनक वक्तव्य सुनकर अब तक गुस्से से अन्दर ही अन्दर झुलसनेवाले राजू का दिमाग खराब हो गया।

"तुमारी माँ को लगा जोंकमार..." वह चिल्लाते हुए उनकी ओर लपक गया। शायद दोनों लड़कियाँ उसकी ताकत को जानती होंगी, वे डरकर जहाँ रास्ता मिला उसी ओर दौड़ पड़ी।

"आक्के...आक्के...ऽऽ" एक ओर से आवाज आई। कमर पर फटा तौलिया बाँधा हुआ विट्ठल मेरे पास दौड़कर आया। दौड़ते समय तौलिये की वजह से उसे बड़ी असुविधा हो रही थी। दौड़ते-दौड़ते वह ढेलों पर गिर गया। फिर तौलिया फेंककर वह नंगा ही दौड़ते हुए मेरे पास आया।

दूसरी ओर राणू ने भिमी को पकड़ लिया था और उसके बाल पकड़कर वह उसकी पीठ में घूँसे, मुक्के, थप्पड़ देने लगा। भिमी चिल्ला रही थी, अपने बालों को उसकी पकड़ से छुडवाने हेतु उसने सिर पर हाथ लिया तब उसकी कोंछ में जो टमाटर उसने इकट्ठा किये थे, वे सब नीचे मिट्टी में गिर गए।

"तुमारे बदन में कीड़े पड़ें...तुमें म्हारोग हो जाए...तेरा सत्यानास हो जाएँ...आय...आय..." उसका चिल्लाना पूरे पठार पर गूँज रहा था। बेशर्म बायजी का इससे कुछ लेना-देना नहीं था, वह खिलखिलाती हुई विट्ठल के पीछे दौड़ते हुए आई।

राणू को शान्त करने या भिमी को छुड़वाने हेतु मेरी आवश्यकता बिलकुल नहीं थी। इस तरह के झगड़े, मारपीट उनके लिए आम बात थी। मैंने भी बचपन से यह सब देखा हुआ था। पति यदि अपनी पत्नी को बेदम पीटता होता तो भी कोई बीच-बचाव नहीं करता। "कुच बी कहो...बाद में दोनों एक ही होंगे... एक ही खून हय..." लोग कहा करते थे। और यह बात बिलकुल सच थी।

अपने दिल को तसल्ली मिलने तक राणू ने भिमी को पीटा। और बाद में अन्दर ही अन्दर सुलगते हुए वह मेरी दिशा में आया। भिमी भी गालियाँ बकते हुए, अपने हाथों को अजीबोगरीब ढंग से नचाकर, चिल्लाते हुए, बददुआएँ देते हुए मिट्टी और ढेलों के बीच गिरे 'टमाटर' फिर से चुनने लगी।

अब तक राधाक्का काफी दूर चली गई थी। उसने एक बार भी पीछे मुड़कर देखा नहीं, न ही कुछ सुनने की बात उसके चेहरे से बयाँ हो रही थी।

राणू ने बड़े गुस्से से अपनी तीखी नजर से एकबारगी मेरी ओर देखा। शायद वह मुझे कुछ सुनाना चाहता था लेकिन मैंने उसके भाई को दफनाने में उसकी माँ की मदद की थी, इस तथ्य में मौजूद अच्छाई उसके ध्यान में आई होगी। अत: अपनी उत्तेजना को नियंत्रित करने के उद्देश्य से यूँ ही खुद से बड़बड़ाते हुए वह मेरे आगे तेजी से चलने लगा। अपने परिवार की हो रही तबाही को लेकर उस बाखबर-समझदार बच्चे के दिल में बेहद अफसोस था। और शायद अन्त तक यही अफसोस उसे खाए जा रहा होगा। अब भाई उसे भी मारेगा, इस डर से अपना कोंछ तथा उसमें मौजूद 'टंबाटर' को सँभालते हुए बायजी पीछे मुड़कर देखते हुए आगे दौड़ रही थी। थोड़ी देर में वह राधाक्का तक पहुँच गई। अब भिमी हम सबके पीछे चल रही थी तथा अकेले आराम से टमाटर खा रही थी। कड़ुए, कसैले तथा खट्टे स्वाद के टमाटर खाने की खुशी से वह बेहाल हो गई थी। अपने उस 'खजाने' में कोई भागीदारी न करे इसलिए वह तेजी से टमाटर खाते हुए बड़ी धीमी गति से चल रही थी। पेट की आग और भूख की शान्ति इन बातों के अलावा उनकी कोई अलग दुनिया नहीं थी। अपने सगे भाई की मौत भी उनके लालच को रोक नहीं सकी थी। यदि यह पेट और भूख इस दुनिया में नहीं होती, तो इनसान की जिन्दगी कितनी सुखी हो गई होती।

ईश्वर चाहे तो इनसान की आधी जिन्दगी वापस ले लें लेकिन उसे भूख और पेट नहीं दें। उस वक्त मेरी स्थिति भी बड़ी अजीब-सी हो गई थी। उस बच्चे की मौत का मुझे बेहद अफसोस नहीं हुआ था क्योंकि वह बच्चा मेरे लिए पराया था। अभी-अभी जिन बन्धनों से मैं जुड़ा था, वे इतने मजबूत नहीं बन पाए थे—यदि उसके भाई-बहनों में से एक होता, तो भी भुखमरी की उस स्थिति में मैं शायद उनकी तरह ही बन जाता। मेरे खयाल से मरनेवाला मर जाता है लेकिन उसके पीछे जो छूटते हैं, वे उसके दुख में अपने शरीर को सजा क्यों दें? मुझे यह बात कभी जँची नहीं। पिछले सालों में, समाचार-पत्रों तथा दुनियाभर की मासिक पत्रिकाओं ने एक मामले को बड़े पैमाने पर उछाला था।

लैटिन अमरीका के दक्षिणोत्तर खतरनाक पर्वतशृंखला में चिली या अर्जेंटीना का यात्री विमान गिर गया था। उस वक्त बहुत से यात्री मर गए, कुछ बच भी गए। उस बर्फीले तथा खतरनाक स्थान से उन यात्रियों का बचकर बाहर निकलना मुश्किल था। क्योंकि दुनिया से उनका कोई सम्पर्क नहीं था। दोनों देशों ने उस भारी बर्फबारी में भी जितनी सम्भव थी, उतनी खोजबीन की। बाद में उन्होंने अपनी कोशिशें छोड़ दीं।

इस घटना के लगभग दो महीनों बाद उनमें से बचे हुए कुछेक लोग बड़े परिश्रम से तथा कठिनाई से वह पर्वत उतरकर नीचे आए। खाना-पानी न होते हुए वे इतने दिनों तक जिन्दा कैसे रहे? यह अहम् सवाल था। उन सुशिक्षित, सयाने, सभ्य, ईश्वरभक्त लोगों ने अपने मृत सहयात्रियों का मांस खाकर गुजर-बसर किया था, इसलिए वे जिन्दा रह सके थे। उन लोगों ने इस बात को जब कबूल किया तब पूरे विश्व में इससे खलबली मच गई। यह उचित है या अनुचित? इस बात पर बहस छिड़ गई। लोगों ने सही-गलत प्रतिक्रियाएँ दीं। हालाँकि इस घटना के बारे में मैं इतना ही जानता हूँ लेकिन इस बारे में यदि आप मुझे पूछेंगे तो मेरा जवाब यही होगा कि वे लोग जिन्दा रहना चाहते थे, ऐसे में उन्होंने जो भी किया वह सर्वथैव उचित था। जिन्दा रहने की कोशिश करना जायज है और मरने का प्रयास करना अपराध है। ऐसे में उन विपरीत और कठिन परिस्थितियों में उन्होंने जो कुछ किया उसे

मानवनिर्मित कानून की परिधि में जाँचना या बिठाना उचित नहीं है। उन लोगों ने मानव का कानून, पापपुण्य, सभ्यता, संस्कृति में निहित रिक्तता का असली रूप दुनिया को दिखाया था।

इसलिए, मैं उन बच्चों को भी दोष देना नहीं चाहता और न ही उन पर दोषारोप करूँगा। जिस मेंड़ में अपने भाई को बिना किसी क्रियाकर्म के, कुत्तों-बिल्लियों की तरह गाड़ दिया जाता है, उसी वक्त उस मेंड़ पर उग आए टमाटरों को खाने हेतु उन बच्चों की चलनेवाली जानलेवा प्रतिस्पर्धा मुझे गलत महसूस नहीं होती।

लेकिन उस वक्त राधाक्का के अलावा (चन्दर भी उस वक्त छोटा था) सभी के बारे में मेरे मन में एक घृणा-सी भरी हुई थी। हम चल रहे थे, मेरे साथ विट्ठल चल रहा था। अब रास्ते पर गाड़ियों की आवाजाही बढ़ गई थी। आने-जानेवाली गाड़ियाँ, मोड़ पर दूर से ही हॉर्न देती थी, जिनकी तेज आवाज पूरे खाली पठार पर गूँजती थी और हम लोग चुपचाप, डरकर, रास्ते की एक ओर से चलने लगते थे। किसी बीमार, थके हुए इनसान की तरह बिलकुल धीरे-धीरे चलनेवाला भरा-पूरा ट्रक या फिर किसी मछली की तरह या तितली की तरह फुर्रर से गुजरनेवाली एकाध छोटी-सी गाड़ी, एकाध फटफटिया या फिर घूमती-फिरती साइकिल सवारियों की टोली, सभी अपने-अपने गंतव्य की ओर जा रहे थे। मैं बड़ी आस लेकर उनकी ओर देखता था लेकिन सुबह की वह कड़वी याद मेरी आस पर चाबुक की तरह पड़ती थी।

अब धूप कुछ ज्यादा ही तपने लगी थी। पैरों के नीचे कोलतार की सड़क अब चूल्हे पर रखे तवे की तरह तपने लगी थी। हममें से किसी के भी पैरों में चप्पल नहीं थी, यही नहीं मेरे अलावा किसी के बदन पर पूरे कपड़े भी नहीं थे। धूप जैसे-जैसे चढ़ने लगी, मेरा बदन भी जलने लगा। सुबह की चाबुक की मार अब पूरे बदन पर अपना असर वेदना के रूप में देने लगी थी। एस.टी. गाड़ी में पिचक गए नाखून की वेदना भी अब उँगलियों के पोरों तक आकर चिल्लाने लगी थी। उँगली सूज गई थी। भूख से पेट में चूहे दौड़ने लगे थे। नहर के किनारे खाए गए बेलफल कब के हजम हो चुके थे।

"कोल्लापुर कितना लम्बा होगा रे?" मैंने राणू से पूछा। मैं राणू का गुस्सा कम करना चाहता था। इसके अलावा, उसने जिस बेदर्दी से भिमी को पीटा था, उससे समान आयु के मेरे उस सहयात्री से मैं थोड़ा आतंकित भी था। कुछ भी हो, उस लम्बे-चौड़े रास्ते पर मैं निपट अकेला था। यदि उन लोगों के साथ मेरी नहीं पटती और वे लोग यदि मेरे विरुद्ध अपना गुट बनाते तो वह मुझ जैसे बेसहारा लड़के के पक्ष में नहीं था। "पता नय बा...लेकिन लम्बाच होगा..." राणू की आवाज में गुस्सा तो था लेकिन वह सही तरीके से बात कर रहा था।

"लम्बा यानी कितना लम्बा?"

मेरे इस सवाल पर राणू ने अपनी चलने की गति धीमी कर दी। "लम्बा यानी भोत लम्बा। पिछली बार हम वठार से शिरवल तक पैदल गए थे, तब तीन-चार दिन लगे थे। वठार से बी कोल्लापुर भोत लम्बा है।" वठार के बारे में मैं जानता था। मैं स्कूल को धता बताकर वड़गाँव से तीन मील की दूरी पर, राजमार्ग की बगल में बसे इस गाँव में बहुत बार हो आया था। मैंने सुना था, वहाँ से कोल्हापुर तकरीबन 12 मील दूरी पर है।

मेरी निराशा का कोई ठिकाना नहीं रहा। मैं चुप रहा। सामने से एक दम्पती सिर पर बोझ लादकर आते हुए दिखाई दिया।

"रावसाब, आगे कौंसा गाँव है जी?" राणू ने उत्सुकता से पूछा।

"उंब्रज" उस पुरुष ने जवाब दिया।

"लम्बा हय जी?" अब मेरी बारी थी।

"तो क्या, करीब हय जी?" औरत ने जवाब दिया। "पूरा पाँच कोस होंगा जी..."

पाँच कोस...यानी पूरे नौ-दस मीलों की बात। वह दम्पती पीछे छूट गया। हम आगे बढ़ने लगे।

अब राधाक्का ने हठ करनेवाले चन्दर को उठा लिया था। शायद उसके पैर जल रहे होंगे। हम भी अब तेजी से चलने लगे थे। हमारे सौभाग्य से रास्ते के दोनों ओर बीच-बीच में पेड़ थे, उनकी छाँव थी लेकिन उस छाँव में समय गँवाना, हमारे लिए उपयोगी नहीं था। वैसे उस छाँव में बैठकर हम क्या करते?

हमारी नेता—राधाक्का की मर्जी के बगैर हमारी व्यक्तिगत राय का कोई मतलब नहीं था।

अब राणू ने भी भूख को महसूस किया होगा। पीछे से चलनेवाली भिमी पर गुस्साते हुए उसने कहा, "तेरी माँ कू...सबी टम्बाटू खा लिये तुमने? हमें बी देती थोड़ा..."

"खा मेरा हग्गू..." भिमी ने जवाब दिया।

राणू ने बड़े गुस्से से उसकी ओर देखा, "अच्चा ऐसा हय क्या?" उसने चुनौतीपूर्ण अन्दाज से पूछा।

"मेरे पास माँगेगी...?"

"कोई गर्ज नय। तुमारा तुमारे पास, हमारा हमारे पास..." भिमी ने भरे हुए पेट से जवाब दिया।

"उंबरज एस्टी स्टैंड पर मय भी भोत रोटी माँगूँगा, और एकला खाऊँगा..."

"हम बी तो माँगनेवाले हयच की।"

अब मैं थर्रा गया। उंब्रज के एस.टी. स्टैंड पर भीख माँगना, मैंने सपने में भी इस बारे में सोचा नहीं था। लेकिन उन बच्चों की आदतों में यह बात शुमार होने की वजह से वे बड़ी सहजता से उस बारे में बात कर रहे थे। अब तक की मेरी जिन्दगी में (उंब्रज के अलावा) मैंने कभी किसी के पास पेट की खातिर मजबूर होकर भीख नहीं माँगी थी। "मय गाना गाऊँगा...बाबा का... उसका प्यारा-प्यारा गाना गाऊँगा..."

"गा...हमकूँ क्या...हमकूँ मत बताना..." भिमी ने बड़े तुर्रे से जवाब दिया।

राणू अब और चिढ़ गया और उसने दो-चार भद्दी सी गालियाँ उसकी ओर उछाली। भिमी ने भी बड़ी आसानी से अपनी माँ की सात पीढ़ियों के गुप्तांगों का उच्चारण किया।

उंब्रज का एस.टी. स्टैंड! मेरा दिल जोर-जोर से धड़कने लगा था। कहाँ से इन लोगों के चंगुल में फँस गया, मैं पछता रहा था, लेकिन एस.टी. स्टैंड देखते ही राधाक्का के साथ-साथ सभी बच्चे भी खुश हो गए। देखते ही देखते वे तितर-बितर हो गए। वे भीख माँगना चाहते थे।

राणू ने मेरे हाथों में दो मुट्ठियों जितने पत्थर के टुकड़े दिये और अपने हाथों में भी वैसे ही पत्थर लेकर उसने मुझे राज की बात बताई।

"जो बी कुच अपुन को मिलेगा, हम दोनों हीच वहाँ उस झाड़ के नीचे बैठकर खाएँगे। उन...औलादों को कुच बी नय देंगे।"

मैं उसकी ओर देखते ही रह गया। वड़गाँव के मठ में मैंने मंजिरा बजाना सीखा था, मैं सही तरीके से मंजिरा बजा सकता था लेकिन बावजूद इसके मैं बेचैन था। और मेरी बेचैनी राणू की समझ से परे थी। अपनी जगह पर वह भी सही था। वह दुनिया को अपने नजरिये से तोल रहा था।

"ये देक भाय, तुजको गाना बजाना नय आता होगा पर मुजे आता हय। मेरा बाप तो तमाशा में नाचता था। वाऽऽ क्या ढोलक बजाता था, क्या गाता था, मेरे क उसके सबी गाने याद हय, तुम सिरफ इन पत्थरों को बजाना..." मैंने असहाय निगाहों से राधाक्का की ओर देखा। वह छोटे विट्ठल और चन्दर के साथ, एक रुकी हुई एस.टी. गाड़ी की खिड़की पर जाकर बड़ी लाचारी से हाथ फैलाकर भीख माँग रही थी। "मेरा दादला नय हय, ये बच्चे भूखे मर रहे हय। एक गिन्नी दो...नय तो कुच खाने को दो।"

हम दोनों—अर्थात् मैं और राणू पर नजर रखते हुए बायजी और भिमी दूसरी ओर एस.टी. स्टैंड पर बैठी हुई भीड़ में जाकर बड़ी बेशर्मी तथा निर्लज्जता से भीख माँग रही थी। लोग उन्हें हकाल रहे थे। मैं अपने में ही गुम था। रुकी हुई एक एस.टी. बस में मेरी पहचान का कोई शख्स दिखाई देता है वया मैं देख रहा था। मेरे सौभाग्य से वैसा कोई शख्स दिखाई नहीं दिया। मेरे बाप को काफी लोग जानते थे, परिणामस्वरूप वे मुझे भी जानते थे। यदि उनमें से एकाध कोई मुझे देख लेता और मेरे बाप तक उस बात को पहुँचा देता तो मेरा बाप मुझे जिन्दा नहीं छोड़ता।

राणू ने अपनी बुलन्द आवाज में गाना शुरू किया। उसकी वह मरियल-सी देह और उसके गले का वह मधुर सुर, कहीं कुछ समानता नहीं थी लेकिन उसके गाने की मधुरता ने पूरे एस.टी. स्टैंड परिसर को अपने कब्जे में कर लिया, यात्रियों का ध्यान आकृष्ट किया। राणू का वह गीत भी बिलकुल अलग-थलग था।

उसने बाद में मुझे बताया कि यह गीत उसके बाप ने रचा था। हालाँकि उस गाने के कुछ शब्द मैं भूल गया हूँ लेकिन शुरुआती हिस्सा मुझे अब भी याद है। वह गाना मराठी की ग्रामीण लहजेवाली भाषा में था :

वाटंच्या रं वाटसरु...
म्हंचील बाबा यंव करु न त्यंव करु...
वाटंच्या रं वाटसरु...
संगत आपली खोटी नगू, खरी करु...
वाटंच्या रं वाटसरु...
रगड घावली पावने पै परं निगत्याल सारी बाजारु...
वाटंच्या रं वाटसरु...
न्हाई बा पोटाचा भरुसा, चार दिसाची काया भरु...
वाटंच्या रं वाटसरु...
चार दिसाचं सुक म्हंतूस, पर तिरडीवरती चोरंपोरु...
वाटंच्या रं वाटसरु...
दुनव्याच्या रं बाजारामधी वांछा कसली नको धरु...
वाटंच्या रं वाटसरु...
सरळा जा पर वाट चुकीची नको धरु...
वाटंच्या रं वाटसरु...
दुनव्या भली, पर चाल खोट्याची नको धरु...

अब इतना ही गीत मुझे याद है। शायद कुछ शब्द गलत भी होंगे। लेकिन राणू बहुत देर तक यह गीत गा रहा था, हम दोनों पत्थर पर पत्थर मारकर साथ दे रहे थे। 'वाटसरु' और 'नको धरु' की तुकबन्दी बढ़िया हो गई थी। मुझे भी मजा आ रहा था। राणू की आवाज में सुरीलापन था और एक बुलंदी भी थी। तब तक उसने अपना बाप 'हारळ्या महार' के बारे में मुझे कुछ खास बताया नहीं था। लेकिन यह बात निश्चित थी कि अपनी ग्रामीण भाषा में गीत लिखनेवाला यह 'महार' (हरिजन) दुनियादारी से बहुत अच्छी तरह से वाकिफ होगा। उसे दुनिया का बढ़िया अनुभव होगा।

स्टैंड पर सभी 'वाटेचे वाटसरु' (राहगीर या मुसाफिर) ही थे। सभी को कहीं न कहीं जाना था। सबके मन में हर एक तरह की आशा, निराशा, अपेक्षा, उपेक्षाओं का विभिन्न स्तरों पर चलनेवाला खेल, राणू ने सबकी भावनाओं को छू लिया था। परिणामस्वरूप, हम लोगों को भीख के रूप में कहीं ज्यादा पैसे मिले। मुझे याद है, वह खिड़की से झाँकनेवाला, बूढ़ा-सा, निराश चेहरेवाला आदमी! गाने की शुरुआत होते ही राणू के सुरों ने उसे बाँध लिया था, उसकी नजर स्थिर हो गई थी। खुद को भुलाकर वह हमारा गाना सुन रहा था। आखिरकार, कंडक्टर को बताकर नीचे उतरकर वह हमारे पास आया। उसने इशारे से हमें उसके पीछे बुलाया। वह एक होटल में घुस गया। भूख से बेहाल हम भी उसके पीछे-पीछे हो लिये लेकिन होटलवाले ने हमें दरवाजे पर ही रोक लिया।

उसने हमें खाने के लिए बहुत कुछ दिया। एक बड़ा-सा पैकेट उसने हमें थमा दिया और बड़ी सहजता से कहा, "आप लोगों का गाना बहुत सुन्दर है लेकिन जब तुम भूखे होंगे तभी तुम ऐसा गाना गा सकते हो। अब यह इतना खा लो, तुम कोई गाना गा नहीं सकोगे।"

उसकी बात को मैंने गाँठ मार लिया। हालाँकि उस वक्त मैं उसकी बात पूरी तरह से समझ नहीं पाया था। लेकिन जब मैं थोड़ा-बहुत सोचने लगा, इतिहास का अध्ययन करने लगा, तब मैंने उस बूढ़े आदमी की बात का महत्त्व समझ लिया। पेट भरा हुआ हो तो अक्ल नहीं होती और पेट खाली हो तो अक्ल दिमाग में मुकाम करती है। यह इस दुनिया का विचित्र-सा नियम है। यदि पेट भरा हुआ हो और आप ज्ञान की बातें करते हो, तो उसमें कोई अर्थ नहीं। लेकिन भूखा शख्स जब कुछ बोलता है तो वह कुछ अलग ही बात करता है।

वह आदमी चला गया। हमारी खुशी का कोई ठिकाना नहीं था। हम पत्थरों के उन टुकड़ों को फेंककर एस.टी. स्टैंड पर जहाँ राधाक्का खड़ी थी, वहाँ आ गए। एक गाना गाने के एवज में हमें आसानी से चार लोगों का खाना मिल गया था। राणू की खुशी उसके चेहरे से बयाँ हो रही थी। शायद अपने बाप के पुण्यकर्मों की वजह से ही, इतने सीधे-सादे गाने पर इतना खाना मिल रहा है, यही उसकी भावना रही होगी।

राधाक्का, वहीं पर उन दो मरियल-से छोटे बच्चों को साथ लेकर बड़ी दीनभावना से अपनी कहानी बारम्बार बयाँ कर रही थी लेकिन चार-आठ आनों के बगैर उसे कुछ नहीं मिला था। बायजी और भिमी की बेशर्मी और पेटुगिरी का कोई सानी नहीं था। दूर पेड़ के नीचे छाँव तले पाँच-छह लोगों का एक समूह खाना खा रहा था। ये लड़कियाँ वहीं पर खड़ी थीं। गालियाँ बकी गई, उनकी दिशा में कंकड़-पत्थर उछाले गए लेकिन ये लड़कियाँ वहाँ से टस से मस नहीं हो रही थीं। आशीर्वाद पर कुछ कहते हुए, कुछ अजीब-सी भाव-भंगिमाएँ दर्शाते हुए लालची नजर से उन लोगों के सामने रखे हुए खाने की ओर वे ताक रही थीं। उनमें से एक औरत इससे ऊबकर उठ गई और हाथ में जो कुछ था, वह उन दोनों के सामने फेंकते हुए उसने कहा, 'खा लो...तुम्हारी आत्मा ठंडी कर लो...इनसान हो या जानवर पता नय...अरे, जानवर भी एक बार हकाल दो, तो लौटकर नहीं आता...और तुम...' इसके बाद उसने इतनी गन्दी गाली दी कि मेरे तो कान ही बन्द हो गए। अपने पति और बच्चों के 'हल' से वे उन्हें उपजाऊ बनाने की बात कर रही थी। औरतें कुछ भी बोल सकती हैं।

बायजी और भिमी पर उस गाली का कोई असर होने से रहा। उस औरत ने अपने सामने रखी प्याज-रोटियाँ, दाल तड़का, बासी पकौड़ियों को इकट्ठा कर उन दोनों की दिशा में फेंक दिया। वह सब सामग्री मिट्टी में गिर गई। आवाज करते हुए वे दोनों मिट्टी में से वह खाना चुनने लगीं। उनकी जीत हुई थी। उनकी खुशी का कोई ठिकाना नहीं था। "ये मैं खाऊँगी...ये थोड़ा खट्टा हय...यहींच खा" आदि चर्चा तथा बातें मैंने भी सुनीं। इसी बीच शेष लोगों ने भी उन दोनों के माँ-बाप के निजी अंगों का उद्धार किया था। खाने के लिए क्या-क्या किया जा सकता है, कितना नीचे गिरा जा सकता है, ये सब मैंने उस दिन उम्ब्रज में देखा। उसके बहुत बाद में मैंने प्रसिद्ध अभिनेता 'डैनी के' का एक चित्रपट देखा। उसमें वह जोकर की तरह भंगिमाएँ अपनाकर, कुत्ते की तरह जमीन पर लेटकर भूख के बारे में बताता है। उसके उन हावभावों तथा भंगिमाओं से खुश होकर मालिक उसे एक डबलरोटी पुरस्कार के रूप में देता है।

मुझे जब भी ऐसी कुछ घटनाएँ दिखाई देती हैं, तब उम्ब्रज की वह भीख माँगने की घटना याद आती है। वह घटना मुझसे होकर गुजरी थी, अत: मुझे भीख माँगना, भीख से सम्बन्धित किसी भी बात को सुनना बुरा लगता है। उस एस.टी. स्टैंड पर भीख माँगने में हम लोगों ने काफी समय बिताया। धूप उतरने लगी, छायाएँ आगे झुकने लगीं, तब तक भीख माँगने की बेशर्मी मुझमें भी उतर आई थी क्योंकि भूख से मेरे पेट में आग की लपटें-सी उठ रही थीं। हमने बहुत खाना इकट्ठा किया था। बासा, अच्छा-बुरा, इनसान या कुत्ते के न खाने लायक खाना भी हमें मिला था। अन्तत: हम रास्ते की एक ओर आ गए। बड़ी शान से एक दूसरे को अपनी-अपनी कमाई दिखाते हुए हमने भरपेट खा लिया। पत्थर के टुकड़ों को एक दूसरे पर पीटकर बजाने की वजह से सुबह एस.टी. गाड़ी के दरवाजे के बीच फँसा नाखून—उँगली अब खून से सन गई थी, लेकिन मैंने उस ओर ध्यान नहीं दिया। अब हम सिर्फ राधाक्का से यह बात सुनने की ताक में थे कि कहाँ रुकना है।

राधाक्का अब भी शान्त थी। उसे अपने सुबह मरे और हमारे द्वारा दफनाये गए बेटे की याद सता रही होगी। "रात को यहींच टैंडपर सोएँगे" बायजी के इस प्रस्ताव को राणू ने भी मान्यता दी। उसने कहा, "यहाँ नल का पानी पीनेकू मिलेगा, बाहेर कोईबी पानी नय देगा। खाने के बाद पानी के लिए भीक माँगने की फालतू की तकलीप।"

राधाक्का ने सिर्फ एक नजरभर मेरी ओर देखा। उस समझदार औरत ने यह बात समझ ली थी कि उसके बच्चों के साथ मुझे अपनी जिन्दगी की पहली भीख माँगनी पड़ी है। शायद मेरे चेहरे पर भी अपमान की वह कड़वाहट दिखाई देती होगी। उसने मुझसे कहा, "आस्सुक्या, आज हमारे साथ तुमको भी भीक माँगनी पड़ी। लेकिन भीक का खाना जहर है और कष्ट से मिला खाना अमरुत है। हमारा जल्म ही जहर खाने के वास्ते है। तुमारा अईसा नय हय।"

उसने आगे कहा, "चलो...अब चलो...आगे चलेंगे। किसी पेड़ के नीचे बैठकर, पानीवाली जगह पर खाएँगे।" "यहींच रुकेंगे..." भिमी ने अपनी बात आगे बढ़ाई। "नय, हम यहाँ तय रुकेंगे।" राधाक्का की आवाज में ठोस मजबूती थी।

"यहीं रात कूँ बस्तीपर आदमी लोग रुकते हैं और रात में उनमें कली का संचार होता है। उससे अच्छा दूर, बहुत दूर जाकर रुकेंगे।" फिर उसने उनकी ओर पीठ की। "मैं पूरी दुनिया को जानती हूँ। तुम पराया धन—दूसरों को देनेवाली बच्चियाँ हो। मयने किसी की उँगली भी नय छुआई। यहाँ क्या वखुत, समय बताकर आता हय?..." जाते-जाते वह बड़बड़ा रही थी।

वे लड़कियाँ राधाक्का को गालियाँ बकते हुए बेमन से उसके पीछे हो लीं। स्टैंड की जमीन पर, छप्पर के नीचे आराम से सोने की बात छोड़कर यूँ खुले पठार पर गड्ढों, पत्थरों पर सोना...उन्हें मुनासिब नहीं लग रहा था। मैं और राणू, हमें कोई तकलीफ नहीं थी। हम अपने में ही मग्न थे। चन्दर और विट्ठल हमारे साथ थे। उम्ब्रज के स्टैंड से लौटते समय हमारी तेज गति बिलकुल धीमी हो गई थी। जैसे हमें कहीं पहुँचने की कोई जल्दी नहीं थी। लेकिन उतरती साँझ जब आसपास के पहाड़ी इलाके, खाइयों से होकर गुजरने लगी तब मुझे बड़ी शिद्दत से अपना घर—कोल्हापुर—माँ और पिताजी—मेरे भाई की याद सताने लगी। बाप कहीं दूर मुम्बई में घूमता होगा, माँ अपने छोटे बच्चों को लेकर आश्रित की जिन्दगी गुजारती होगी। यह उसकी अपेक्षा रही होगी कि उसका पति बच्चों से बढ़कर उसकी ओर अधिक ध्यान दे। अत: बच्चों की ओर अधिक ध्यान दिये बगैर वह कोल्हापुर में अपने में ही मग्न, नाराज होकर बैठी होगी। बच्चों को खिलाने के उद्देश्य से ही वह खाना बनाती होगी...मेरी स्थिति तो उससे भी बदतर थी। दोनों ओर से छोड़ दिया गया था मैं। लेकिन माँ के प्रति मेरा स्नेह छूट नहीं रहा था। इसलिए उन माँ बच्चों का वहीं पर रातभर रुकने का इरादा मुझे कुछ खास पसन्द नहीं आया था। दिनभर पैदल चलने से बदन पूरी तरह टूट रहा था। चाबुक की मार और दर्दभरा नाखून अपनी याद दिला रहा था। यूँ ही रातभर यदि हम चलते रहे तो कभी न कभी कोल्हापुर पहुँच ही जाएँगे, इसका मुझे यकीन था। लेकिन उन्हें कोई जल्दी नहीं थी। मुझे सिर्फ माँ-बाप ने छोड़ दिया था लेकिन उन्हें तो पूरी मानवजाति ने खदेड़ा था। उनके लिए कोई जल्दी नहीं थी। उस पूरे परिवार को यूँ ही छोड़ा गया था जबकि मेरी बात अलग थी।

इतने में रातभर पैदल चलने के विचार को तथा मेरी पूरी सोच को बिखरा देने की घटना हुई। एक भरी-पूरी पुलिस वैन, हॉर्न बजाते हुए तथा तेज रोशनी फेंकते हुए हमें पीछे छोड़ आगे चली गई। मैं बोर्डिंग से भागा हुआ लड़का, एक गुनहगार! पुलिस वैन की उस दहशत को मैं अपने शब्दों में बयाँ नहीं कर सकता। निश्चित रूप से वह गाड़ी सातारा से मेरी खोजबीन में भेजी गई होगी। शायद उन्हें लगा होगा...यह भागा हुआ लड़का यूँ ही बीच रास्ते में कहीं तो मिलेगा...उसे पकड़ा जाएगा...बड़ी बेदर्दी से...और सातारा को वापस लाया जाएगा।

हमें पार कर आगे चली गई गाड़ी को देखकर मैं अचानक रुक गया। पसीना छलछला आया। दिमाग और चलना, दोनों रुक-से गए। वैसे राधाक्का मेरी इस दहशत को जानती थी। उसने मेरी स्थिति को जान लिया। वह रुक गई। पीछे आ गई। मेरा हाथ पकड़कर मुझे अपने साथ चलाते हुए उसने कहा, "डरना मत। तुम मेरे बेटे हो। मयने तुमकू सुबे बताया, पूरी दुनिया तुम पर उलट जाएगी तो बी यह रादाक्का तेरे साथ रहेगी। तुजे संबालेगी..."

सौभाग्यवश, वह पुलिसवैन वैसे ही आगे बढ़ गई और बाद में मेरी आँखों से ओझल हो गई। लेकिन उस गाड़ी ने उस वक्त जो दहशत पैदा की थी, वह आज भी मेरे दिलोदिमाग पर कायम है। शायद हजारों सशस्त्र सिपाहियों से मुझे डर नहीं लगेगा लेकिन वह नीली पुलिसगाड़ी मुझे आज भी डराती है।

अब अँधेरा छा गया था। इक ओर पहाड़ों की खाइयों में कुछ घरों के छप्पर दिखाई दे रहे थे। अभी भी आदमी को पहचाने जाने योग्य रोशनी माहौल में थी। रास्ते से एक ओर, अन्दर बड़ा-सा पेड़ था, पेड़ का विस्तार काफी था और उसके बाद खेती थी। शायद वह सचेगाँव का इलाका होगा।

"यहीं पर हम रुकेंगे।" राधाक्का ने उस पेड़ के नीचे बैठते हुए कहा।

"यहाँ?" राणू ने गुस्से से पूछा। "तेरी माँ कू...तुमकू कोई अकलबिकल हय कि नय? यहाँ ठंड से जान जाएगी सुबे को...साँप-कीड़े रहेंगे रातकूँ... तो हो भूत की तुम माफिक...तुमारा क्या?"

अपने बेटे की टिप्पणी पर राधाक्का हँस दी। "मेरेकूँ नय डर लगता किसी का...डरने का क्या?...किस कूँ?...मय तो भूत ही हूँ..." फिर मेरी ओर मुड़कर उसने आदेश दिया, "अय, देक जा जरा आजू-बाजू में, झरना-बिरना, नहर, कुआँ-बिआँ हय क्या? खाने के बाद पानी तो मँगता हय...?"

मैं वहाँ से तुरन्त निकला। राधाक्का की आज्ञा का उल्लंघन करना, मेरे लिए सम्भव नहीं था। सामने दिखाई देनेवाली हरियाली के बीच मैं अकेला पानी खोजने हेतु चल दिया। कोलतार की सड़क पर लगातार चलने से पैर के तलुए छिल से गए थे। अब जल्दबाजी में ठेस लग गई। वेदना से पैर का अँगूठा आँखों के सामने बिजली की तरह कौंध गया। अँगूठे को हाथ से दबाते हुए मैं नीचे बैठ गया। वैसे अँगूठे से खून नहीं निकला था। मैं उसी दुखते अँगूठे के साथ लँगड़ाते हुए फिर से पानी की खोज में जुट गया।

उम्ब्रज स्टैंड पर उस वक्त नल थे या नहीं, मुझे याद नहीं लेकिन राधाक्का की बात सौ फीसदी सही थी। होटलवाला हमें पानी देता या नहीं इसका पता नहीं था। ऐसे में जंगल से एकाध झरना या कुआँ ढूँढ़ना ही उचित रहता। शायद किसी रात, किसी पराए मर्द ने "उसके साथ बदसलूकी की होगी, इसलिए पराए लोगों के बीच रात गुजारना, उसे नागवार गुजरता होगा। उसके कुछ निर्णय बड़े ठोस थे। बहुत देर तक खोजबीन करने के पश्चात् एक टूटा-फूटा कुआँ दिखाई दिया। कुआँ पानी से लबालब भरा हुआ था फिर भी उस पानी का उपयोग क्यों नहीं किया जा रहा था, इस बात को मैं समझ नहीं पाया। कुएँ पर रहट थी, पानी खींचने का चरसा था। लेकिन सब कुछ टूटा हुआ था। बैलों को चलने हेतु बनाया रास्ता भी उखड़ गया था। कुएँ के इर्द-गिर्द छोटे-बड़े पौधों का जंगल था। एक बड़ा-सा पेड़ भी था। तेजी से बढ़ता हुआ एक शमी का पेड़ भी वहाँ था।

ऐसे कुएँ मेरे देखे हुए थे। सुनसान कुआँ और रहस्य-रोमांच तथा सुनसान घरों में भूतों का निवास होता है। लोगों का मानना था कि वहाँ लागीर (भूतबाधा) होती है या फिर पानी के सहारे साती आसरा (देवियों) का निवास होता है। उस वक्त मैं भी ऐसी बातों में विश्वास रखता था। गाँव-कस्बों में एकाध पेड़ होता था, जिसके सहारे भूत (लागीर) रहते थे तथा ढलती शाम को उस पेड़ के

नीचे से गुजरनेवाली औरत को अपने कब्जे में कर लेते थे। कुओं के बारे में भी ऐसी किंवदंतियाँ सुनाई देती थीं। मैंने रहट के रास्ते से नीचे कुएँ में झाँका। पानी पूरी तरह से शैवाल तथा जंगली बेलों की जड़ों से भरपूर था। उन जड़ों की भीड़ में किसी ने आटे के बनाए हुए दीये और चढ़ावा छोड़ रखा था। मैं थर्रा गया उस दृश्य को देखकर। दीये कब के बुझ गए थे। शायद कल-परसों किसी ने कुएँ में वह 'टोकरी' छोड़ दी होगी। किसने उस बंजर खेतों में मौजूद उस सुनसान कुएँ में 'टोकरी' छोड़ी होगी? 'टोकरी' छोड़ने के तरीके को मैं जानता था। बकरे के कलेजे का टुकड़ा, खोपरा, छुआरा जैसी स्वादिष्ट चीजें पानी पर छोड़ दी जाती थीं, जड़ों के बीच टोकरी में मौजूद चढ़ावे की चीजें जस की तस थीं। मेरी लार टपकने लगी। लेकिन नीचे उतरकर उन जड़ों के जंजाल से उस टोकरी को खींचकर 'चढ़ावे' को खाने की मुझमें हिम्मत नहीं थी। अब अँधेरा भी घिर आया था। मैं वापस आकर राणू को बुलाना चाहता था। शायद उसके जैसे साहसी और निर्भय लड़के के साथ कुएँ में उतरना मेरे लिए सम्भव होता। एक से भले दो!

मैं राणू को पुकारते हुए अपने 'टापू' पर आ गया। पानी की खोज तथा उसमें स्थित चढ़ावे के बारे में सुनते ही राणू और वे दोनों लड़कियाँ शीघ्रता से मेरे साथ वहाँ आ गईं।

राणू ने कुएँ में झाँककर देखते ही कुएँ की दीवार से अन्दर छलाँग लगा दी। अँधेरे में किसी बोरे की तरह वह कुएँ में गिर गया। उसकी छलाँग बड़ी धोखादायी तथा अविवेकी थी। उसकी सोच थी कि खाने के मामले में कुछ भी करना चाहिए। खाने के बारे में आसपास देखे बिना, बिना सोचे-समझे निर्णय लेने की उसकी यही सोच अगले दिन अन्तिम रूप से उसे ले डूबी। दिनभर मैं उसके लालच तथा अविचार के मामले देख ही रहा था। उसने छलाँग सीधे उस जड़ों तथा हरे-भरे नागफन की तरह दिखाई देनेवाले पत्तों के बीच लगाई थी। पानी में स्थित इन पौधों की जड़ें बड़े विचित्र रूप से एक दूसरे में उलझी रहती हैं। राणू का सिर पानी तथा जड़ों से ऊपर था लेकिन उसका पैर उन जड़ों तथा बेलियों के बीच फँस गया था। वह चढ़ावे तक पहुँच नहीं पा रहा था।

लड़कियाँ चिल्ला रही थीं, "अरे, जा...आगे जा...उस टोकरी को पकड़ ले... वहीं पर क्या कर रहेले हो...?"

राणू ने अपने पैरों को उस उलझन से छुड़वाने की काफी कोशिश की लेकिन जितनी अधिक कोशिश वह कर रहा था, उतना ही ज्यादा वह उसमें उलझ रहा था। हालाँकि अँधेरे में उसका चेहरा मुझे दिखाई नहीं दे रहा था न ही मैं उसके चेहरे की भंगिमाएँ पढ़ पा रहा था। लेकिन यह बात मेरी समझ में आ गई कि राणू अब पानी में डर गया है। मैं भी इस तरह की उलझी जड़ों और बेलों के बीच घिरकर पानी में ऊपर-नीचे हुआ था। ऐसे उलझे हुए बेलों में छिपी खास मछली को पकड़ने के काफी प्रयास मैंने किये थे। सहायता मिले बगैर अब राणू वहाँ से छूट नहीं सकता, यह बात मैंने जान ली थी। अँधेरे में ही मैं नीचे उतर आया और कुएँ के नजदीक जाकर मैंने राणू से कहा, "आता हूँ...दम धरना थोड़ी देर के लिए...डरना मत...पानी गहरा नय हय" मैंने पानी में अपने दोनों पैर छोड़ दिये। कपड़े उतारे बिना मैं पानी में उतर गया। पानी कमर तक था। किनारे पर गहरा था। लेकिन अन्दर कीचड़ से पूरी तरह से भरा हुआ था। मेरे तलुओं, पैरों को अन्दर की सूखी लकड़ियों, काँटों ने छिल लिया। वैसे राणू मुझसे अधिक दूर नहीं था। पूरा कुआँ तकरीबन ढाई-तीन पुरसाभर लम्बा था। मैं पैर खींचते हुए आगे बढ़ रहा था। कुआँ पूरी तरह से कीचड़ से भरा हुआ था। घुटने तक पैर कीचड़ में फँसने लगे तब पैर ऊपर उठाकर मैं तैरने लगा। "आ रहेला हूँ। उस बेल को पकड़ना...मुझे मत पकड़ना, वे जड़ें तुम्हें अन्दर खींचेंगी" मैं राणू को धीरज बँधा रहा था। राणू ने उस स्थिति में भी मेरी बात मान ली। मैंने बेलों के जंजाल को पकड़े बिना उसकी जड़ों को पकड़कर खींचना शुरू किया और राणू के साथ वह टोकरी भी धीरे-धीरे किनारे की दिशा में खिंचती चली आने लगी। कुल मिलाकर सिर्फ पाँच मिनटों का यह पूरा वाकया था। बेलों और जड़ों की वह पूरी उलझन लेकर मैं किनारे पर आ गया। अब उससे राणू को मुक्त करना था। बड़ा विचित्र-सा काम था। उन जड़ों के जाल में राणू का घुटना अटक गया था। जड़ों को काटने के बाद ही राणू उससे मुक्त हो पाया।

"बड़े मरद बनते हो! टोकरी लाने और चढ़ावा खाने के लिए गए थे या मरने के लिए?" मेरा गुस्सा जायज था। "मर जाते थे, यूँ ही फोकट में..." राणू की घिग्गी बँध गई थी। कहते हैं, पानी में डूबनेवाले को कभी पकड़ना नहीं चाहिए। उसे हो सके तो दूर से ही सहारा देना चाहिए। अन्यथा डूबनेवाला और बचानेवाला, दोनों का मामला खत्म हो सकता है। इस बात को थोड़ा विस्तार से व्यवहार में लाना चाहिए। मेरा मानना है कि जिन्दगी में अगर कोई अपनी वजह से तथा विवेकहीनता से गिर रहा हो तो ऐसे शख्स की मदद हमें दूर से, किसी को बताए बिना ही करनी चाहिए। बदनामी उस बदनाम आदमी की तो होती है लेकिन अपने बड़प्पन से उसकी मदद करने हेतु जानेवाला भी बदनाम हो जाता है। ऐसे 'डूबनेवालों' को बचाने की मूर्खता मैंने भी बहुत बार की है।

मैंने कुछ शराबियों को रास्ते पर लाने का काम शुरू किया था। लोग उन्हें अपने आसपास फटकने भी नहीं देते थे, उन पर भूँक देते थे, मैं उनके साथ घूमने लगा। तब मुझे भी 'बेकार', 'बिगड़ा हुआ' आदि विशेषणों से नवाजा गया। मैं भी उन 'आदत से मजबूर' और सिर्फ गिरने के लिए ही पैदा हुए लोगों के मायाजाल में फँस गया और अपनी उदात्त भावना को खत्म करते हुए उनके साथ पीने लगा। हुआ यह कि मैं भी शराब के उस जानलेवा जंजाल में फँस गया। तब खुलेआम मुझे बुरा-भला कहा जाने लगा। 'किनारे पर' बैठे हुए लोगों ने ही नहीं बल्कि मुझ जैसे डूबनेवालों ने भी मुझे कोसा।

राणू और मैंने अँधेरे में ही उस टोकरी पर कब्जा कर लिया और हम राधाक्का के पास आ गए। वे दोनों लड़कियाँ उस टोकरी पर कब से नजर गड़ाये बैठी थीं लेकिन मैंने उन्हें हकाल दिया था। "सब मिलकर खाएँगे... कितना खाती हो...दिनभर तो खा ही रही हो।" मैंने उन्हें गुस्से से कहा लेकिन उन स्वार्थी लड़कियों पर कोई असर नहीं हुआ।

हमने बड़ी शान से दिनभर भीख माँगकर इकट्ठा किया हुआ खाना, टोकरी का वह बदबूदार चढ़ावा, गोद में रखते हुए चाव से खाया। फिर दो-दो की जोड़ी बनाकर उस कुएँ का गन्दा पानी पीकर लौट आए और बड़ी तृप्ति से उस पेड़ के नीचे पसर गए।

तृप्ति के सम्बन्ध में यानी पेटपूजा और ईशपूजा दोनों के बारे में मेरी सोच कुछ अलग है। तृप्ति से भी अधिक महत्त्वपूर्ण होती है तृप्तिविषयक सोच, जो व्यक्तिसापेक्ष होती है। अब मुझी को देखिए न। मैंने भीख माँगकर खाया, बहुत गन्दा पानी पीकर पेट की आग बुझाकर मैं शान्त हो गया। दिनभर की मेरी थकान मिट गई...उसके बाद मैंने कई बार बेहतरीन से बेहतरीन भोजन किया है। अनेक स्वाद चख लिये हैं, लेकिन उस दिन जैसी तृप्ति मुझे फिर कभी नहीं मिली। उस दिन जैसी डकार आज भी मैं नहीं ले पाता। उस दिन के उस खाने का स्वाद आज के स्वादिष्ट खाने में मुझे नहीं मिलता। हालाँकि यह मेरे मन की सोच है जो व्यक्ति के दिल पर उकेरी गई घटनाओं की मुहर होती है। इसलिए पेटपूजा या ईशपूजा दोनों के बारे में मैं जब कुछ पढ़ता हूँ, मैं बोरियत से भर जाता हूँ। "आए, इस ढोर के बच्चे ने इस रान्या को मरने से बचाया...नय तो ये कुओं में डूब ही जाता..." खाते-खाते बायजी ने राधाक्का को बताया। यह सुनते ही खाते हुए राधाक्का का कौर गले में ही अटक गया। अँधेरे में ही वह हड़बड़ाकर मेरी तथा राणू की ओर बारी-बारी से देखने लगी। राणू की ओर देखते हुए उसने चिल्लाकर पूछा, "क्यों रे रान्या, तुजे तिकटी पर बिठाया...भड़ुए...काय कूँ गया था मरने के वास्ते? ए आस्सुक्क्या, क्या हुआ रे?" मैंने पूरी घटना के बारे में उसे संक्षिप्त जानकारी दी। लेकिन यह कहते हुए मैंने अपना बड़प्पन भी जतलाया कि यदि मैं नहीं होता तो राणू निश्चित रूप से आज उस बेलों के जंजाल में तथा कीचड़ में फँसकर मर गया होता। मेरी इस बात का समर्थन उन दोनों लड़कियों ने भी किया।

बात सुनकर राधाक्का की तो भूख ही मर गई। "तुम भड़ुए, मरने तक मेरी जान ऐसीच टँगी रखोगे...तुम तो अपने बाप की तरह नमूना हो...तुम जइसे लोगों का दूसरों को तो नय खुद को बी कोय उपेग नय।"

"ऐ, मेरे बाप का नाम नय लेने का...मुजे बोलना, जो बोलना हय वो..." राणू को अब गुस्सा आया था। अपने बाप को लेकर राणू की भावनाएँ मैं जानता था। अपने बाप के बारे में बड़े सम्मान से बात करते हुए मैंने उसे सुना था।

"तेरा बाप, मेरा कुच बी नय लगता क्या रे?" राधाक्का ने कहा। अपने पति के बारे में उसके शब्दों में गुस्सा था या सराहना थी, यह बात मैं तब समझ नहीं पाया। मैं इतना ही जानता था कि हारळ्या नाम के महार (हरिजन) की वह पत्नी थी तथा ये उनके बच्चे। थोड़ी देर में लड़कियों ने भी बाप का पक्ष लेते हुए माँ को गालियाँ बकना शुरू किया। तब राधाक्का का विरोध और गुस्सा थोड़ा कम हुआ। उसने राणू को समझाया, "बाबा, मय तो तेरे पैर पड़ती, लेकिन जिससे तुजको धोका हो, ऐसा कुच बी मत करना। आज इस ढोर बच्चे ने बचाया, कल कऊन आएगा, बचाने कूँ? और बेटा..." अब उसकी आवाज में प्यार, ममता, सराहना सब कुछ था..."इस तरह मत रयना रे, सिर सलामत तो पगड़ी पचास...जान बचेगी तो सब कुच...हाथ-पैर होंगे तो कुच कर सकेंगे नय तो कुत्ता बी अपने से बड़ा। दुनिव्या में कोय किसी का नय। तुम लोगों ने तो सब कुच देका है। खून के भाय-भैनों ने भी घर से बाहर फेंका, पत्थर से मारा अब तो जमीन अपना बिछोना और आसमान अपनी चद्दर, ओड़ने के लिए। इसमें से बचकर रयेंगे तो वकुत का खाना नसीब होगा, नय तो...मय बी क्या तुमारे जलमभर थोड़ी ही रहूँगी?...ये बच्चा आस्सुक्क्या, बी कल जाएगा, अपने रास्ते से...फिर कब मिलेगा...न मिलेगा...आज इसने बचाया...कल तेरे लिए कहाँ से आस्सुक्क्या आएगा...संबलकर रयना...मैं कब तक चिन्ता करते मरती रहूँ, कब तक सम्बालती रहूँ, तुमकूँ?" राधाक्का यूँ ही बड़बड़ा रही थी। राणू अब गम्भीरता से सब सुन रहा था। शायद माँ की बात वह समझ रहा था। वह गहराई से सोचने, समझनेवाला बच्चा था। बायजी, भिमी पर इसका कोई असर नहीं हुआ। वे तो कब की सो गई थीं। विट्ठल और चन्दर माँ की गोदी में सिर रखकर कुछ सुनते हुए आधी नींद में जाग रहे थे, सो रहे थे। हम तीनों ही जाग रहे थे।

राणू बिलकुल नि:शब्द था, तस्वीर की तरह! वह चुपचाप बैठा था। उसके बालमन में उस रात, अपनी जिन्दगी की आखिरी रात में क्या सोच पनप रही थी, यह मैं जान पाता तो अच्छा होता। वह कुछ बात नहीं कर रहा है, यह देखकर राधाक्का मुझसे बातें करने लगी। यानी उसने अपनी पूरी राम कहानी,

दुनिया, मानवजाति तथा रिश्तेदारों को गालियाँ बकते हुए मुझे सुनाई। (मेरे 'मेलेलं पाणी' नामक (मराठी) उपन्यास में मैंने राधाक्का के पति हारळ्या के बारे में लिखा है। वहाँ मैंने राधाक्का तथा उसके दो बच्चों के बारे में भी कहा है। लेकिन हारळ्या की चरित्रगत विशेषताओं को मैंने दो-तीन पात्रों में बाँटा है।)

हारळ्या ने दूसरे महायुद्ध में हिस्सा लिया था। वह ब्रह्मदेश, अफ्रिका के ब्रिटीश फ्रंट पर था। आखिर सिंगापुर में जब वह जापानियों के घेरे में फँस गया तब उसमें मौजूद 'महार' अस्मिता जाग गई। राधाक्का कुछ बढ़ा-चढ़ाकर नहीं कहती होगी, तो उसके अनुसार अकेले हारळ्या ने ढाई सौ से अधिक जापानियों को अपनी संगीन से मार डाला था तथा ब्रिटीश सेना को उस घेरे से बाहर निकाला था। उसे उसके लिए पुरस्कृत भी किया गया था...लेकिन वह जमीन चाहता था, रोजी-रोटी देनेवाली जमीन...उसे वह भी मिल गई।

लड़ाई के बाद हारळ्या घर लौटा। उसे पुरस्कार के रूप में मिली पथरीली, बंजर भूमि के साथ जूझने लगा। उसके माँ-बाप, पत्नी उस जमीन पर कठोर परिश्रम करते थे लेकिन कठोर परिश्रम के बाद मिली हुई रोटी भी उसे नसीब नहीं हो पाई।

हारळ्या की एक और विशेषता थी। वह आशु कवि था। तमाशा की जुगलबन्दी में वह माहिर था। 'ढोलक बहाद्दर' के रूप में उसने काफी प्रशंसा अर्जित की थी। ढोलक बजाने की कला में जो बारीकियाँ हैं, यदि उन्हें हमें जतन करना है तो महार-मातंगों से उन्हें रिकार्ड कर अर्काइवज् में रखना पड़गा। उन लोगों की पटुता का कोई सानी नहीं है। मैंने ढोलक की ऐसी अनेक जुगलबन्दियाँ सुनी हैं और उनकी कला की पटुता से मैं अवाक् हो गया हूँ। हारळ्या की उँगलियों में, जुबान पर कला का निवास था लेकिन उसके दिमाग में शिक्षितों में पाया जानेवाला विवेक नहीं था।

अपने बाप के कितने ही गीत राणू को मुँह जबानी याद थे। उसने अनेक गीत मुझे सुनाये भी थे। तब मैं उन गीतों में मौजूद अर्थ को बारीकी के साथ समझ नहीं पाया था। लेकिन वे सारे गीत जीवन में मौजूद विविधता और संघर्ष के रंगीन चित्रण से भरे थे। इस बात को भी मैंने अब जाकर महसूस किया है।

उंब्रज के एस.टी. स्टैंड पर जो गाना उसने गाया था वही मैं याद रख सका। वह भी इसलिए कि वह अभूतपूर्व घटना और उसकी सारी पर्तें आज भी मेरे दिमाग पर उतनी ही मजबूती से अंकित हैं।

यह हुनरबाज हारळ्या कुछ समय के लिए पंढरपुर के दरवाजे के पास भी धरना देकर बैठा था। वहाँ से उसे हकाल दिया गया।

राधाक्का के लिए यह बात भी एक अनबूझ पहेली थी कि यह हारळ्या अचानक डाकुओं की टोली में क्यों और कैसे शामिल हुआ? उसके हाथों तीन साहूकारों की हत्याएँ कैसे हुईं? उसने यह रास्ता क्यों अपनाया?

हारळ्या फरार हो गया और उसके बाद वह अपने परिवार को भी देख नहीं सका। उसे पकड़ा गया, उसे फाँसी की सजा हुई, उसे काले पानी पर भेज दिया गया—आदि कई अफवाओं को राधाक्का ने सुना लेकिन असल बात को समझने की गहराई उसमें नहीं थी। हारळ्या की जमीन सरकार ने कब्जे में ले ली। इस अपमानजनक बात को सह नहीं सकने से उसके माँ-बाप मर गए और उसके बच्चे और पत्नी गाँव से बाहर हो गए। वैसे मेरे उपन्यास का हारळ्या अलग है। मैंने उपन्यास लिखते समय तय कर लिया था कि सिर्फ उसका नाम, उसकी पत्नी का नाम उस उपन्यास में होना चाहिए और केवल उनकी यादों को सँजोया जाना चाहिए। हालाँकि हारळ्या की सच्ची कहानी उसके नाम, गाँव के विवरण के साथ ज्ञात होने के बावजूद उसे बताने में मुझे कोई दिलचस्पी नहीं है। मैं नहीं चाहता कि उसे उतना महत्त्व दिया जाए।

रात में नींद ने हमें कब अपनी आगोश में लिया, पता ही नहीं चला। साथ ही, किस बात से मैं जाग गया, यह भी मेरी समझ में नहीं आया। चारों ओर घटाटोप अँधेरा था। दूर कहीं पर रोशनी के एकाध-दो बिन्दु दिखाई दे रहे थे। उंब्रज गाँव तो नजर के उस पार था। वैसे देखा जाए तो मुझे नींद ही नहीं आ रही थी। जिस चट्टान पर मैं सोने की कोशिश कर रहा था, उसी चट्टान पर मेरे बदन के नीचे आनेवाले कंकड़ों को मैं बीन रहा था और सोने की कोशिश कर रहा था। मेरे आसपास ही राधाक्का और उसके बच्चे गहरी नींद में सोये हुए थे। रात के कितने बज गए थे, कुछ पता नहीं चल रहा था, शायद मध्यरात्रि बीत चुकी होगी।

चाँद आसमान में था और चाँदनी पूरे माहौल को दूध से नहला रही थी। मैं कब कोल्हापुर पहुँच पाऊँगा? इस अनाथ, खानाबदोश परिवार का प्रश्रय लेकर, उनके अनुसार, उनके पीछे चलकर मैं कहाँ तक पहुँच पाऊँगा? इस सोच से मेरा दिमाग भन्ना रहा था। उनके पास भी कोई ठोस सहारा नहीं था। जहाँ भी वे पहुँचना चाहते थे, वे उन्हें हमेशा के लिए रख लेंगे, ऐसी बात भी नहीं थी। राधाक्का का अनुमान था कि वे लोग भी शायद शिष्टाचारवश या लोगों की शर्मवश उन्हें चार दिन रख लेंगे और फिर रास्ता नापने के लिए कहेंगे। अगर वह कुछ अलग सोचकर किसी और गाँव के रिश्तेदार के पास जाना तय करती तो मैं कहीं का नहीं रहता।

आसमान पर चमकनेवाले तारों को देखकर बहुत सी पुरानी यादें ताजा हो आईं। एक सुनी-सुनाई कहानी भी याद आई। संकट में घिरे किसी मासूम की पुकार सुनकर शंकर-पार्वती का आकाशस्थ विमान ठहर जाता है। उस दुखी गरीब की पुकार, करुण शोक सुनकर पार्वती-शंकर से उसे संकटमुक्त करने का विशेष अनुरोध करती है। मैं सोच रहा था, यदि उनका विमान अब भी गुजर रहा होगा तो क्या वे मेरी इच्छा को जानेंगे? क्या उस इच्छा को वे पूरा करेंगे? वह रात—वह शेष रात मैंने ऐसे ही बिताई, कल्पना में विचरण करनेवाली सुखकारक, आशादायी बातों की कल्पना करते हुए। मैं अभिभूत था, उन बातों से। आज भी जब उस घटना को याद करता हूँ, उदासी मुझे घेर लेती है। कभी न कभी हमें कोल्हापुर तक पहुँचना था। लेकिन कोल्हापुर पहुँचने के बाद आगे क्या, यह सवाल मैंने कभी खुद से पूछा नहीं। इस बात को मैं दूसरे स्तर पर पहुँचकर अलग अन्दाज से कह सकता हूँ। हर इनसान या प्राणी की इच्छा किसी लक्ष्य-गंतव्य तक पहुँचने की होती है। या वह चाहता है कि उसकी महत्त्वाकांक्षाएँ, इच्छाएँ, अपेक्षाएँ, पूरी होने पर वह सुखी होगा। या फिर उनकी सहज प्राप्ति पर इस सोच से कि वह महत्त्वपूर्ण नहीं थी इसलिए मुझे आसानी से मिल गई, वह नाराज भी हो जाता है। हालाँकि मेरी एक भी महत्त्वाकांक्षा पूरी नहीं हो पाई, जो मैंने चाहा, तय किया, उससे अप्रत्याशित, अवांछित ऐसा कुछ मुझे मिलता गया। मैंने जो भी निर्धारित किया, उससे विपरीत घटता गया।

अधिकतर विपरीतता ने अपने रंग-ढंग दिखाए, परिणामस्वरूप लक्ष्य प्राप्ति के आनंद का विश्लेषण करने का अधिकार मुझे नहीं मिल सकता। लेकिन कुछ लोगों की जीवनी से सीख लेकर मैंने अपने एक निर्णय को अन्तिम रूप दिया है। मेरा मानना है कि बड़ा पद, ऋद्धि, सिद्धि, राजपाट, सत्ता, सम्पत्ति, सुन्दरियाँ आदि चीजों की प्राप्ति सुखदायी होने के बजाय दुखदायी होती है। डॉक्टर द्वारा शक्कर में घोली हुई कड़वी दवा, समझ लीजिए। वह सिर्फ एहसासभर होता है, निरन्तर चलती अतृप्ति और आकांक्षाओं को पूरा करने के पश्चात् मिलनेवाले सुख का! इन्हीं बातों पर मानवी जिन्दगियाँ निर्भर करती हैं।

एक बार सिर को ढकने की असफल कोशिश में राधाक्का का जीर्ण आँचल बुरी तरह से फट गया। तब उसी स्थिति में हँसते हुए उसने कहा था, "पूरा जनम, इन फटे-पुराने, सड़े हुए कपड़ों का...नय लाज ढकती हय, नय कपड़ा बचता हय। अब लोगों की शरम वास्ते नंगे नय रय सकते इसलिए वहींच ढकने का सिरफ..."

उसकी बातों की गहराई से मैं अब वाकिफ होने लगा हूँ।

दूसरा दिन

उस दिन सुबह से चन्दर बड़े अच्छे मूड में था। बाप ने उसे कभी 'लेपराइट' कर दिखाया होगा। चन्दर अपने खुले, काले कूल्हों को नचाते हुए सुबह के ठंडे रास्ते पर 'लेपराइट, लेपराइट' करके चल रहा था। चन्दर यानी मृत सुन्दर का जुड़वाँ भाई। जुड़वाँ बच्चों के हिसाब से जरा मोटा-सा, स्वस्थ। मरा हुआ बच्चा जन्म के साथ ही रोगी और मरियल-सा था। सुन्दर की बीमारी की वजह बताते हुए राधाक्का ने कहा था—"जब पेट से थी, ग्रहण सम्बाला नय।" लेकिन चन्दर मजबूत था। रात की बची आधी रोटी खाते हुए बड़े शान से अपनी ही मस्ती में चल रहा था। "आज सांज तक कोलापुर, आएगा आक्का?" मैंने बड़ी चिन्ता से पूछा था।

"वो कहाँ जाएगा? कबी तो आएगाच...इस सड़क पर कई दूर हय, वहाँ तक रस्ता जाताय। हमकूँ सिर्फ चलना पड़ेगा, कोलापुर आएगा। कोलापुर ही कायकू? उसके आगे बी रास्ता जाताय...पूरी दुनिया में..."

"पर आज?"

"कयसी बात करता हय...मैं अनाड़ी औरत...पर कोलापुर भोत दूर हय..."

मैं चुप रह गया।

राणू पूरी रात मुर्दे की तरह सोया था। रात का वह जानलेवा वाकया उसे याद आ रहा था। लेकिन उसके लिए उस घटना का महत्त्व और सीख खत्म हो गई थी। "आज पेड़ पर चढ़कर, इमली, जामुन, आम, जो कुच बी मिलेगा, वो निकालेंगे...कैसे...?"

उसने शायद मेरी हामी को मान ही लिया था। लेकिन राधाक्का का आधा ध्यान उसकी बातों की तरफ था।

"आस्सुक्क्या, उस नालायक की बात पर मत जाना...तुमकूँ कुच हुआ तो तेरी माय-बाप का श्राप मेरे बच्चों को भोगना पड़ेगा...ये जंगल, इसमें साँप, बिच्चू, सियार, कुत्ते, सब हयती..."

उसकी बातों की वास्तविकता हमने शीघ्र देखी। रोटी खाकर हम सबसे आगे 'लेपराइट' करते हुए जानेवाला चन्दर "आएऽऽ...आएऽ" चिल्लाते हुए वापस लौटा।

"भोत बड़ा साँप रास्ते पर लेटा हय।"

और उस दिन हमें सही मायने में उस आवाजाही विहीन सुनसान रास्ते पर पूरी तरह से विकसित लेकिन 'मजेदार' साँप देखने का मौका मिला। अब साँपों, नागों के जहरीले, जहरविहीन आदि वर्गीकरण में मुझे कोई दिलचस्पी नहीं है। लेकिन चन्दर से वह विचित्र समाचार पाकर हम भी बड़ी सावधानी से आगे बढ़ने लगे। जरा डर भी गए थे। वह साँप लगभग छह-सात फीट लम्बा था। किसी पहलवान की बाजुओं की तरह उसकी मोटाई थी। सुबह की ठंडी हवा तथा ठंडे और मुलायम रास्ते पर वह बड़ी सुस्ती और मस्ती में फैला हुआ था। उसका हिलना-डुलना भी आराम से हो रहा था। काले-कबरे शरीर का वह साँप काफी मजबूत था। हमें देखकर वह डरा नहीं, पता नहीं उसने हमारा आना महसूस किया भी या नहीं। वह अंधा बिलकुल नहीं था। लेकिन हमारे चन्दर की तरह वह भी सुबह की मस्ती भरे मूड में था, शायद!

वह बीच रास्ते पर फैला हुआ था। अपने शरीर की गठरी में से कहीं से उसने अपनी गर्दन बाहर निकाली और फन उभारकर अपनी लाल जीभों को वह चमकाने लगा। उसने हम लोगों को देखा, बड़े ध्यान से देखा। लेकिन जिस ढंग से वह बैठा था, उसमें खलल डालने का उसका इरादा बिलकुल नहीं था।

राधाक्का ने तुरन्त हाथ जोड़ दिये।

"नागराज, तुम मेरे भाय हो...इस मुलुक के राजा हो, तुमारा बड़प्पन बी बड़ा हय...मय, तुमारी भैन की तरह हूँ। मेरे बाल-बच्चे वैसेच तेरे बी हय... हमकूँ रास्ता छोड़ना...आशीरवाद देना..."

राधाक्का बड़ी भावुकता से, उसे सुनाई दे, इतनी तेज आवाज में बातें करने लगी। हमने भी बड़ी विनम्रता से हाथ जोड़ दिये। फिर भी वह वहाँ से हिला नहीं। एकाध नाराज बच्चे की तरह उसने अपना फन अपने शरीर में फिर से छुपाया।

हमने थोड़ी देर तक इन्तजार किया। राधाक्का ने इशारे से हमें उसके पीछे-पीछे आने के लिए कहा और वह स्वयं सबसे आगे बड़े धीरज के साथ बढ़ने लगी। मैंने चन्दर को पकड़ लिया। राणू ने अपनी बहन का हाथ पकड़कर उसे चुप बैठने का इशारा किया। हम उस काले साँप तक पहुँच गए। यानी उससे छह-सात फीट की दूरी पर रास्ते की एक ओर से हम जाने लगे। अचानक वह काली पोटली हिल गई...हमारा दिल भी उसी अन्दाज से हिल गया। उसके बाद उस साँप ने जो भी हरकतें कीं, जो काम किया, क्या वह सब साँप कर सकते हैं? क्या साँप के दिमाग, बुद्धि होती है? इन सब सवालों को लेकर मैंने अनेक जानकार लोगों से पूछताछ की लेकिन साँप की प्राकृतिक आदतों के बारे में कोई भी व्यक्ति स्पष्ट और विस्तृत रूप से बता नहीं पाया।

वह साँप अपनी बैठने की स्थिति से बाहर निकल आया और पीछे मुड़कर ठंडे रास्ते से दूसरी ओर गायब हो गया। यह देखते ही राधाक्का के साथ हम सब आगे दौड़ने लगे। अचानक वह गायब हुआ साँप हमसे भी आगे निकलकर रास्ते के बीचोबीच आकर वैसे ही कुंडली मारकर हमारी ओर देखते हुए बैठ गया।

राधाक्का और हम सब देखते ही रह गए। क्या किया जाए, हमारी समझ में नहीं आ रहा था। यह साँप क्या चाहता है? वह हमारे रास्ते में क्यों आ रहा है? साँप ने मिनटभर के लिए उसकी जो आसन की स्थिति थी, उसे छोड़ दिया, किसी मस्तमौला की तरह लहराते हुए वह रास्ते के एक ओर आया। फिर दूसरे छोर पर गया फिर वापस आया और उसी अन्दाज में वह आगे बढ़ता गया। हम अवाक् होकर उसे सिर्फ देख रहे थे। वह शायद यही दिखाना चाहता था कि यह पूरा रास्ता उसका अपना है और हम सब उसके राज में मेहमान हैं। पूरे रास्ते पर आड़ा-टेढ़ा चलते हुए वह बहुत आगे निकल गया। हम भी राधाक्का के पीछे-पीछे चलने लगे।

और पीछे से बड़ी तेजी से आवाज करते हुए आया, एक ट्रक। ट्रक सामान से लदा हुआ था। लोहे के पत्रों को बड़ी रस्सियों से बाँधा गया था। हॉर्न की आवाज के अलावा मीलभर दूरी से भी वह ट्रक अपने आने का एहसास जतला रहा था। हम सब झट से रास्ते की एक ओर हो गए। अब उस साँप का क्या होगा? ट्रक ड्राइवर ट्रक रोकेगा या साँप को कुचल देगा या फिर साँप बच जाएगा?

ठंडी हवा का तेज झोंका छोड़ते हुए ट्रक तेजी से आगे निकल गया। उस साँप का वह अजीबोगरीब सर्पनृत्य हम दूर से भी देख पा रहे थे। वह ट्रक पलभर में नजरों से ओझल हो गया।

हम जब उस साँप को पार कर निकले तब उस साँप के चिथड़े हुए शरीर को हमने बड़े दुख से देखा। कुछ ही पल पहले अपने रोबदार व्यक्तित्व से उस पूरे रास्ते पर अपनी मालिकी को बयाँ करनेवाला वह प्राणी अब खून और मांस के चिथड़ों में तब्दील हो गया था। उसके शरीर के बीच के हिस्से को ट्रक के टायरों ने रौंद दिया था। उसकी गर्दन कहीं और पड़ी थी और पूँछ अब भी हिल रही थी। बड़ा करुण दृश्य था वह! राधाक्का अचम्भित थी और हड़बड़ा गई थी, कुछ पल पहले उसने उस नागदेवता से जो भी कुछ कहा था, वह उसे याद आ रहा होगा...शायद! वह किसी उधेड़बुन में पड़ गई होगी।

हम उसी रास्ते से उस ठंडे माहौल में बड़ी तेजी से कोयना मोड़ आने तक चलते रहे। रात के पेट भर खाने ने हममें ताजगी भर दी थी। नदी के पास अपने प्रात: कर्मों से निपटने की बात हमने तय की। नदी का पूरा परिसर घने कोहरे में छिप गया था। उस साँप की उस अपघाती मृत्यु ने हमें भी कुछ देर के लिए दुखी कर दिया था।

बहुत देर तक सोचने के बाद राधाक्का ने कहा, "एक तरह से अच्छा ही हुआ...पागल जानवर था। किसी कूँ बी काटता तो वह मरता पानी बी नय माँगता।"

"तुमने कायकूँ हात जोड़ा?" मैंने पूछा, "हात जोड़ने से क्या वो तुमकूँ काटता नय?"

"अरे बाबा, दुनिव्या की रीति हय...इसलिए मैंने बी हात जोड़ा। जिसका डर लगता है, उसकूँ हात जोड़नाच अच्चा। देक बेटा, दुष्ट का सामना करना हय तो अपने पास दस गुना दुष्टता होनी चाहिए। जिसके पास वो नय हय, उसे तो दुष्टता की पूजा करनी होगी। हम गरीब, लाचार लोग। हरेक को हात जोड़ते हय, इसलिए जिन्दा हय..."

राधाक्का की बात सही थी। उस जैसे लोगों को यदि इस दुनिया में जीना होगा तो शक्तिशाली लोगों के पैर पड़ने होंगे। यह मानवीय स्वभाव है, समाज व्यवस्था नहीं।

कोयना नदी का पुल पार करने के पश्चात् राधाक्का ने फिर एक बार बड़ी भक्तिभावना से हाथ जोड़ दिये। "ये तो दुनिव्या की माय माऊली हय, उसको हात जोड़नेच होगे" ऐसा कहते हुए उसने हमें भी हाथ जोड़ने का आदेश दिया।

सुबह के शायद नौ बज गए होंगे। राणू और लड़कियाँ चाहती थीं कि फिर एक बार कराड़ एस.टी. स्टैंड पर जाकर भीख माँग ली जाए। उनकी बातें सुनकर मेरे पसीने छूट गए। कराड़ में हमारे परिचित बहुत रिश्तेदार थे। कोई न कोई मुझे देख ही लेता क्योंकि कराड़ बहुत छोटा-सा शहर...वहाँ के एस.टी. स्टैंड पर भीख माँगना...वह भी मैंने...इतने बड़े आदमी का बेटा शर्म, हया छोड़कर भीख माँगेगा?

लेकिन अबकी बार मैंने 'उस भीख माँगने' का कड़ा विरोध किया। राधाक्का भी कराड़ में जाना नहीं चाहती थी। उसे कराड़ नाम से सख्त नफरत थी। कराड़ में उसका एक देवर रहता था, जिसका सहारा राधाक्का लेना चाहती थी लेकिन उसने राधाक्का का नाजायज फायदा उठाना चाहा और जब उसने इस बात का विरोध किया तब उस पर चोरी करने की तोहमत लगाकर उसे घर से बाहर कर दिया था।

राधाक्का इसी वजह से कराड़ में जाना नहीं चाहती थी लेकिन भीख माँगने हेतु उसका विरोध नहीं था विरोध मेरा था।

"मय अपना अकेलाच आगे जाता हूँ। पूछते-पूछते जाऊँगा...पर कराड़ में नय आऊँगा...मुजे पयचानेंगे वहाँ के लोग..."

राणू को मुझ पर गुस्सा आया, "बड़ा आया पैचानवाला। फिर कल कायकूँ पत्थर बजाते मेरे पीच्छे-पीच्छे आया था तू..."

"वहाँ मुजे कोय बी पयचानता नय था।" मैंने जवाब दिया। "अब यहाँ क्या तेरे बाप का राज है रे...?" बायजी ने हाथ फैलाकर चिढ़ाकर, मुँह बनाते हुए मुझसे पूछा। "बड़ा आया राजा का राजकुमार...भड़ुआ..." "मेरेकूँ गाँव में नय आने का यानी नय आने का। मय जाता है, अपने रास्ते से..." कहते हुए गुस्से से मैं नुक्कड़ से आगे बढ़ गया। राधाक्का हमारा वाद-विवाद सुनते हुए टखनों पर बैठी हुई थी। उसने कुछ भी नहीं कहा।

"बड़ा आया बाबा, मैमानोंवाला, घरदारवाला और लाखों की इस्टेटवाला! बड़ा मालिक...पटकी लगी तुजकूँ..." बाजयी ने कहा। गुस्से से वह जो भी कहती थी उसमें एकाध गाली अवश्य होती थी। मेरा घर है, मेरे मेहमान, रिश्तेदार हैं, मेरे माँ-बाप हैं और मेरी आर्थिक स्थिति बेहतर है, इस बात से राणू और उस लड़की को जलन होती है, इस बात को मैंने पहली बार महसूस किया। मेरे पास उनके किसी सवाल का जवाब नहीं था। जो बात थी, वह थी, जो नहीं थी, वह नहीं थी। और इन दोनों बातों के लिए मेरे पास कोई स्पष्टीकरण नहीं था। न तो उसमें मेरा कोई दोष था या न ही कोई खासियत!

राधाक्का चुपचाप वहाँ से उठ गई तथा चन्दर और विट्ठल का हाथ पकड़कर तेजी से मेरे पीछे चलने लगी। उसे इस तरह मेरे पीछे चलते हुए देखकर उन तीनों भाई-बहनों का मेरे प्रति जो गुस्सा था, वह राधाक्का की ओर मुड़ गया। वैसे मुझे उन्होंने बख्शा नहीं, मेरी माँ-बहन को बेहतरीन ढंग से याद किया। बायजी पैर पटकते हुए बीच रास्ते में रोते-चीखते हुए बैठ गई। पैर पटकते हुए वह छोटे बच्चे की तरह रोने, चिल्लाने लगी। राणू पता नहीं, कुछ देर तक कुछ तो सोचता रहा और अन्तत: चिल्लाया...

"ऐ रादे, अब मेरे सात तू बात करके देखच। मुजकूँ जैसा चाहिए वैसाच मय करूँगा। तुम बताने आओ...तेरा तो सिरच फोड़ दूँगा..." इतना कहकर वह भी तेजी से अपनी माँ के पीछे चलने लगा। बायजी, भिमी के पास अब हमारा अनुसरण करने के अलावा कोई दूसरा उपाय नहीं बचा था। वे भी हमें गालियाँ देते हुए हमारे पीछे चलने लगीं।

इस तरह सबसे आगे मैं, पीछे राधाक्का और छोटे बच्चे और सबसे पीछे गालियाँ बकनेवाली, भला-बुरा कहनेवाली बायजी—ऐसी हमारी यह रेलगाड़ी कराड़ को पीछे छोड़ सड़क पर चलने लगी। उस इलाके में यातायात काफी थी। गाड़ियों की आवाजाही भी काफी थी।

कराड़ स्टैंड पर उन्हें भीख माँगने का मौका नहीं मिला था। रास्ते के दोनों तरफ जो छोटी-छोटी टपरियाँ थीं, वहाँ उन तीनों ने भीख माँगने की कोशिश की। वहाँ से भी उन्हें हकाल दिया गया तब उन्होंने गन्ने से भरी गाड़ी की दिशा में हमला बोल दिया। गन्ने के डंडों की मार लगने के बावजूद राणू ने चलती बैलगाड़ी से आठ-दस गन्ने हथियाकर खींच लिये और वह भाग आया। गाड़ीवाले ने उसे देख लिया और वह उसका पीछा करने लगा। इस मौके का फायदा उठाकर वे दोनों लड़कियाँ उस गाड़ी पर टूट पड़ीं। यह देखकर गाड़ीवाले ने राणू का पीछा करना छोड़ दिया और माँ-बहन से गालियाँ बकते हुए वह लड़कियों के पीछे लग गया। पूरा रास्ता उनके इस पकड़ा-पकड़ी, चोर-सिपाही के खेल से गूँज उठा। अपनी ही धोती में पैर फँस जाने से जब गाड़ीवाला बीच रास्ते में गिर गया तब जाकर वह गन्ना चुराने का नाटक खत्म हुआ। यहाँ-वहाँ फैले हुए वे तीनों खिलाड़ी काफी देर के बाद, बहुत सारे गन्ने लेकर हमारे पीछे-पीछे आ गए। गन्ना खाकर हाथ, मुँह साफ करने के बाद ही वे हमारे साथ हो लिये। अपने लिए नहीं लेकिन मैं चाहता था कि अपने छोटे भाइयों को उन्हें एकाध गन्ना देना चाहिए था। लेकिन ऐसा हुआ नहीं। लड़कियों की इस बेहद लालची प्रवृत्ति को लेकर राधाक्का ने उन्हें बुरी तरह से कोसा। "भाइयों को गन्ना नय दिया। तुमकूँ दया-ममता कुच नय" उसने कहा तब भिमी ने उसे फटकार दिया...

"वा, बड़ी आई। उस गाड़ीवाले को बुलाकर हमने अपने पीछे लगाया अऊर गन्ना भी चुराया और हिस्सा तुमकूँ..."

राधाक्का अब गुस्से से आगबबूला हो उठी। "उसके हात लगती तो पूरा गन्ना तुमारे अन्दर घुसेड़ता वह!" "तुम मत बताना..." बायजी ने भिमी का पक्ष लेकर माँ के कलेजे पर वार करते हुए कहा, "कराड़ में कायकूँ नय आई,

हम जानते नय क्या...देवर के चद्दर में घुसती थी तब...मयने देका है..." उसकी इस बात से राधाक्का का गुस्सा सातवें आसमान पर पहुँच गया। बीच रास्ते में वह बेटी पर टूट पड़ी। "मेरी...अपनी माय की आबरू उतार रहेली है...कुत्ती कहीं की...तेरा गला दबाती हूँ, आ...उसके मन में पाप था, इसलिए मयने कराड़ छोड़ा। अरी, तेरे जयसी होती, तो अब तक इतने सारे लड़कों को भड़ुए गिरी करने कूँ छोड़ देती और धंधा करती...मेरी इज्जत उछालती हय... अब तुमारी करतूत तो पूरा गाँव देकेगा..."

उसने बायजी के बाल नोचकर उसे बुरी तरह से लातों-घूसों से पीटा। राणू गालियाँ बकते हुए दोनों को दूर हटाने में लगा था। आने-जानेवाले लोग मुफ्त का तमाशा देख रहे थे। चन्दर और विट्ठल रो रहे थे लेकिन वह भी गन्ना नहीं मिला इसलिए!

मैं दूर पत्थर पर बैठकर सब देख रहा था। मेरे लिए कोई भी फलदार, फूलों या फलियों से भरा पेड़ काफी था। मैं अपना काम उससे चला लेता। भीख माँगने या चोरी करने से वह कई गुना बेहतर था। आखिर उन दोनों का घमासान युद्ध रुक गया। रास्ते की धूल, मिट्टी में सनकर दोनों माँ-बेटी गन्दी हो चुकी थीं। राधाक्का के बदन पर मौजूद कपड़े और फट गए थे। लेकिन उसे उसकी परवाह नहीं थी। वह खड़ी हो गई और जोर-जोर से रोते-बिलखते आँखें पोंछते हुए वह तेजी से आगे चलने लगी। हम भी बाराती बनकर उसके पीछे-पीछे चलने लगे।

अपनी पेटजाई, इस तरह से आरोप करेगी, आचरण पर वार करते हुए गन्दगी उछालेगी, यह बात उस स्वाभिमानी औरत को गवारा नहीं थी। उसकी आबरू पर हमला करनेवाले वाकये हुए होंगे। लेकिन वह उन सब हमलों से बचकर निकली थी। उसे गाँव बाहर होना मंजूर था। उसने इस बात को स्वीकार भी कर लिया था। उसके कहने में सच्चाई थी। आबरू को बाजार में बेचकर उस जैसी औरत आराम और सुख से जी सकती थी, धंधा करती, किसी यार को रखती या फिर ऐसा ही कुछ करती तो उसके बच्चों पर भूखों मरने की नौबत नहीं आती। बहुत देर तक वह रो रही थी, अपने नसीब को कोस रही थी,

लड़की और मर्द को गालियाँ बकते हुए चली जा रही थी। बायजी ने जो तोहमत उस पर लगाई थी, उसका दुख वह दिनभर के लिए भुला नहीं पाई। पूरे दिन उसने बायजी के साथ बात नहीं की।

रास्ता खत्म होने का नाम नहीं ले रहा था। कोल्हापुर के अलावा, हर बार कोई नया गाँव दिखाई देता था। मैं बाजार वड़गाँव का निवासी था इसलिए इस बात से वाकिफ था कि पेठ नाका, तांदुळवाड़ी, येलूर, किणीघुणकी, वठार तथा टोप शिरोली के बाद कोल्हापुर आता है। लेकिन हम तो पेठ नाका से भी काफी दूरी पर थे। ढेबेवाड़ी की ओर जानेवाली सड़क से अन्दर घुसते हुए मैं प्रातर्विधि से निपटना चाहता था। वहाँ फलियों की जालियाँ, खट्टे चने मैंने खाए, पत्थर से साफ-सफाई करने के बाद आगे चलनेवालों के साथ होने के लिए मैं बड़ी तेजी से चलने लगा। अब एक ओर की पहाड़ी नजदीक दिखाई देने लगी थी और उसके पहले कुछ घने पेड़ और झाड़-झंखाड़ भी दिखाई देने लगे थे।

राणू सड़क के किनारे मौजूद मील के पत्थर पर बैठकर मेरा इन्तजार कर रहा था। मेरे करीब पहुँचने पर उसने कहा, "जाएँगे उस पेड़ों के पास? कुच तो जरूर मिलेगा।" उसने उँगली से मलकापुर के परिसर में मौजूद घनी पहाड़ी को दिखाते हुए कहा।

"तुमने तो भोत सारा गन्ना खाया!" मैंने कहा, "अऊर कित्ना खाओगे?"

"चलते-चलते सब हजम होताय रे झट् से! उसका क्या?" राणू कहते हुए हँस रहा था।

हम दोनों को यूँ ही पीछे लटकते देख राधाक्का भी रुक गई। हम उसके करीब गए और कहा कि कुछ फल-वल मिलेंगे तो देखते हैं।

"नय जाने का...?" उसने साफ-साफ कहा।

"काय कूँ?" राणू चिल्लाया। "भीक माँगने कूँ नय देती, नय पेड़ पर चढ़ने देती...अब तुमीच सब्जी रोटी परोस दो..."

राधाक्का अब नरमाई में पड़ गई। राणू की बात का जवाब उसके पास नहीं था। उसका मूड पूरी तरह से खराब हो चुका था। 'जा...जा... मर जा...खप जाओ...जयसा चाहे वयसा करो...बाप गया अपने करम से...

उसके बच्चे तुम...मय कौन हूँ?' उसका गुस्सा उससे यूँ ही बकवास करने के लिए मजबूर कर रहा था।... "बाबानूं तुमरे हित के लिए तो बोल रहेली हूँ। मय नय कहती, मुजे लेकर घूमो, मेरा बोजा ढोओ...तुम तो अपने बाप पर गए हो...वैसेच करोगे...हात-पैर तुड़वाओगे...रात में च मैंने बताया, समजाया..."

"अब तुम चुप बी करो...मय जा रहेला हूँ...अऊर ये भी रहेगा,"...राणू ने मेरी साक्ष्य ली।

"जा बाबानूं जा...आस्सुक्या, इन जंगल के रास्ते तुजकूँ नय पता...तुमे कुच होगा तो मेरा नाम खराब होगा...मेरा नाम बिगड़ेगा..."

मैं मन ही मन हँस दिया। उस वक्त जो हुआ था उससे अधिक मेरा और क्या बुरा हो सकता था?

रास्ता छोड़कर मैं और राणू पहाड़ी की दिशा में दौड़ने लगे। चाहकर भी राधाक्का हमें रोक नहीं पाई थी। हार-थक कर वह रास्ते की इक ओर बैठ गई। आगे बढ़ने की उसे कोई जल्दी नहीं थी। सिर पर हाथ धर वह चिन्ता में बैठी हुई थी...मैंने पीछे मुड़कर उसे देखा...शायद मानवीय दिल भविष्य की आशंका को पहले ही भाँप लेता होगा...अब घंटेभर में उसी रास्ते से मैं अकेला वापस दौड़कर आनेवाला था...और राणू—पीछे छूटनेवाला...रहनेवाला था... हमेशा के लिए! एक लाश के रूप में...उस पर मिट्टी डालने का साहस न तो मुझमें था और न ही राधाक्का में था। राणू की मौत की वह बड़ी भयानक, न भूलनेवाली, यादगार घटना है! अभी-अभी वह जिन्दा था और अभी-अभी वह मर गया था...अवांछित, अनपेक्षित घटना...मेरी असुन्दर जिन्दगी में मैंने बहुत बार देखा है...पाया है कि जो नष्ट होनेवाली है, जिसके बारे में हम पहले ही जानते हैं कि इस व्यक्ति की मृत्यु होनेवाली है, ऐसे में उसमें जो परिवर्तन आते हैं, उस बारे में उतना दुख नहीं होता। लेकिन जो व्यक्ति, ताकत, आन्तरिक शक्ति, प्रतिभा से नख-शिख तक भरपूर है, जिसमें रस है, मस्ती है, उसे अचानक यूँ ही काल के पर्दे के पीछे गायब होते हुए देखना, धक्कादाई होता है। मुझे एक नाटक की तरह यह लगता है...उत्कृष्ट नाटक के तीनों अंकों में, अनेक प्रवेशों में अपनी आवाज तथा अभिनय से पूरे दर्शकवर्ग को आन्दोलित

कर सकनेवाला अभिनेता जिस तरह प्रथम प्रवेश में ही पर्दे के पीछे जाकर वापस लौटता नहीं, दर्शकों को वह वहीं से चिढ़ाता रहता है लेकिन रंगमंच पर लौटता नहीं...ठीक उसी तरह! राणू की याद मेरे, उसकी माँ-बहनों-भाइयों के दिल में हमेशा के लिए ताजा रहेगी। वह उतनी रसमयी भी है...कुछ विचित्र घटनाएँ...कुछ विचित्र संयोग...इत्तेफाक...नसीब! सुबह-सुबह उस सुन्दर काले नाग का उस बेहोशी और बेभान स्थिति में रास्ते के बीचोबीच चलता नृत्य और उसके बाद उसकी ट्रक के टायरों के नीचे आकर अचानक हुई मृत्यु... राणू की मौत भी उस दिन, उस साँप की तरह हुई। मुझे लगता है, राणू अपने में मौजूद प्रतिभा के बलबूते पर अपनी शक्ति, प्रभा, गरीबी, शर्म, कर्म, जाति, उपेक्षा की परवाह किये बिना अपनी जिन्दगी पर विजय हासिल कर लेता। अपने जबरदस्त बाप के बारे में वह बड़े अभिमान से बातें करता था। उसकी अपनी शक्ति भी कम नहीं थी। उस दिन, उस तपती दोपहरी में उसकी वे तेज, भेदक आँखें मैंने काली, गोटियों की तरह बाहर निकली हुई देखी थी...यदि वह जिन्दा रहता तो निश्चित रूप से कुछ करके दिखाता, जाता। यह मेरा मानना था क्योंकि मैंने उसे देखा था, महसूस किया था। मैं भी उस जैसा ही तो था। बाप के छोड़े हुए परिवार का मैं बड़ा बेटा था। मेरी शैतानियों की वजह से माँ ने मेरी कभी गिनती नहीं की। जब बाप ने माँ को छोड़ दिया तब माँ ने मेरी ओर से अपनी आशाएँ भी छोड़ दीं। जब से समझ आई, तबसे मेरे भाई-बहनों की तरह मुझे भी प्यार में कोई समानता का बर्ताव नहीं मिल पाया। ढोर जाति का बच्चा...ग्रामीण परिवेश...मेरा कुछ भी भविष्य नहीं था। सातारा की उस सड़क पर...मैं ढोर जाति का बच्चा...चाबुक से की गई मेरी भरपूर पिटाई... लेकिन सौभाग्य से वह ढोर का बच्चा संस्कृत का प्रोफेसर और डॉक्टर बन गया...मैं राणू जितना तेज नहीं था...इसलिए मुझे राणू को लेकर बहुत आशाएँ थीं, मुझे उसमें काफी सम्भावनाएँ दिखाई दी थीं।

नागिन जहाँ ब्याती है, वह जगह और नागिन का ब्याना, बहुत ही कम लोगों ने देखा होगा। नहर, झील के पानीवाले परिसर में, ठंडी जगह पर जहाँ गड्ढे या वैसी ही ऊँच-नीच जगह हो, या फिर हरा-भरा खेत हो और वह भी

सुनसान, शान्त हो, ऐसी जगह पर नागिन अपने बच्चों को अंडों से पैदा करती है और फिर उनकी देखभाल करती है...राणू और मैं हमारे दुर्भाग्य से ऐसे ही एक स्थान पर पहुँच गए थे। जमीन ढलानवाली थी। वहाँ एक छोटा-सा पानी का प्रवाह भी नीचे उतर रहा था। ढलान पर एक पुराना खँडहरनुमा खेत था। उस खेत के किनारे पर बबूल-बेर तथा अन्य झाड़-झंखाड़ भरे पड़े थे। पानी के स्रोत के उस पार एक आँवले का बड़ा-सा पेड़ था। हालाँकि वहाँ वैसे दो-चार पेड़ थे लेकिन चढ़ने के लिए आसान ऐसा एक पेड़ हमने उनमें से चुन लिया। आँवले खाने की कल्पनाभर से ही मुँह में पानी भर आया था। हम कूदते-फाँदते उस प्रवाह के नुक्कड़ पर आए। हरी बेंत का वह जंगलनुमा परिसर था। "आरे आस्सुक्क्या, यहाँ तो ढेर सारे केकड़े बी मिल जाएँगे रे... तुमने कबी केकड़े पकड़े हैं?" उसने पूछा। इसमें कोई शक नहीं था, कि वहाँ केकड़ो की बस्ती थी।

"हमारे गाँव में तो मयने ढेर सारे केकड़े पकड़कर खाए हैं। "मैंने बड़े गर्व से कहा। रात को कंदील की रोशनी में हाथों को कपड़े में लपेटकर, नहर के किनारे-किनारे से बिलों में हाथ डालकर हमने केकड़ो की खोजबीन की है। कितने ही केकड़ो ने अपनी सूँड़ों से मुझे डस लिया था, काटा था। इस स्थान पर तो इनसानों की आवाजाही भी कम थी। यहाँ बढ़िया और बड़ी संख्या में केकड़े मिलेंगे, ऐसा मेरा भी अनुमान था।

लेकिन हम केकड़े पकड़ नहीं सके। मैंने पहले ही कूदकर आँवले के पेड़ की शाखा पकड़ ली। मैं उस शाखा से लटककर, झूलने लगा, शाखा को हिलाने लगा।

"आओ...आओ..." मैं वहाँ से चिल्लाया। बड़े-बड़े नीबू जैसे पीले-पीले आँवले बरसने लगे। "आया...याया...जोर-जोर से हिलाना उस शाखा को" राणू चिल्लाया और खुशी से नाचते-उछलते वह नीचे घास में तथा बेंत के जंगल में गिरे हुए आँवले बीनने लगा। दो बड़े से आँवलों को उसने अपने दो गालों में ठूँस दिया और अत्यधिक खुशी से बन्दर जैसा मुँह बनाते हुए वह अपने फटे हुए शर्ट की झोली में आँवले बिनने लगा।

मेरे पैर जमीन से उँचाई पर थे। मैं शाखा से झूलते हुए अपने दोनों हाथों के बीच से पैर ऊपर लेकर कसरतनुमा हरकतें कर रहा था। अपना पूरा शरीर हाथों के बीच के फासले से पार करने की मेरी कोशिश थी। वैसे देखा जाए तो मेरे इसी पागल से खेल की वजह से उस वक्त मेरे प्राण बच पाए थे। मैं आँखें बन्द कर, बड़ी ताकत लगाकर उस शाखा को जोर-जोर से हिला रहा था, झटके दे रहा था। मुझे यकीन था कि नीचे राणू ने अब तक टोकरीभर आँवले इकट्ठा किये होंगे।

"आरे, तेरा बी शरट निकालकर दे, मेरे शरट में अब ये आँवले नहीं आ रहे हय और शरट अब फटने लगा है।"

"तुम नीचे ढेर बनाना...फिर देकते हैं, कैसे लेके जाते हय।" मैंने आँखें बन्द कर उसे चिल्लाकर बताया। और उसी वक्त राणू की जानलेवा चीख पूरे माहौल में गूँज उठी।

"आगा या या याऽऽ!"

आवाज दूर से ही आई थी। राणू आँवले बीनते हुए उस पेड़ से दूर चला गया था...उसकी उस जानलेवा चीख से मैं भी दहल गया। मुझे लगा किसी किसान ने राणू को पकड़ लिया होगा। अब पड़ेगी मार...दुनिया की कोई भी जमीन मालिक के बगैर नहीं होती है। भगवान के नाम से भी कोई जमीन नहीं होती।

मैंने यूँ ही शाखा से झूलते हुए झट से आँखें खोलकर देखा। पचास गज की दूरी पर आँवलों को फेंककर आड़े-टेढ़े तरीके से पगलाई हालत में दौड़ने वाले राणू को मैंने देखा। मैं यह देख नहीं पाया कि उसके पीछे कौन लगा है। कोई आदमी दिखाई नहीं दे रहा था।

शेर, सियार, कोई भी उसके पीछे लगा हुआ नहीं दिखाई दे रहा था। राणू भाग रहा था, दे पानी के उस प्रवाह को पार करने हेतु वह पानी में पड़े हुए पत्थर पर से दौड़ने लगा और पैर फिसलकर पलभर में उसी शैवाल भरे पत्थर पर वह बुरी तरह से गिर गया...और वह आई...बिजली की भाँति... वह आई और फिर से उठने की कोशिश करनेवाले राणू के बदन को, उसकी पीठ को उसने कसकर डस लिया। फिर अपनी पूँछ के जरिये उसके हाथ को लपेटकर वह उसके बदन पर बेहोशी के आलम में अपना फन पटकने लगी।

मैं अवाक्-सा, अचम्भित होकर उस दृश्य को उलटे रूप में देख रहा था। राणू को नागिन ने डस लिया, अब अपनी पारी, इस कल्पना से ही मैं दहल गया था। पेड़ की शाखा से बन्दर की तरह चिपके हुए मेरे हाथ अब छूट गए और मैं किसी गठरी की तरह धप्प से नीचे गिर गया। पीठ बुरी तरह से झनझना उठी, सिर जमीन पर पटक गया। लेकिन किसी गेंद की तरह उछलकर मैं फिर खड़ा हो गया और बिना आगे-पीछे देखे, राणू को डसी हुई तथा जहरीली बेल की तरह बुरी तरह से उससे लिपटी हुई उस नागिन की ओर देखते हुए मैं उस नहर में घुस गया। झट् से अपना फन उठाते हुए नागिन ने गुस्से से मेरी ओर देखा। बीस-पच्चीस गज की दूरी पर से मैं उसके नजदीक से भाग निकला। जाते हुए मैंने उस नागिन के बालिश्तभर, रंग-बिरंगी, काले रंग के बच्चों के झुंड को देखा। सँपोले कम जहरीले नहीं होते और वे सभी सँपोले भी बारी-बारी से राणू को डस रहे थे।

राणू कब का मर चुका था। उस बड़े से पत्थर पर जहाँ से पानी बह रहा था, राणू की काली देह पीठ के बल पर अस्त-व्यस्त पसरी हुई थी और बावजूद इसके वह नागिन उसके सीने पर अपना फन उठाकर मेरा पीछा किया जाए या नहीं इस दुविधा में दिखाई दे रही थी। "राणू को नागिन ने डस लिया...राणू मर गया...पानी में राणू...नागिन..." दूर से ही राधाक्का को देखकर उसके तथा पीछे से शायद नागिन आ जाएगी इस डर से मैं चिल्लाने लगा, " ...नागिन आ रही हय... नागिन...राणू ने उसके ब्याने को कुचल दिया..." मुझे इस तरह चिल्लाते हुए, हाँफते-दौड़ते आता देखकर राधाक्का ने भी सड़क छोड़ दी। "रानू...रानू...रानू कय हय...?" पूछते हुए वह मेरी ओर दौड़ते हुए आई। उसने मेरा चिल्लाना सुना था। सभी बच्चे भी राधाक्का के पीछे-पीछे आकर मेरे चारों ओर खड़े हो गए थे।

उसके बाद जो हुआ, उसका वर्णन करने के लिए मेरे पास शब्द नहीं थे। राधाक्का का रोना, आक्रोश, धूल-मिट्टी में उसका लोटना, उसकी नसीब, राणू और मुझे दी हुई गालियाँ, अभिशाप, सब कुछ अब भी मेरे दिमाग में घूम रहा है। उसके नजरिये से राणू उसके परिवार का 'मुखिया' था। पति के पश्चात् वह अपने इसी हुनरबाज बेटे पर आस और आशाएँ लगाकर बैठी थी।

बहुत देर के बाद डरते-सहमते, बड़े दूर के रास्ते से हम राणू को देखने के लिए पहुँचे। दूर से ही हमने पत्थर पर फैली हुई राणू की देह, उस पर बिलबिलाते ढेर सारे सँपोलों का झुंड और उनसे भी बदतर, उसके पूरे बदन पर धीरे-धीरे से लेकिन जीत की भावना से रेंगती नागिन को देखा। राधाक्का ने देखा। बच्चों ने भी वह दृश्य देखा। शायद आँवले बीनते हुए राणू ने नागिन के उस ब्याने को दुखाया भी होगा या नहीं भी! वैसे जहरीली नागिन को तकलीफ या दुख देने की जरूरत नहीं होती। आप यदि उससे पचास गज दूरी पर भी होंगे, तब भी वह आपके लिए यमदूत बन सकती है।

अपने पेटजाये के मृत शरीर को छुपकर देखना, उसके अन्तिम क्रियाकर्म करने का मौका न मिलना, न ही उसकी असमय मृत्यु पर उसका सिर गोदी में लेकर विलाप करने का मौका मिलना और सबसे अहम् बात यह कि उसे यूँ ही बेवारस कुत्ते की तरह सड़ने के लिए छोड़कर चुपचाप निकल जाना, इन सब बातों की एक असहनीय पीड़ा उस वक्त राधाक्का के दिल में लावे की तरह उबलती रही होगी। डरकर अपना ही हाथ अपने मुँह पर दबाकर उस डरावने दृश्य को देखनेवाली राधाक्का का रोना इन सब सीमाओं को तोड़कर आखिर फूट ही पड़ा...

और उस आवाज से भी वहाँ नागिन फिर से खड़ी हो गई।

हम सब भाग खड़े हुए, लौट आए।

ईश्वर, राणू की आत्मा को हमेशा के लिए शान्ति प्रदान करे, उसे सुखपूर्ण मासूम निरामय दीर्घायु प्राप्त हो...हमारी डेढ़ दिन की दोस्ती!...लेकिन आज तक वह दोस्ती अटूट है। शायद मेरी आदतों में वहीं से परिवर्तन आया होगा। मैं ज्यादा दोस्ती नहीं करता और न ही ज्यादा दोस्त रखता हूँ। जान कुर्बान करनेवाली दोस्ती रखने हेतु मन ही नहीं करता। मेरे दोस्तों के बारे में मेरे मन में ढेर सारा प्यार होता है लेकिन एक अनबूझ-सी दूरी वहाँ हरदम रहती है, वह लगाव नहीं हो पाता। शायद मुझे लगता है—अटूट प्यार-भरी दोस्ती को काटनेवाली मृत्यु की धारदार तलवार हमेशा टँगी रहती है। मरनेवाला तो मर जाता है लेकिन जो जिन्दा रहते हैं, वे जिन्दा होकर भी मर जाते हैं।

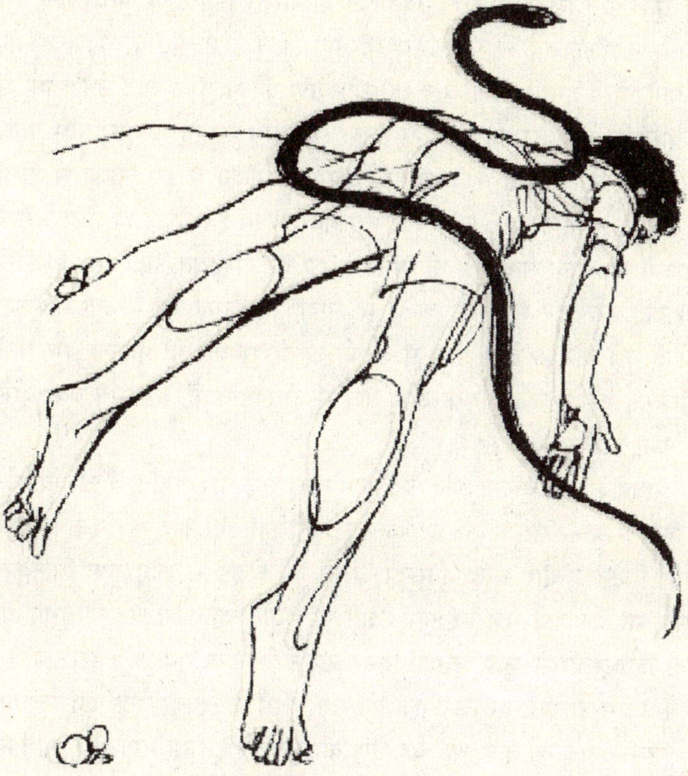

कोल्हापुर पहुँचने तक मेरे मन में यही एक टीस थी कि राणू की मौत का जिम्मेदार मैं हूँ। राधाक्का तथा उसके बच्चों ने भी "तुमकूँ कैसे उसने डसा नहीं?...तुम कायकू मर-खप नय गए?...मेरे बेटेकू तुमनेच मौत के दरवाजे में धकेला..." आदि बातें, गालियों के साथ मुझे सुनवाईं। मैंने भी चुपचाप सब कुछ सुन लिया। उन लड़कियों ने तो रास्ते में मुझ पर पत्थरबाजी भी की। कुछ मीलों तक वे पीछे और मैं आगे तो कुछ मीलों तक मैं पीछे और वे आगे, ऐसी हमारी यात्रा चल रही थी। राणू की मृत्यु के बाद उन लोगों में जो परिवर्तन आए उसकी वजह से उनके साथ मेरा चलना भी दुश्वार हो गया। मुझे किसी पागल कुत्ते ने काटा होगा शायद इसलिए मैं इस लावारिस टोली के साथ चल दिया था। 'राणू की मृत्यु के लिए मैं जिम्मेदार था और उसके एवज में या उसके साथ मुझे भी मरना चाहिए था' सम्भवत: यही उनका मानना था। यदि उस दिन मैं उनके कब्जे में आता, तो शायद मेरा बचना मुश्किल था। वे मुझे मार ही देते। बीच में काफी अन्तर रखकर मैं अकेला, मेरे पीछे राधाक्का, उसके बाद लड़के और बाद में दो लड़कियाँ, हम सब एक दूसरे पर नजर रखकर चल रहे थे।

राधाक्का का चलना और रोना शाम तक जारी था। लड़कियाँ दो-एक घंटे के लिए सिसक-सिसक कर जोर-जोर से रोती रहीं और बाद में चुपचाप चलने लगीं। विट्ठल और चन्दर निरन्तर चलने की वजह से शाम तक बिलकुल घसीट रहे थे। जहाँ राणू मर गया, वहीं पर हमारे चार-पाँच घंटे बीत गए थे। अत: दिनभर हमसे कुछ ज्यादा अन्तर पार नहीं किया गया था। इस एहसास से मैं उदास हो गया था कि आज की रात भी मैं कोल्हापुर देख नहीं सकूँगा।

हमारे बीच जो कुछ था, वह राणू की मृत्यु से टूट सा गया था। इसे फिर से जोड़ने के लिए शायद उस बेचारी राधाक्का को जरिया बनाया गया था, उस पर संकट आनेवाले थे। ऐसा ही पहला संकट कासेगाँव के निकट पहुँचने पर आया। रास्ते के एक ओर के बागान में एक जवान और मगरूर बैल चर रहा था। उसे वहाँ से हकालने हेतु चार-पाँच लोग लाठी-काठी लेकर, गुलेल की मार देते हुए जुटे हुए थे। "हाल्या...हाल्या..." करते हुए वे उस बैल को

तथा उसके मालिक को माँ-बहन से गालियाँ बक रहे थे। "अब तुझे महार के आगे डालते हैं" वे ऐसा भी कह रहे थे। शाम की छायाएँ जब घेरने लगीं तब अपनी नाकाबन्दी से ऊबा वह उद्दंड बैल रास्ते की ओर की बाड़ को तहस-नहस करते, उखाड़ते हुए सीधे सड़क पर आ गया। लाठियों, गुलेलों की मार पड़ने से वह सहम सा गया था। नाक पर लाठी के जोरदार प्रहार से उसकी नाक से खून बहने लगा था। रँभाते हुए, उछलते हुए वह राधाक्का तथा उसके बच्चों के आगे आकर रुक गया। इस बार भी मैं सौभाग्यशाली साबित हुआ। परिणामस्वरूप पुन: उस परिवार के डाह का कारण बन गया। मैं उनके पीछे काफी दूरी पर खुद को घसीटते हुए अकेला ही चल रहा था। दाहिनी ओर के बगीचे में उस बैल का कारनामा, उसका वहाँ से भाग निकलना तथा बाड़ को तोड़कर बाहर बीच रास्ते पर आना, किसी सिनेमा के दृश्य से कम नहीं था।

किसी अन्धे की तरह उछलते हुए उस उद्दंड बैल ने एक ट्रक को चरमराकर ब्रेक लगाने के लिए बाध्य किया, उसने अपनी टक्कर से एक साइकिल सवार को गिरा दिया। उसकी वजह से मची अफरा-तफरी ने राधाक्का तथा बच्चों की अस्त-व्यस्त दौड़-धूप हुई थी। उसने छोटे चन्दर को पूरी तरह से डरा दिया था। वह सहमा हुआ, बैल की तरफ देखते हुए वहीं पर खड़ा रहा। और बैल ने उसे सिर्फ गिराया ही नहीं बल्कि उसकी पसलियों पर अपने खुरों के निशान बना दिये। उन खुरों की निशानियों के पीछे उस बैल का दस मनों का बोझ भी था। अपनी उद्दंडता से पूरे माहौल को आमूलचूल हिलाकर रख देते हुए बैल गाँव की विरुद्ध दिशा में भाग गया।

यहाँ हो-हल्ला शुरू हो गया था। लँगड़ाता हुआ साइकिल सवार उन किसानों के साथ उलझ गया, जिन्होंने बैल को वहाँ से भगाने की पुरजोर कोशिश की थी। ट्रक ड्राइवर भी नीचे उतरकर अपनी भाषा में बड़बड़ाने लगा था।

और राधाक्का बैल के खुरों के नीचे कुचले गए अपने बच्चे की ओर दौड़ पड़ी। वह बच्चे पर लोटकर रोने लगी थी। मैं जब दौड़ते हुए वहाँ पहुँचा तब चन्दर विचित्र-सी आवाज में रो रहा था। सीने को, पेट को छूने पर 'मर गया...' करके चिल्ला रहा था।

राधाक्का ने ट्रक ड्राइवर की बात सुनी "बाई, लगता है, हड्डी फ्रैक्चर हो गई है।"

यह बात राधाक्का की समझ से परे थी। वह सिर्फ उसकी ओर देखती रही तब समझाते हुए उस ट्रक ड्राइवर ने फिर से कहा, "हड्डी टूटेली है, तेरे बच्चे की...आगे गाँव में डॉक्टर होगा..."

उसकी बात सुनकर राधाक्का गुस्से से भर उठी। उस बैल को भगाने के लिए आए लेकिन अब मजा देखने के उद्देश्य से खड़े उन किसानों पर वह टूट पड़ी। वह उन्हें माँ-बहन की गालियाँ बकते हुए बिसूरने लगी, "तुमारे मुँ में मिट्टी पड़ी रे...मेरे बच्चे कूँ मरवा दिया रे तुम लोगों ने..."

उसे शान्त करना आसान नहीं था। दो-तीन पुरुष भी उसे नियंत्रण में नहीं कर पाए। वह नागिन की तरह बिफर उठी थी। "तुमारा गला फाड़ डालूँगी...तुमकू भूनकर खा जाऊँगी...तुमारी आँखें फोड़ूँगी..." वह पगलाई सी भयंकर बातें कर रही थी। इस दौरान चन्दर यूँ ही रास्ते पर पड़ा हुआ, बड़ी क्षीण आवाज में रो रहा था। मैं जब वहाँ पहुँचा तब इस स्थिति को देखकर मुझे लगा अब यह औरत ऐसे पागल हो जाएगी तथा उसके ध्यान न देने के फलस्वरूप यह बच्चा भी वहाँ मर जाएगा। मैं आगे आया। उस बच्चे को मैंने अपने हाथों पर उठा लिया। "आयाया...आगाई...! मारा...तोडा..." चन्दर ने आँसू बहाते हुए ऐसा ही कुछ कहा होगा। निश्चित रूप से उसकी दो-तीन पसलियाँ टूटी होंगी।

"इट्या, बायजा...मेरे साथ चलो...डागदर के पास जाएँगे..."

"इदर आना" उस ड्राइवर ने कहा। मैंने अचरज से देखा। कोई तो माय का लाल दयावान आखिरकार इस यात्रा के दौरान मिला था...एक और भी दयावान मिलनेवाला था...चन्दर को लेकर मैं और विट्ठल बैठ गए। "तू बी चल..." ड्राइवर ने बायजी से कहा। बायजी दुविधा में थी। उन तीन लोगों से लड़नेवाली माँ की सहायता के लिए जाना चाहिए या भाई को लेकर गाड़ी में बैठकर डॉक्टर के पास जाना चाहिए...उसकी समझ में नहीं आ रहा था... लेकिन ड्राइवर के आग्रह से वह गाड़ी में बैठ गई।

मेरा ध्यान चन्दर की ओर था..."अब दवा करेंगे...तुमकूँ ठीक लगेगा... अब चुप करना...ठीक होगा।" आदि बातों से मैं उसे बहला रहा था, समझा रहा था। कासेगाँव अब मील भर की दूरी पर था। मेरे और ड्राइवर के बीच बायजी बैठी थी। ट्रक चलने लगा। मेरी समझ में नहीं आ रहा था कि बायजी यूँ इस तरह बेचैन होकर डरी-सहमी निगाहों से ड्राइवर और मेरी ओर क्यों देख रही है। वह सिमट रही थी। "ठीक से बैठ" मैंने उसे हड़काया। तब वह अचानक खड़ी हो गई और सीने पर दोनों हाथ रखकर बड़ी हिम्मत से मुँह और अपना बदन मेरी दिशा में मोड़कर बैठ गई।

अब मैं उस बात को समझ रहा हूँ। वह हरामजादा ड्राइवर बायजी के साथ ज्यादती करने की कोशिश कर रहा था। उसके फटे हुए फ्रॉक में से वह उसके स्तनों और पुट्ठों पर चिकोटियाँ काट रहा था। बायजी का असहयोग शायद उसे सहा नहीं गया। कासेगाँव के पहले ही बीच रास्ते में उसने ट्रक रोक दिया। "उतरो, रांड के बच्चे...फोकट में गाड़ी में बैठना माँगता..." उसकी यह भाषा थोड़ी देर पहले उसकी बोली हुई दयावान की भाषा से बिलकुल विपरीत थी। मैं उस गोपनीयता के बारे में पूरी तरह से अनभिज्ञ था इसलिए बायजी के साथ उसने मुझे भी धक्का मारकर गाड़ी के बाहर उछाल दिया। मैं उसकी ओर सिर्फ देखता भर रहा।

बायजी यदि उसे उसकी हरकतों से न रोकती तो उसकी दया का झरना भी न सूखता। डॉक्टर को ढूँढ़ते हुए हम गाँव में एक घर के सामने आ पहुँचे। तब पहले जानवरों का तबेला और बाद में आँगन में 'दवाखाना' दिखाई दिया। गाँव-कस्बों में अनपढ़ गाँववालों को लूटनेवाले आधा-अधूरा ज्ञान रखनेवाले आरएमपी डॉक्टर का वह दवाखाना। लेकिन उस वक्त डॉक्टर यानी भगवान।

डॉक्टर वहाँ मौजूद था। दूध डालना, खाद, घास आदि बातों को लेकर वह और दो लोगों के साथ वाद-विवाद में जुटा था। "क्या चाहिए?" उसने गुस्से से हमारी ओर देखते हुए पूछा। "इस बच्चे को गाँव के भैर बैल ने रौंद दिया...उसके सीने पर पैर दिया..." मैं बोलने लगा।

"मेरे पास फ्याक्चर-बिक्चर के लिए कुच नय। सरदी, बुखार, खाँसी, उलटियाँ, जुलाब होगा तो बताना...पैसा होगा तभीच रुकना..." उसने कहा।

"दे दो, कुच मलम-सा..." अन्दर से एक औरत ने कहा।

"हाँ...हाँ...देता हूँ...देता हूँ..." कहते हुए, यूँ ही अनचाहे दिल से और गुस्से से वह उठ गया।

"दवाखाना और दहेज में मैं तेरा आश्रित हूँ। तुम पति और मैं पत्नी... ऐसाच रास्ता दिकाना...हानि का...नुकसान का...नय तो भूल जाएगी..." मैं उनकी बातचीत से सुन रहा था। भीतर से बात करनेवाली औरत को मैं आखिर तक देख नहीं पाया।

"मानवता के पीछे-पीछे धंधा आता है" भीतर से फिर वही आवाज आई।

"लो..." डॉक्टर बोला अब तू मेरी मानवता के पीछे पड़ गई हो...ले लो ये...और बाहर निकलो..."

उसने एक गन्दे से कागज में पीले रंग का गोंद जैसा मरहम बाँधकर दिया। वह पुड़िया उसने मेरी दिशा में उछाल दी। इससे कुछ होनेवाला नहीं, मैं जानता था। उतना समझदार था मैं। मुझे लगा किसी ने जूते से मेरे मुँह पर मार दिया हो। उस बदनसीब चन्दर को लेकर मैं बाहर आया। बायजी चुप थी। मरहम मैंने विट्ठल के पास दे दिया।

हम जब तक मुख्य रास्ते पर आए तब तक रोती-बिलखती, बिसूरती राधाक्का भी वहाँ पहुँच गई थी। उसके आने तक मैंने और विट्ठल ने मिलकर अँधेरे में ही वह मरहम उस बदनसीब बच्चे की पसलियों पर मल दिया। अब वह वेदना और भयानक दर्द से तड़पने लगा था। इत्ता-सा सीना, उस पर बैल के खुरों से छिली हुई चमड़ी और सबसे ज्यादा तकलीफ—टूटी हुई पसलियों की। वह चुटकीभर मरहम इतने सारे दर्द को कैसे पूरा पड़ता? राधाक्का ने बच्चे को उठाया और उसे हथेलियों पर लेकर वह बिलख-बिलखकर रोने लगी। अब अँधेरा हो गया था। दोपहर से अब तक चल रही दौड़-धूप, रोना-धोना, और गड़बड़ी से मेरा सर दर्द से फटने लगा था। राधाक्का—एक माँ पर नसीब की मार पड़ी थी। एक के बाद एक अपने तीन बच्चों को मरते हुए उसे देखना था। उसकी मानसिकता को वह और उसका दिल ही जानता होगा।

उस अँधेरे रास्ते पर कुछ दूर तक दीयों की रोशनी थी। आगे चलकर वह रोशनी खत्म हो गई थी। लेकिन उसका असर आवाजाही करनेवाली गाड़ियों पर बिलकुल नहीं पड़ा था। वे उसी तेजी से दौड़ रही थीं।

राधाक्का पागल की भाँति बड़बड़ा रही थी। अब तक उस पर अनेक संकट आए थे, अनेक तकलीफों से वह गुजर चुकी थी लेकिन दिनभर में एक के पीछे एक अपने तीन बच्चों को लावारिस की तरह मरते हुए देखकर उसका कलेजा दहल गया था। जिन्दगी में अब तक उसने जो भी भोगा था यानी पति की मारपीट, सास-ससुर, देवरों द्वारा दी गई तकलीफ, अपनी दरिद्रता, फाँके पड़ने से लेकर आज तक की विपदाओं की गाथा वह गा रही थी और वह भी पागल की भाँति बड़बड़ाते हुए, रास्ते पर ही! "ईश्वर! तुम जिन्दा हो या मर गए हो?...कहाँ गए हो तु? तुमकू हमारी दया नय आती? हम तुमारे बच्चे हय या शैतान के बच्चे? अरे कायकूँ जलम देकर इस दुनिया में मेरे जलम का जुलूस निकाला?" ऐसा कहते हुए उस अँधेरे में उसने तारों से भरे आसमान की ओर देखा। यह सोचकर कि उस आसमान में ईश्वर होगा उसने थूक दिया। "थूऽऽ तुमारे मुँह पर...मेरी तरह तुमारे बी बच्चे होंगे तो तुम पर भी ऐसीच गाज गिरे।" यह कहकर उसने फिर एक बार थूक दिया।

बीच में अपनी पूरी ताकत से चन्दर चिल्ला रहा था लेकिन अब राधाक्का वहीं पर रास्ते की एक ओर बैठ गई थी। "क्या हुताय बाबा तुजे? तुमकूँ किदर किदर दरद करताय वह बताना..." वह कह रही थी। "तुमारा ही नय तुमारे दुक का बोझ देना मुजको...बता दे मय क्या करूँ तेरे लिए? तुजे जो अच्छा लगे, वह बताना, मैं करूँगी..." वह पूछ रही थी।

दुख या सुख दो ऐसी चीजें हैं जो कभी उधार नहीं ली जातीं, न ही पैसों से खरीदी जाती हैं। अगर ऐसा होता तो दयावान या भले लोग दुनिया के अत्याचार और अन्याय से पीड़ित अनेक लोगों का दुख दूर कर देते। राधाक्का सिर्फ चन्दर के शरीर को उठा सकती थी, ढो सकती थी लेकिन उसके शरीर से उठनेवाली वेदना को, जानलेवा दर्द को वह चाहकर भी उठा नहीं सकती थी। मैंने 'फ्रॅक्चर' शब्द सुना था। वड़गाँव के पठार पर कपड़े की गेंद से खेलते

समय वहाँ के पत्थर से मेरा पैर टकरा गया था। हड्डी तो टूटी नहीं लेकिन वहाँ की दो हड्डियाँ बेतरतीब ढंग से हिल गईं। पैर घुप्प सूज गया। उस वक्त वह वेदना और हड्डियाँ बिठानेवाले गाँव के वैद्य द्वारा किये गए प्रयोगों ने मुझे पल-पल में चीखने-चिल्लाने पर मजबूर किया था। सिर्फ हड्डी सरकने का वह नतीजा था। फिर हड्डी टूटने और सीने की पसलियों के टूटने का दर्द वह बित्तेभर का छोकरा किस तरह से सहता होगा? शारीरिक दुख छोटा होने के बावजूद ब्रह्मा की तरह अवर्णनीय, अनिर्वचनीय होता है...ऐसा एहसास होता है कि पूरी दुनिया इसी दुखब्रह्म के साथ जी रही है। विश्व में दुख ही दुख भरा हुआ है। दूसरे ब्रह्म के बारे में बात करने का अधिकार मुझे नहीं, मुझमें वह काबिलियत भी नहीं, न ही वह मेरा क्षेत्र है। यह जो मैंने बताया, वह किताबों में पढ़ा हुआ, समझा हुआ अपनी ही भाषा में बताने की मैंने चेष्टा की। बस्स इतना ही! हम थक गए थे और अब थोड़ी-थोड़ी देर के बाद रुक रहे थे। लेकिन अब दुख की तीव्रता को कम करनेवाला दूसरा दर्द बिलबिला उठा था। और वह था, भूख का...मैंने दिनभर कुछ फलियों और चनों के बगैर कुछ भी खाया नहीं था। लड़कियों से गन्ना लेकर खाना, भूख शान्त करने का विकल्प नहीं हो सकता था। विट्ठल ने भी कुछ खाया नहीं था। उसके बड़े भाई-बहनों ने उसके अधिकार का खाने का हिस्सा उसे नहीं दिया था। दिन भर हम यूँ ही दौड़-भाग कर रहे थे, धूप में चल रहे थे। राधाक्का को तो भूख का एहसास ही नहीं हो रहा था। कल हमने उस उंबरज के स्टैंड पर भीख माँगकर बहुत खाना इकट्ठा किया था और उस गन्दे कुएँ का पानी पीकर आराम फरमाया था। लेकिन आज की रात उससे विपरीत थी। भूख से बेचैन तथा खाने की खातिर उधम मचानेवाली वे लड़कियाँ भी अब चुपचाप सी थीं। सिर्फ अकेली बायजी पगलाई-सी यहाँ-वहाँ घुम रही थी। अपने सीने और जाँघों पर धीरे से अँधेरे में ही हाथ घूमा रही थी। उस ट्रकवाली घटना के बाद न तो वह मेरे साथ-साथ चल पा रही थी न ही उसने मेरी नजरों से नजरें मिलाईं। अब मुझे लग रहा है कि ट्रक के पाँच मिनटवाले उस अजीबोगरीब अनुभव ने उसके पूर्व के अल्हड़ बचपन को झकझोर दिया होगा और अब

तक उसके लिए अनजान-अनभिज्ञ अपने ही स्त्रीत्व के एहसास से उसका परिचय करवाया होगा। उसका गालियाँ बकना, गन्दी बातें करना भी अब बन्द हो गया था। कुल मिलाकर, निश्चित ही बायजी बदल गई थी।

हम अनेक बार रुक गए। धीरे-धीरे चलते रहे, रात चढ़ रही थी। अब वाहनों की भीड़ और आवाजाही भी कम हो गई थी। शायद रात के दस से अधिक बज चुके थे। पेट में भूख से हड़कम्प मचा हुआ था—कुछ भी मिले, पानी ही सही, पीकर रास्ते की एक ओर चुपचाप सो लेंगे—यही इच्छा अब जोरों पर थी।

लेकिन अबकी बार राधाक्का की इच्छा के अनुसार ही जाना आवश्यक हो गया था। सभी उसके पीछे घसीट रहे थे और वह बिना पतवार की टूटी नैया की तरह दिशाहीन पगलाई सी चल रही थी। हम भी उसके पीछे अज्ञात जंजीर से बँधे से हुए चल रहे थे। अन्ततः राधाक्का ने शायद रुकने का निश्चय किया होगा। उसका शोक मनाना, रोना अब थम गया था। शायद आँसू भी सूख गए होंगे। उसके शरीर में ताकत नहीं थी। थोड़ी दूरी पर एक झोंपड़ी दिखाई दे रही थी। एक मशालनुमा दीया धुआँ उगलता हुआ जल रहा था। रास्ते की एक ओर एक बैलगाड़ी और पुर्जा-पुर्जा ढीला हुआ एक ट्रक खड़ा था।

वह रास्ते का एक छोटा-सा चायपानी, सेव-भजिया देनेवाला होटल था। बांबू से अस्थायी रूप से खड़ा किया हुआ...अब मुझे वहाँ कुछ नहीं दिखाई देता लेकिन वह होटल मेरी याददाश्त में अब भी ताजा है। अब उसके इर्द-गिर्द सीमेंट-कंकरीट की इमारतें खड़ी हैं। लेकिन वास्तविक रूप से वह बंजर भूमि है। शायद उस भूमि को राधाक्का और हम सबका अभिशाप लग गया होगा।

हम उस होटल के आगे आकर रुक गए। अन्दर तीन-चार लोग बैठे हुए थे। वह सिर्फ चाय देनेवाला होटल नहीं लग रहा था। एक-दो लोग चाय की प्याली में उड़ेलकर गाँव की हातभट्टी की शराब चढ़ा रहे थे तथा सेव भी खा रहे थे। सेव चिवड़े से भरे हुए दो मर्तबान, आवाज करनेवाला स्टोव और कुछ चाय की प्यालियाँ, इतनी ही चीजें उस होटल में थीं। शराब पीने के बाद वे दो लोग वहाँ से उठ गए और बैलगाड़ी में बैठकर घुंघरुओं की आवाज करते हुए बिना कुछ बोले चुपचाप चल दिये।

उसमें से एक से पूछताछ कर मैंने जानकारी ली थी कि रात के ग्यारह बज चुके हैं और वह नेर्ले नाम का कोई गाँव है।

साढ़े ग्यारह बज चुके थे—रात पलटने का वक्त था। अब आगे पेठनाका तथा उससे भी दूरी पर कोल्हापुर था...इतनी दूरी को जानकर मुझे थप्पड़ जड़ने का एहसास हुआ। अब चन्दर चुप हो चुका था। राधाक्का की गोदी में वह सोया हुआ-सा पड़ा था। हम चारों स्वस्थ लोग उसकी चारों ओर मिट्टी में बैठ गए थे।

धीरे-धीरे विट्ठल सिसकते हुए रोने लगा। उसकी नजर होटल के मर्तबान पर टिकी हुई थी। लड़कियाँ ललचाई नजरों से कभी होटल में बननेवाले खाने की चीजों की ओर और कभी अपनी माँ की ओर याचनाभरी नजरों से देख रही थीं। अपनी लाचारी और दरिद्रता से वे अनभिज्ञ नहीं थीं। वे इस बात को जानती थीं कि उस मर्तबान के सेव गाँठियाँ को खरीदने के लिए पैसों की जरूरत होती है और वे अपने पास नहीं हैं।

राधाक्का अब होश में आने लगी थी। उसने होटल में बैठे उन लोगों की ओर देखा। अन्तत: उनमें से एक आदमी उठ गया। "अब टरक में जाकर लेटता हूँ, सुब्बे छे को उठाव।" कहते हुए वह बाहर आया। खा-पीकर उसकी आवाज मोटी हो गई थी। हमारी ओर देखकर उसने पूछा, "कौन हो तुम? यहाँ कायकूँ बैठे हो?"

"बैठे हय बाबा...कब तक चलें?...पैर थक गए, रात हुई इसलिए बैठे हय बाबा, थोड़ा वक्त...हम चोर-उचक्के नय हय।" राधाक्का ने जवाब दिया। "यहाँ बी चोरने लायक कुच नय..." उस आदमी ने कहा। वह ट्रक की दिशा में पैर घसीटते हुए चला गया। उसकी आवाज सुनकर वहीं पर रहनेवाला वह आखिरी आदमी भी बाहर आया। नजदीक आकर उसने हाथ की छोटी-सी बैटरी की रोशनी में हम सबको अच्छी तरह से देखा।

"कहाँ से आए हो?" उसने पूछा।

"लम्बे से आए हैं, बाबा।" राधाक्का ने कहा।

"कहाँ जाना? कौन-सा गाँव?"

"जाना हय आगे...लम्बे...गाँव का नाम क्या बताऊँ? लम्बा जाना हय..."

"भूक लगी हय" विट्ठल से रहा नहीं गया। "पेट में कैसा तो होता..."

उसकी आँते भूख से कुलबुला रही होंगी। हम लोगों की स्थिति उससे अलग नहीं थी।

राधाक्का चुप बैठी रही, बहुत देर तक। उस आदमी ने राधाक्का से कहा, "बच्चे भूखे हय, लगता हय..."

"हाँ, बाबा...नय पैसा, रुपैया, तुमारा चाय पानी, सेव गाठिया खरीदने वास्ते! क्या करेंगे? पानी दोगे बाबा...उपकार होंगे...लम्बे से देना...हम महार लोग हय।"

उस आदमी ने बहुत देर तक अँधेरे में ही राधाक्का का चेहरा बैटरी की रोशनी में देखा। उसका अपना चेहरा अँधेरे में दिखाई नहीं दे रहा था। लेकिन जब वह होटल से बाहर निकला था, तब मैंने उसे देखा था। बढ़ी हुई दाढ़ी में मरियल-सा, बीमार आदमी था, वह!

"देता हूँ, पानी" उसकी आवाज में अजीब सा ठंडापन था। उसने पानी से भरी गगरी और चिपटा हुआ जरमन का लोटा लाकर रखा। "पिओ" उसने कहा।

"बारा बजे होंगे।"

"बजने दे..." राधाक्का ने विकारहीन आवाज में कहा। "मेरे जल्म के बी बारा बजे हैं, शुरू से...अब और क्या बजने का..."

हम लोगों ने ढेर सारा पानी पी लिया। पेट की आग बुझी नहीं थी लेकिन आँच थोड़ी कम हुई थी।

वह आदमी भीतर चला गया। टूटे-फूटे, आकारहीन लकड़ी के आसन पर बैठकर वह एकटक राधाक्का को निहार रहा था। अचानक वह वहाँ से उठ गया। मर्तबान की सेव को उसने कागज पर उड़ेल दिया और वह उसी लकड़ी के आसन पर फिर बैठ गया।

"यहाँ खाने का रखा हय" उसकी आवाज में सावधानी थी और आवाज भी मोटी हो गई थी। मैं उस आदमी तथा राधाक्का की गतिविधियों पर नजर रख रहा था। बायजी मेरे सामने बैठकर अपनी माँ को उत्सुकता से ताक रही थी।

उसके चेहरे पर अजीब से भाव थे। भिमी बाईं ओर लेट गई थी। ढेर सारा पानी पीने से पेट में उठे दर्द से वह परेशान थी।

अब राधाक्का की शान्ति धीरे-धीरे खत्म होने लगी। वह धीरे से ही सही लेकिन निश्चयपूर्वक एक-एक बात को अंजाम देने लगी। वह आदमी बाहर आया। बैटरी लेकर वह उस झुग्गी के पीछे जाकर रोशनी का झोंका घूमाते हुए यूँ ही घूमकर वापस आया। "वहाँ जानवरों का चारा रखा है, उसी को देकता हूँ, बीच-बीच में" कहते हुए वह हमारे सामने आकर उकडूँ बैठ गया। शराब का भभका उठा। बायजी डरकर पीछे हट गई।

राधाक्का ने भी बदन चुरा लिया।

"ओय बच्चे लोग, ले लो वह सेव..." वह आवाज में नकली प्यार जतलाते हुए हमें कहने लगा। उसने मुझसे कहा, "इसके दो रुपये होते हैं..." धीरे से उसने कहा। "मालिक गया अपनी बाइली के पास सोने के लिए और मैं हूँ उसका रखवाला..." वह डरावनी-सी हँसी हँसते हुए बोला।

बायजी ने फिर एक बार डरने का बहाना किया। राधाक्का ने चन्दर के सोते और बेहोश-से शरीर को नीचे जमीन पर रखा। उसने कोई आवाज नहीं की। लेकिन वह जिन्दा था। साँस ले रहा था। उसे तेज बुखार था। "मैं जरा जाकर आती हूँ रे बाबांनो" राधाक्का ने धीमी और कमजोर आवाज में कहा, "तब तक खा लो यह सेव...उठो जाओ..." उसकी आवाज में दम नहीं था—अपनी हारी हुई जिन्दगी की लड़ाई वह हमेशा के लिए हार गई थी। उसकी आज्ञा पाकर विट्ठल और भिमी तत्काल उठ गए। राधाक्का वैसे ही कराहते हुए उठ गई। उसकी वह पतली-सी, मरियल-सी देह, बिलकुल पिचकी हुई! उस देह ने कौन-से संकटों को भोगा नहीं था...अब तक? और इतने संकटों में भी जतन किये गए अपने सतीत्व को आज वह दाँव पर लगा रही थी, सिर्फ मुट्ठीभर सेव की खातिर!

किसी दार्शनिक की तरह मेरी ओर मुड़ते हुए उसने गम्भीर आवाज में कहा, "आस्सुक्या, मयने सिरफ बच्चों का बोजा ढोया रे, उनकी बीमारियों का बोजा नय ढो पाई। अब तुम लोगों की भूक का बोजा मय ले रही हूँ...तुम दिमागवाले हो...समजदार हो...मुजे दोस मत देना..."

उस बेशर्म आदमी ने मिट्टी के घड़े में जो पानी था, उससे लोटा भर दिया।

"उट जाओ रे..." राधाक्का ने बायजी और मुझसे कहा। शेष दोनों कब के सेव पर टूट पड़े थे। बायजी अबकी बार किसी समझदार औरत की तरह सब समझने के भाव से बड़ी-बड़ी आँखों से माँ की ओर ताक रही थी।

"अरे तुम कायकू बैटे हो..." उसने मुझसे पूछा। "अबी आती हूँ, पाँच मिन्टों में...भाग नय जाती मय...दूर से मेरे साथ आए हो, मेरे बच्चे जयसे रहे हो...दूसरे का बच्चा लेकिन मुजे तुमने माय की तरह देका...तुम कायकूँ पीछे हो...खाओ जाओ" मैं बेमन से उठ गया। पूरा बदन टूट रहा था, दर्द था कि रुकने का नाम नहीं ले रहा था। सब कुछ सोचने-समझने की शक्ति से परे था।

मैंने भीतर जाते समय राधाक्का को उस लोटे के साथ झुग्गी के पीछे जाते हुए देखा। वह हरामखोर भड़ुआ उसके पीछे-पीछे था।

वह सेव नहीं थी, वह भाड़ थी। मैं जैसे-तैसे दो कौर खा सका। तीनों ने पहले ही अधिकतर सेव खत्म कर दी थी। मैंने बायजी की ओर देखा। वह नजरें नहीं मिला पा रही थी।

दोपहर में उसने बिनावजह अपनी माँ का चरित्र हनन किया था। उस पर झूठी तोहमत लगाई थी। और अपने उस साहस के लिए उसने मार भी खाई थी। लेकिन अब उसकी माँ का सतीत्व छीना जा रहा था और जिसके लिए राधाक्का यह मूल्य चुका रही थी—'पाँच मिन्टों' को गिना रही थी, वह सेव बायजी भी चुपचाप खा रही थी।

मैं जानता हूँ, उसके बाद अपनी माँ पर ऐसी गन्दी तोहमत लगाने की कोशिश उसने नहीं की होगी...उसमें वह साहस ही नहीं रहा होगा...

नेर्ले गाँव को गालियाँ देने की वजह यही है कि उस दिन वहाँ पर चौथा मुर्दा पड़ा था...राधाक्का के चरित्र का मुर्दा...

बिछुड़ने का दिन

वह भूत की तरह उस झुग्गी के बाहर अँधेरे में यूँ ही बैठी थी। वह नीच आदमी झुग्गी का दरवाजा बन्द कर अन्दर लालटेन की रोशनी को कम करते हुए सो गया था। बायजी, भिमी और विट्ठल भी कब के सो गए थे लेकिन मेरी आँखों से नींद गायब थी।

मेरे जैसे लोगों को जिनके पास अपने बचपन की कड़वी, तीखी यादें हैं, 'फोटोग्राफिक मेमरी' का होना तकलीफदेह होता है। देखे हुए, सुने हुए, पढ़े हुए, महसूस किये हुए तथा उससे भी अलग पैमाने पर कुछ अजीबोगरीब एहसास हमारे दिल में बसे रहते हैं। भँवरे के मजबूत घर की तरह या गोखरू की तरह! हालाँकि वह सिर्फ भँवरे का घर या गोखरू नहीं होता बल्कि उसमें डसनेवाला भँवरा या फिर चुभनेवाला काँटा होता है। थोड़ी देर के लिए शान्ति लेकिन उसे थोड़ा-सा धक्का लगा नहीं कि वेदनाओं का जलजला उठता है। मेरे दिल पर उन यादों के भँवरे के घर तथा जहरीले काँटों द्वारा बनाए गए गोखरूओं की संख्या अनगिनत है!...उस दिन बिना आवाज किये बिलख-बिलखकर रोनेवाली तथा रोने से पूरी तरह गद्गद हुई राधाक्का को मैंने देखा। राणू, चन्दर और सुन्दर की मृत्यु पर उसका विलाप दूर-दूर तक पहुँचा था, वह रोई-चिल्लाई थी। लेकिन आज, जब उसने अपने सतीत्व को ही बलि चढ़ाया, उसका दिल रो रहा था। मैं सिर्फ उसे देख रहा था, उसका बड़ी-बड़ी साँस लेना, आहें भरना, नाक ऊपर खींचना आदि बातों को मैं देख सकता था। मेरी ओर पीठ करके शायद वह उँगलियाँ चटखाती होगी, दाँत पीसती होगी,

खुद को कोसती होगी लेकिन अँधेरे में यह सब कुछ देखना मेरे लिए सम्भव नहीं था। लेकिन उससे कुछ ही गज की दूरी पर बैठकर पैरों को पेट से सटाकर बीच-बीच में घुटनों पर सिर टिकाते हुए मैं उसे देख रहा था।

उसके साथ क्या हुआ होगा, यह मैं जानता था। गाँव-कस्बों में खुली, नंगी जिन्दगी जीनेवाले मुझ जैसे बच्चे को सम्भोग (समागम) का प्रत्यक्ष ज्ञान नहीं हो सकता था लेकिन उससे सम्बन्धित क्रिया, प्रतिक्रिया, पूर्वक्रियाओं से मैं भलीभाँति वाकिफ था। 'वह उससे लागू है...' जैसी गोपनीय, पहेलीनुमा बातों को समझने लायक मैं सयाना था। गाँव-कस्बों की खुली जिन्दगी, दोस्ती, वहाँ का माहौल, उस छोटे-से विश्व की झगड़ालू स्थितियाँ तथा गलत बातें! मैं वाकिफ था, इन सबसे!

उसके दुख के सामने मेरा अपना व्यक्तिगत दुख कुछ भी नहीं था। अपनी जिन्दगी मुझे बोझ के समान लग रही थी जबकि उसे अपनी जिन्दगी के अलावा अनेक लोगों के बोझ ढोने पड़े थे लेकिन मुझे यकीन है, हमाली के तौर पर उसे एक पैसा भी मिला नहीं होगा...

उसे देखने का मेरा वह सिर्फ दूसरा दिन था। इन दो दिनों में मैंने उसके कितने ही रूप देखे। कभी शान्त-सलिला जाह्नवी, तो कभी सहस्त्रचंडिका, कभी पत्थर की तरह मजबूत और कठोर तो कभी भावनाओं से मोम की तरह पिघलती हुई! उसका मातृप्रेम लावे की तरह था। ऊबड़-खाबड़, जंगली लेकिन अत्यन्त तेज, गतिशील...वह अत्यन्त अभिमानी थी। उसका दिल लोहे की तरह मजबूत था। पैदल चलना होगा, एस.टी. बस से नहीं जाना, यह बात उसने मुझे बताई थी। और जब मुझे एस.टी. बस में से बाहर फेंक दिया गया था तब अपना मजबूत और पुख्ता दार्शनिक अन्दाज भी उसने मुझे बताया था। वह दुनियादारी जानती थी। दुनियादारी को लेकर उसने जो भी कुछ मुझे बताया था, वह सौ जन्म को सुख में बिताकर या किताबें पढ़कर समझने जैसा नहीं था। उसका बर्ताव उससे भी अधिक अजीबोगरीब रहता था। गरीबी, आदमी को विश्व में मौजूद मानवीय व्यवहार के कण-कण से परिचित करवाती है। जिसने ऐसी दरिद्रता में जीवन जिया हो, उसकी जिन्दगी कभी साधारण नहीं रह पाती।

उसका मन मजबूत होता है। उसकी देह मजबूत हो जाती है। कल्पना-विश्व के उस टारजन की तरह वह आदमी आदमी होता भी है और नहीं भी! महार जाति में पैदा हुई और जन्म के साथ कंगाली में जीनेवाली वह राधाक्का साधारण स्त्री नहीं थी। वह असाधारण स्त्री थी। मुझसे मिलने से पूर्व ही मानवता के शत्रुओं के विरुद्ध उसने अपनी जंग छेड़ दी थी। लेकिन मेरे दुर्भाग्य से मैं उसे ऐसे मोड़ पर मिला था, जब वह जंग हारने के कगार पर थी या हार रही थी।

आज यह जो भी कुछ मैं लिख रहा हूँ, सोच-समझकर लिख रहा हूँ। लेकिन उस वक्त यानी आज से बीस-बाईस साल पहले जब मेरी अपनी सोच कमजोर थी, या फिर मेरी सोच पूरी तरह से तैयार नहीं थी, तब मुझे जो धक्का लगा था, वह आज भी महसूस होता है।

मैं थक गया था, नींद आ रही थी, लेकिन यह शुरू में...बाद में नींद आँखों से पूरी तरह से गायब हो गई थी और मन का कोना किसी अनजानी आवाज से गूँजने लगा था। अन्ततः मैं उठकर बैठ गया। उसने आश्चर्य से मेरी ओर देखा, "क्यों रे? क्या हुआ? कायकूँ उट गए? उठने के लिए तो भोत समय हय।"

"नींद नय आती," मैंने कहा और पालथी मारकर बैठ गया।

"कायकूँ रे?"

"पता नय," मैंने जवाब दिया।

थोड़ी देर के बाद उसने बड़ी मुलायम आवाज में मुझसे पूछा, "घर की याद आई लगती हय, तुजे?"

"नय" मैंने तुरन्त जवाब दिया...घर की यादों का स्रोत उस वक्त मेरे लिए सूख सा गया था।

"फिर रे..."

"आक्का...मुजे रानू की याद आती हय...वह होता तो...हम यहाँ नय रुकते..."

अँधेरे में उसका बदन थर्रा सा गया, मैंने देखा। दूसरे ही पल उसके खुरदरे हाथों ने मुझे लपेट लिया। उसकी उँगलियाँ मेरे गालों को सहलाते हुए घूमी और फिर अपने कानों के पास लेकर उसने अपनी वहीं उँगलियाँ चटखाई।

उँगलियों को चटखाने की तेज आवाज ने यकीन दिलाया, वह मुझसे प्रेम करती है, अन्यथा उँगलियाँ चटखती नहीं।

"उसका बाप गया...वो बी गया...अब कौन संबालेगा..." उसकी आवाज टूटी हुई-सी थी। "कायकूँ जीने का...किसलिए ये सब कुच करने का...आखिर में क्या मिलता हय, वो भी नय समजता।" वह पलभर के लिए रुक गई। "उसका बी एक खेल ही हुआ। आस्सुक्या, उसे मरना नय था...पर उसके पास बी अमरपट्टा नय था...अऊर मय बी तुजको बुरा-भला बकीं...बाबा, मेरी गल्ती हुई...तुम नय डसे थे उसकू, रानू को...उसके पयले यदि नागन तुजको देकती तो तेरा बी वहीच करती जो उसका किया...पर...गुस्सा पीचे होता...मय बोली तुमकूँ...मय बोल्ली...अब आपगाँव आएगा...वहीं से हम अलग होंगे...मेरे मन में बात रयने कूँ नय माँगती...जब कब मिलेंगे...तब की बात तब...लेकिन जब कहना हय, कहके निकल जाओ..."

उसने मेरी बातों के लक्ष्यार्थ को चालाकी से टाल दिया था...राणू होता तो अपनी माँ को यूँ ढहने-बिखरने नहीं देता...वह लड़ता...वह माँ को ढेर सारी गालियाँ बकता था लेकिन उसके दिल के किसी कोने में माँ-बाप के लिए प्यार भरे झरने बहते थे।

"लेकिन...लेकिन..." मैं कहना चाह रहा था। "आक्का, तुमने ऐसा क्यूँ किया?" ढाढ़स को और समेटते हुए मैंने उसे पूछा, "रानू को ये बात पसन्द आती?" "मुजे कहाँ पसन्द हय बाबा..." उसने थोड़ी देर के बाद तटस्थता से ठंडा जवाब दिया "...तुमकू और रानू को मुज पर गुस्सा करने की जरूरतच नय। मय तो अपने पर ही गुस्सा हूँ...मयने काम भी ऐसाच किया हय। मय तो खुद पर नाराज हूँ...दुनिया पर, बच्चों, दादले पर या रिश्तेदारों पर गुस्सा करके क्या करूँ?...मय उन पर बिलकुल गुस्सा नय हूँ...उन पर गुस्सा करने से फायदा बी क्या?...आस्सुक्या, अपनी सड़ी हुई जिन्दगी की बदबू से मय बी परेशान हूँ...तुम लोगों ने सेव खाई, कल उसे हग दोगे लेकिन तुमारे पेट भरने पर बी मेरी आबरू वापस मिलेगी? अब उसे बी जाने दे...आस्सुक्या, मय तो बिलकुल अनपढ़ गँवार बाईल, मयने बचपन से भोत कुच देका...

परपंच का यह लफड़ा...बिलकुल खराब, गन्दगी का मामला...मेरे सब लोग ऐसेच कुत्ते की मौत मरे...मयने सबकू ऐसेच मरते हुए देका। क्या मय उन लोगों से अलग हूँ या फिर मजबूत हूँ?" मैंने उसकी पूरी बात, बड़े दिल से सुन ली। मुझे लगा, उसे अपने किये पर पछतावा नहीं है बल्कि अब वह तटस्थ हो गई है, सबसे अलग। उसने मुझे बिलकुल करीब खींच लिया था, लपेट लिया था। "अब काये का रानू, सुन्दर, चन्दर...अब चन्दर बी नय रुकने का...मय समजती हूँ, सब...मय खुदकूँ समजाती हूँ...रादे...ये बच्चे तेरे नय होंगे...तुम सिरफ जल्म देनेवाली...जल्म छीननेवाली तुम नय...वो तो वक्त हय...अब आस्सुक्या, तुम बी मेरे बच्चे जयसे...उसी आस से तुमकूँ मय यहाँ तक लेकर आई..." कहते-कहते अचानक वह रुक सी गई। धीमे से हँसते उसने मजाक से हुए, "क्यों रे, अब तो तुम जान गए हो ना, सब कुच, पूछा, पिछला...फिर मुजे माय की तरह मानोगे, मुजे माय कहोगे?" मैं अभिभूत था। पूरी दुनिया, राधाक्का और मेरी दुनिया एक दूसरे के साथ मिल गई थी। दर्पण में प्रतिबिम्ब दिखने जैसा माहौल था, एक अनंत चित्र बन गया था, जिसका कोई पार नहीं था। एक दूसरे में उलझा हुआ फिर भी एक दूसरे से तटस्थ वह चित्र...अलग-थलग...!

"राधाक्का तुमने जो कुच बी किया, हमारे वास्ते किया?" मैंने धीरे से कहा। "मय समजता हूँ, उतना...मय छोटा हूँ फिर बी समजता हूँ। तुम मेरी माय की तरह क्यों, तुम तो मेरी माय ही हो, मय तो तुमकू हजार बार 'आई' कहूँगा..."

उसने मुझे लपककर सीने से लगाया और वह रोने लगी, बेतहाशा...जब पूरी तरह से हारे हुए व्यक्ति को कोई कहता है कि 'वह भी लड़ रहा था' तब उसे जो खुशी मिलती है वही खुशी उसे सराबोर कर रही थी। वैसे भी हारनेवाले के लिए इस दुनिया में कोई न्याय नहीं होता, न ही उसका कोई मूल्य होता है...उसकी मजार पर कोई दीया नहीं जलाता। लेकिन उस रात मैंने राधाक्का के जिन्दा शव पर मातृप्रेम की अखंड ज्योति जलाई...और वह ज्योति आगे चलकर मेरे दिल में यूँ ही धीमे से अनवरत जलती रहनेवाली है।

“अब नय रुकने का...अन्देरे में ही आगे बढ़ेंगे,” उसने कहा, “जगाओ बच्चों को, मय चन्दर कूँ देकती हूँ।”

मैंने जोर-जोर से हिलाकर तीनों बच्चों को उठाया। थोड़ी-सी नाराजगी! लेकिन उस अँधेरे से भरे हुए माहौल में उस बेदर्द, निर्लज्ज, ठंडे और हर बात के साक्षी रास्ते पर हम चलने लगे।

“अब जल्दी-जल्दी चलो,” राधाक्का ने आदेश दिया, “जल्दी चलोगे तो ठंड नय लगने की...” कहते हुए वह तेजी से बढ़ने लगी। मैं भी उतने ही दमखम से और उत्साह से चलने लगा। उस स्थान को जितनी जल्दी हो सके, छोड़ देना, फिर कभी उस गन्दी, नापाक, भ्रष्ट धरती को स्पर्श नहीं करना, उसकी ओर घृणा से देखना तक नहीं...आदि कुछ मिली-जुली भावनाएँ राधाक्का और मेरे दिल में हिलोरें ले रही थीं। अँधेरे में ही हमने पेठनाका पार किया। वहीं किसी नल से तेजी से पानी बह रहा था। हम सबने वहीं पर मुँह धोये, पेट भर पानी पी लिया। फिर नये उत्साह के साथ हम उस जगमगाते चौक को पार कर, हमें अपने गाँव की तरफ ले जानेवाले रास्ते पर पहुँच गए। बायजी, भिमी शिकायत कर रही थी, विट्ठल भी नाराजगी जतला रहा था लेकिन हमने उनकी ओर ध्यान नहीं दिया। हम इतनी तेजी से चल रहे थे कि कलेरी गाँव के नाम की तख्ती पढ़ने के लिए आवश्यक रोशनी फैलने तक हम उस गाँव के नजदीक पहुँच चुके थे।

वह पहाड़ों-खाइयों का इलाका था। रास्ता छोड़कर गाँव गहरे अन्दर तक बसे थे। सिर्फ तांदुळवाड़ी गाँव रास्ते से सटकर था।

अलस्सुबह की ऐसी ही धीमी-सी रोशनी में पीछे से एक मोटरगाड़ी रोशनी से हमें चौंधियाती हुई आई। हम सब रास्ते के बीचोबीच चल रहे थे। हॉर्न की आवाज को सुनने और रोशनी को देखते ही हम रास्ते के एक ओर हट गए। वह छोटी-सी मोटरगाड़ी थी जो कि हमसे होकर गुजरते समय धीमी हो गई। पच्चीस-तीस कदमों पर हमसे आगे जाकर वह अचानक रुक गई। राधाक्का डर गई लेकिन उससे भी ज्यादा डर गई, बायजी!

उस मोटरगाड़ी से एक हरामजादा, नीच आदमी बाहर निकला। वह गाड़ी में अकेला था।

"कहाँ जा रहे हो?" उसने शुद्ध भाषा में पूछा। उसके बदन पर महँगे, ऊनी कपड़े थे, गले में मफलर लपेटा हुआ था। "कईं नय बाबा..." राधाक्का ने कहा, "तुम जाओ...अपने रास्ते से बाबा..."

"मैं भी आगे जा रहा हूँ। तुम लोग भी जा रहे हो, इसलिए पूछ लिया। उसमें गुस्सा करने की क्या बात हुई?" उसने पूछा।

सुबह की उस धूमिल रोशनी में मैंने उस आदमी को ध्यान से देखा। उसका चेहरा आज भी मुझे याद है। मैं चित्रकार होता तो उसका चेहरा आज भी बना लेता।

"नाय बाबा...हमकूँ तो यहीं पर जाना है...पैदल ही जाना हय..." राधाक्का ने जिद से कहा और उस मोटरगाड़ी को पार कर तेजी से आगे बढ़ते हुए वह हम पर चिल्लाई, "चलो रे भाड्यानो, पैरों में छाले पड़ गए तुमारे...कायकूँ रुके हो?"

बित्तेभर बच्चों के साथ अकेली औरत को उस शान्त, नि:शब्द माहौल में देखकर अलस्सुबह उस नराधम की नियत खराब हो गई थी। उसने राधाक्का का हाथ पकड़कर उसे अपनी गाड़ी में इतनी तेजी से खींच लिया कि अप्रत्याशित रूप से राधाक्का उस गाड़ी में जाकर गिर गई। वह नीच और कमीना आदमी तेजी से गाड़ी में घुस गया और गाड़ी का दरवाजा बन्द करने की कोशिश करने लगा।

"आक्का!" मैं चिल्लाया और बिना कुछ सोचे-समझे मैं उस आदमी के साथ उलझ पड़ा। वह गाड़ी के जिस दरवाजे को बन्द करने की कोशिश कर रहा था, मैं उसी दरवाजे से घुसने लगा और उस कमीने की मफलर मेरे हाथ आई। बुरी तरह से गालियाँ बकते हुए मैंने उसका गला पकड़ने की सफल कोशिश की और अपने बढ़े हुए नाखूनों से मैं उसका गला छीलने लगा। राधाक्का भी अब तक सँभल गई थी। शेरनी की तरह वह उस आदमी पर टूट पड़ी और उसके बाल नोचते हुए उसने उसकी बाँह को इतनी बुरी तरह से काट खाया कि मांस का टुकड़ा निकल आया। अब डर और दहशत के साथ तथा वेदना से वह आदमी चिल्लाया।

बायजी, भिमी, विट्ठल भी अब "आक्के...आय" कहकर चिल्लाते हुए डरकर उस गाड़ी के इर्द-गिर्द पागलों की भाँति नाचते हुए चिल्लाने लगे। उस आदमी ने अपनी पूरी ताकत लगाकर जैसे-तैसे गाड़ी का दरवाजा खोलकर एक हाथ से राधाक्का तथा उसकी गोद के चन्दर को पूरी शक्ति के साथ बाहर धकेल दिया। दूसरे हाथ से उसने मेरे मुँह पर जोरदार थप्पड़ लगाकर मुझे दरवाजे के बीच से हटा दिया और वह दरवाजा भी उसने बन्द कर लिया।

दूसरे ही पल उसकी मोटर हवा से बातें करने लगी थी। मैं अवाक् था, यह वाकया कब शुरू हुआ और कब खत्म हुआ, मेरी समझ में नहीं आया था। अब जब मैं उस वाकये के बारे में सोचता हूँ, तब उस आदमी के प्रति घृणा से मेरा दिल भर जाता है लेकिन उस जैसे शिक्षित तथा अमीर आदमी द्वारा बीच राह ऐसा घृणास्पद कार्य किया जाना, किस बात का द्योतक है? इनसान में मौजूद पशुता के अलावा इसका और क्या जवाब हो सकता है? आज जिसे हम अत्याचार, जबरदस्ती, अनाचार समझते हैं, अपराध मानते हैं, वे सब आदमी की आदिमता के परिचायक हैं। हर आदमी कभी-न-कभी अपनी सभ्यता का मुखौटा फाड़कर आदिमता की ओर मुड़ता है। पुणे के मेरे एक अल्प-परिचित व्यक्ति द्वारा भी ऐसा घिनौना काम किया गया था। बहुत देर तक बस, रिक्शा का इन्तजार कर थकी हुई एक प्रौढ़ स्त्री ने उससे लिफ्ट माँगी। तब तक यह आदमी ठीक था, सही था। जब वह औरत गाड़ी में बैठ गई, इसका रूप बदल गया। सभ्यता, शिष्टता का मुखौटा तार-तार हो गया। घंटे भर उसे घुमाकर, दूर ले जाकर उसने उस पर बलात्कार किया और फिर उस औरत को ही चुनौती देते हुए डींग हाँकते हुए उसे उसी गाड़ी से शहर में लाकर छोड़ दिया। हालाँकि यह निजी मामला है, लेकिन उस आदमी ने ही अपना बड़प्पन जतलाने के लिए अपने यार-दोस्तों के बीच इस घटना का वर्णन किया और फिर यह बात फैल गई। फैलकर मुझ तक भी पहुँच गई। हालाँकि यह कोई बदनामी की बात नहीं है। दुनियाभर में पल-पल में ऐसे हादसे होते रहते हैं। मैंने पहले भी कहा है, अपनी शिष्टता और सभ्यता का यकीन मैं भी नहीं दे सकता।

राधाक्का का गुस्से से गालियाँ बकना, उस खींचातानी में चन्दर के बिगड़ते हालात और रास्ता छोड़कर पहाड़ी रास्ते की तरफ हमारा चलना, इन सब कामों में घंटेभर का समय बीत गया। चन्दर अब कुछ ही घंटों का मेहमान लग रहा था। उसे बुखार था। कभी उनींदी स्थिति में, कभी बेहोशी या नीमबेहोशी की स्थिति में येलूर की घाटी में ही वह ठंडा पड़ता गया।

राधाक्का अपनी ही जिन्दगी से बेहद परेशान हो चुकी थी। "रास्ते से नय जाने का। वह बी अपना नय।" वह चिल्लाई। "अपना कुच बी नय। जितना गाड़ दिया जाएगा, उतनीच जमीन अपनी।"

मेरी उँगली अब दर्द से फिर सताने लगी थी। मैंने उसी उँगली और हाथ से उस नीच, कमीने आदमी की गर्दन पकड़ने की कोशिश की थी। अब भी वह आदमी मुझे कहीं दिखाई दे और मुझे यकीन हो कि यही वह आदमी है, तो मैं उसे कभी चैन से जीने नहीं दूँगा, मेरी यह पुरानी प्रतिज्ञा है। लेकिन उसके तथा उसके परिवारजनों के सौभाग्य से वह मुझे अपने मुल्क में कभी भी दिखाई नहीं दिया।

इसके बाद कुछ खास और विशिष्ट घटनाएँ नहीं घटीं। येलूर की घाटी से गुजरते हुए जब सूरज की किरणें तेज होने लगी तब चन्दर का बदन ऐंठने लगा। राधाक्का अब चुपचाप बैठी थी। चन्दर की ओर देखते हुए हम भी इकट्ठा हुए। "ऐ, कौन हो तुम? यहाँ क्या करते हो?" एक साफ-साफ, खुरदरी आवाज सुनाई दी और जमीन से अचानक उग आए पौधे की तरह एक तगड़ा, दाढ़ीवाला और डरावना आदमी बगल के बड़े से पत्थर की आड़ से सामने आया। "आ...?" उसने फिर से पूछा।

"अग बया, ये तो फरार दिखाई देताय," राधाक्का सहमी और डरी आवाज में बोली। हम सब सहम गए थे। डर गए थे। हमारी घिग्घी बँध चुकी थी। लेकिन राधाक्का ने जमीन पर लोटकर उसके सामने हाथ जोड़ते हुए याचना की "दादा, मेरा बच्चा मर रहेला है...हम तो ऐसेच खानाबदोश, महार जाति के हैं। यहाँ से वहाँ, वहाँ से यहाँ, लात खाते हुए अपने घर जा रहे हय..."

वह फरार आदमी अपनी तेज निगाहों से हमें जाँचता, परखता और तौलता रहा। उसके हाथ में मोटी लकड़ी की लाठी थी और कंधे पर भरा हुआ बड़ा-सा थैला! वह दो कदम आगे बढ़ा। उलटी साँस लेनेवाले, मरते हुए चन्दर की ओर उसने देखा। "उसकूँ क्या हुआ हय?" उसने पूछा। उसकी आवाज में वही कठोरता थी लेकिन अब उसमें मौजूद मगरूरी और दहशत खत्म हो चुकी थी। "कासेगाँव के पास बैल ने उसे अपने पैरों तले रौंदा जी... सीने पर पैर रखा...पसलियाँ टूट गईं..." "कौन-सा गाँव?" उसकी आवाज और मुलायम हो गई थी।

"आपें!" राधाक्का की आवाज में दीनता भरी हुई थी। हम लोगों को देखकर ही वह फरार आदमी हमारे हालातों से वाकिफ हो गया होगा।

"भोत दर से पैदल चलकर आए हो..."

"हाँ दादा, हमारे पास कयसा पैसा...कौन-सी गाड़ी हमें लेगी...भगवान ने पैर दिये हैं...चलने का...अऊर क्या..."

चन्दर वहीं पर मर गया। उस डरावने फरार आदमी ने अपनी लाठी और थैले को नीचे रख दिया। राधाक्का थोड़ी देर तक रोती रही। और कल अपना बड़ा बेटा, किस तरह से मर गया, यह कहानी बताने लगी। "बाई होता हय, एक-एक का नसीब..." वह अज्ञात तगड़ा आदमी कहने लगा। गड्ढे में चन्दर को रखकर उस पर मिट्टी के ढेले डालने का काम उसने ही किया।

"उसका जीना खतम हो गया।" वह समझा रहा था। "बाई, ऐसा बी होताय...जीकर फायदा क्या? कल तुमारा बड़ा बेटा मर गया। वह बी तुजे क्या सुक देता? उसका क्या भरोसा?" वह अपने प्रश्न का उत्तर नहीं चाहता था। "कोई ऐसा मरता हय, तो कोई हम जयसा जिन्दा होकर बी मरता हय। सब कुच हय पर कुच बी नय...सब कुच ऐसा हय, अजीबोगरीब..."अब जाव...उठो...रास्ते से जाव...घाटी से मत जाना...नीचे रास्ते से जाव...किससे कुच मत कहेना..." उसने कहा और अपने बड़े से थैले में से उसने आठ-दस रोटियाँ, दाल तड़का और बासी पकौड़ियाँ निकालकर दी।

"कहीं पर बैठकर खाओ...जाव...राम राम..."

हम घाटी से निकलकर रास्ते पर आए और रास्ते का एक छोर पकड़कर तेजी से चलते रहे। तांदुलवाड़ी आई और गई। वारणा का पुल पार किया गया। कोल्हापुर, वड़गाँव से हरदिन दिखाई देनेवाली वे परिचित पहाड़ियाँ... अब मैं कोल्हापुर के पास पहुँच रहा हूँ, इस कल्पना मात्र से मेरा दिल भर आया। 'घुणकी किणी' को हमने पार कर लिया और वह जाना-पहचाना वाठार मुझे दिखाई देने लगा। तब साढ़े ग्यारह बज चुके थे। वाठार से ही एक रास्ता वड़गाँव की ओर जाता है और दूसरा विरुद्ध दिशा में कोडोली, मसूदमाले गाँवों और पन्हाला किले तक पहुँचता है। वाहियात, बदमाश बच्चों के साथ वड़गाँव से वाठार, अंबप तक का रास्ता मैंने अनेक बार पार किया था, मैं इस इलाके में घूम चुका था। अपनी हवाएँ, अपनी मिट्टी और अपनी पहचान का आसमाँ और इलाका...

"यहीं पर रोटी खाते हय, आखिर की" राधाक्का की आवाज भारी हो चुकी थी। "आगे मीलभर से हम अन्दर जाएँगे और तुम अकेले आगे जाओगे...हमें आपेगाँव से बी अन्दर जाना हय।"

बात करते हुए वह मेरी ओर देख नहीं रही थी। लेकिन यह सब वह मुझे बता रही थी। वाठार के उस होटल के पास एक ओर हम बैठे थे। हमारे हाथों में उन पहाड़ों, खाइयों में भूत की तरह घूमनेवाले उस अनजान, अज्ञात फरार आदमी की दी हुई रोटियाँ थीं। उस आदमी ने क्या गुनाह किया था? वह फरार क्यों था? वह कौन था? कहाँ से आया था? इन सभी सवालों के जवाब मिलना सम्भव नहीं था। उस आदमी से ये सवाल करना सम्भव भी नहीं था और उसे इस तरह से पूछना भी धोखादायी था। लेकिन उसकी भाषा बता रही थी कि वह उसी इलाके का आदमी है। हम सब बीचोबीच रोटियाँ, दाल, भजिया रखकर बैठ गए। पिछले तीन दिनों के बाद पहली बार ऐसा खाना हमें नसीब हो रहा था और वह भी किसी दयावान गुनहगार का दिया हुआ। हम बड़े चाव से खा रहे थे। रोटियाँ मोटी, खुरदरी और बासी थीं। लेकिन वैसे भी मुझे बासी, कड़क रोटी, ताजी रोटी से ज्यादा पसन्द थी। मैं बासी रोटी अधिक खा सकता था। मैंने दो रोटियाँ खाईं। राधाक्का पहली बार पेट भर खाना खा रही थी।

उस रोटी के पीछे जो मानवीयता थी, शायद वही उसे अधिक जायकेदार लगी होगी। जंगलों में भटककर, कभी-कभार धोखादायी स्थिति से पार होकर पेड़-पौधों से हम खाने की कितने ही चीजें इकट्ठा किया करते थे...मैं और राणू...लेकिन वह उसमें से कुछ ज्यादा खा नहीं पाती थी। शायद इतने से बित्तेभर छोकरों द्वारा कुत्ते-बिल्लियों की तरह खाने की, जीने की, की जानेवाली कोशिश में अपना हिस्सा उसे सुहाता नहीं होगा..."आस्सुक्क्या, तुम खा लो... तुमें अऊर चलना है...शाम तक तुम पंचगंगा तक पहुँच जाओगे..." कहते हुए उसने उसमें और बात भी जोड़ दी..." यदि अकेला गया तो...गलती नय करेगा तो..." वहाँ पीने के लिए पानी भरपूर था लेकिन हमें माँगकर पानी पीना पड़ा। उस वक्त ये सभी बातें हमारी आदतों में शुमार थी। अभी-अभी उन बातों को लेकर मैं चिढ़ जाता हूँ लेकिन वह चिढ़ना भी नकली लगता है।

घंटेभर के विश्राम के बाद हम सब फिर चल पड़े। और अचानक राधाक्का रो पड़ी। मैंने देखा, उस रोने में पिछले रास्ते पर जो कुछ हुआ था, रोने लायक जो घटनाएँ घटी थीं उसकी यादें थीं और भविष्य के अलगाव का एहसास भी था।

"वो रास्ता..." नाक साफ करते हुए राधाक्का कहने लगी, "हम दायने ओर जाएँगे अऊर तुम आगे जाओगे...सामने..."

मैं कुछ कह नहीं पाया। अकेलेपन के एहसास से गला भर आया था। इससे पहले मेरा यह एहसास, इन सब लोगों ने बाँट लिया था, हल्का किया था। हम उस मोड़ पर आए। उसने मुझे पकड़कर रास्ते के एक ओर बिठा दिया। फिर एक बार उसने माँ की ममता दर्शानेवाली कृति की। अपनी दोनों हथेलियों को धीरे से मेरे गालों पर घुमाते हुए उसने अपनी उँगलियाँ अपने कानों के पास ले जाकर चटकाई।

उस वक्त भी उँगलियाँ चटकाने की कड़क आवाज आई। ऐसे वक्त यदि उँगलियाँ नहीं चटकतीं तो वह अच्छा नहीं माना जाता।

मेरे कंधे पर हाथ रखकर वह रोने लगी। विट्ठल नासमझी की स्थिति में मेरी ओर देख रहा था, बायजी और भिमी की भी आँखें भर आई थीं—

लेकिन ऐसे वक्त क्या बोला जाता है—वह उनकी समझ से परे था। मैं भी केवल "अब चलता हूँ" कहने के शिष्टाचार से भी अनभिज्ञ था। मैं उठ गया। बिना कुछ कहे मुड़कर चलने लगा। राधाक्का उसी वक्त करुणा से रो दी, "आस्सुक्क्या... इदर आ जा...बेटा...थोड़ी देर के लिए...मेरे पास बैठ जा..." मैं लौट आया, फिर उसके पास बैठ गया। अपनी धोती के फटे पुराने कपड़े से उसने धूल से सना मेरा चेहरा पोंछ दिया। मेरे बालों में तेल नहीं था, मैंने बाल धोये नहीं थे इसलिए बाल घासफूस की तरह सिर पर फैले थे। भूत की तरह लग रहे थे। उन बालों में उँगलियाँ घुमाते हुए, प्यार से पुचकारते हुए, रात में जिस तरह से उसने मुझे चिपटा लिया था, उसी तरह करीब खींच लिया। वह रोने लगी "कौन से जलम का पाप लगा पता नय..."—उसने मुझसे कहा। फिर बड़ी गम्भीरता से, बारम्बार नाक खींचकर साफ करते हुए उसने मुझे गहन उपदेश किया—

"सयाने बनो, अच्चे से रहो...चार लोगों का सुनो...हक से जो सामने मिलेगा, गिनकर खाना...व्येवार से चलना...अऊर बेटा पता नय, पिछले कौन-से जलम का रिश्ता था जो मेरे बच्चों को मिट्‌टी देने में तुमने हाथ बँटाया..."

बहुत देर तक वह बातें कर रही थी...बड़बड़ा रही थी। "कस्ट से रोटी कमाकर खाना...गलत काम नय करना।" उसने हिदायत दी। "...गलत करेगा तो कोय बी, भाई-भैन भी तेरे पीछे नय रहेंगे...सिर्फ अकेले रहोगे...आग में जलोगे...समजे बाबा..."

अन्ततः वह स्वयं उठ गई।

"अब जा बाबा..." वह कह रही थी लेकिन उसकी आवाज में दम नहीं था। "हाँ...अब जा...बाबा...ये रास्ता सीदा जाताय कोल्लापुर को..." मैं फिर मुड़कर चलने लगा। फिर से वह चिल्लाई, "बाईं ओर से जा बाबा...बाईं ओर से ही जाना रे...रास्ते के एक ओर से ही जा बाबा...आस्सुक्क्या, ये रास्ते के डायवरलोग बड़े कमीने होते हैं रे...तुमने तो देका हय सब...उनकी आँखों पर चरबी चढ़ी हुई होती हय! भेड़-बकरी की तरह तुमें कुचलकर चले जाएँगे... अऊर तुम पड़े रहोगे लावारिस की तरह...मेरे रानू की तरह...समज लो, ये रस्ता अपना नईच...अऊर आगे जाने का..."

मैं उसकी बात सुनने के लिए थोड़ी देर रुक गया। फिर तेजी से चलने लगा। धीरे-धीरे वे चारों...जब मैं उनसे मिला था, वे सात लोग थे—अंबप की ओर चलने लगे। भरी दोपहरी की तपती धूप...रास्ते पर आगे-पीछे कोई गाड़ी नहीं थी...आगे पूरी तरह से बंजर भूमि फैली हुई थी...पूरा माहौल जलता हुआ-सा लग रहा था।

"आस्सुक्क्या!" फिर एक बार उसकी आवाज सुनाई दी, बहुत दूर से आई हुई! मैं फिर मुड़ गया। वह मेरी माँ...मुझे जाने नहीं दे रही थी। बार-बार बुला रही थी। जब राणू, चन्दर मर गए थे यूँ ही इसी तरह वह चिल्लाई थी।

अब उसके लिए मैं मर रहा था...जमीन के नीचे नहीं, जमीन के ऊपर... उसकी आँखों से ओझल इस अपार दुनिया में मैं दफन हो रहा था। अब फिर मिलना सम्भव नहीं...शायद उसकी वह अन्तिम पुकार थी, मेरे लिए...नीचे पैर के तलुए जल रहे थे, मैं बारी-बारी से पैर ऊपर उठाते हुए उसे सुन रहा था, मुड़कर उसकी ओर देख रहा था।

वे सब दूर थे। हर बार सबसे आगे चलनेवाली राधाक्का इस बार सबसे पीछे थी। उसका वह मरियल-सा शरीर बिलकुल छोटा-उँगली जितना दिख रहा था। एक हाथ ऊपर उठा हुआ, दूसरा आँखों पर...! हाथ हिलाते हुए वह दिखाई दे रही थी और उसी के साथ एक पतली-सी आवाज उस बंजर भूमि पर गूँज उठी..."आस्सुक्क्या...जा बाबा...संबलकर..."

आगे आए हुए मोड़ पर मैं मुड़ गया और पिछला सब कुछ आँखों से ओझल हो गया। उनके लिए मैं मर गया या फिर वे मेरे लिए मर गए या फिर हम सब खत्म हो गए...पिछले लोग पीछे छूट गए...आस्सुक्क्या, भरी दोपहरी की तपती धूप में, सिर पर जलते सूरज को लेकर खुले बदन से फटे चिथड़ों में लपेटकर चलता रहा...धूप ने जान सुखाई...धूप में हम लोग कहीं रुक जाते थे...लेकिन अब कोल्हापुर नजदीक है, इस तथ्य से वाकिफ मेरे पैर मिनट भर भी रुकने के लिए तैयार नहीं थे। कोलतार की उस सड़क पर मैं इतनी तेजी से जा रहा था कि तकरीबन दौड़े जा रहा था। राख की तरह धूल सर्वत्र फैली हुई थी। टोपगाँव आ गया। मैं थक गया था। रुके बगैर कोई अन्य विकल्प नहीं था।

मैं बस स्टैंड की शेड के नीचे बैठने जा रहा था कि स्टैंड के सामने एस.टी. बस पंक्चर करने के उद्देश्य से छुपाये गए काँटों में से एक जबरदस्त काँटा मेरे पैर के तलुवे में कील की तरह घुस गया।

छाँव में शान्ति से बैठकर उस काँटे को देखना कहाँ सम्भव था? मैंने यूँ ही काँटे को खींच लिया, खून निकल आया। टाइर के बजाय उस काँटे ने मेरा पैर पंक्चर कर दिया था। पाँच-दस मिनटों के लिए वहाँ मैं बैठ क्या गया, मुझे लगा घंटों बीत गए। फिर यूँ ही चलने लगा, लँगड़ाते हुए।

टोप के उस पठार पर आने के पश्चात् सूरज ढलने के समय मैंने दूर से कोल्हापुर को देख लिया। लेकिन न तो कोल्हापुर नजदीक आ रहा था...न ही शेष रास्ता आगे बढ़ता दिखाई दे रहा था। मैं मुड़ रहा था, चल रहा था, यहाँ-वहाँ! फिर मुड़ना, बढ़ना...लँगड़ाते हुए चलते समय गति भी मन्द हो गई थी।

अन्तत: शिरोली के उस तीन रास्तों पर आकर जब मैं एक पेड़ के नीचे, पत्थर पर बैठ गया, तब चार बज रहे थे। धूप खत्म होने जा रही थी। अब आनेवाला गाँव कोल्हापुर ही था लेकिन मुझे कोल्हापुर से भी आगे जाना था। कोल्हापुर के बाद का वह अन्तर अब तक की यात्रा से भी मुझे अधिक तकलीफदेह महसूस होने लगा था।

पैर के तलुए में से काँटा पूरी तरह निकला था या नहीं इस बारे में भी मैं आशंकित था। अपनी ही थूक से मैंने पैर का वह हिस्सा, घिस-घिसकर साफ किया। काँटे की बिलकुल पतली और बिन्दु जितनी काली निशानी तलुए की चमड़ी के नीचे दिखाई दे रही थी। "लगता है, काँटा पैर में ही टूट गया है?" मेरे सामने अप्रत्याशित रूप से आए हुए आदमी ने सवाल किया।

"यह कील थी?" मैंने हामी भरते हुए स्पष्टीकरण दिया।

"कहाँ जा रहे हो?"

"कोल्लापुर को।"

"तुमकू मैं लक्ष्मीपुर तक छोड़ दूँगा। आ जाओ, टरक में बैठो...मुझको वहीं पर खाराळया में जाना हय।" उस आदमी ने सीधा निमंत्रण दे दिया। मैं उलझन में था, 'हाँ' कहूँ या 'ना'। राधाक्का की बात जेहन में ताजी थी।

लेकिन मैं लॉरी में बैठ गया। सब ड्रायवर लोग 'कमीने' नहीं होते हैं। वह मालवाही लॉरी थी, इचलकरंजी से कोल्हापुर तक जानेवाली।

पाँच बजे मैं लक्ष्मीपुर में उतर गया। उस वक्त वहीं पर एस.टी. स्टैंड था। मुझे अपने वर्तमान स्थान तक पहुँचना था। मैंने मन ही मन उस ड्राइवर से कहा, "भले आदमी, दो-तीन दिनों पूर्व यदि सातारा के आसपास कहीं मिल जाते तो..."

लेकिन नहीं। यह नहीं होना था। अन्यथा दिल में चुभनेवाले काँटे की तरह वे तीन दिन कहाँ से आते? वह मेरे पूर्वजन्म का पाप कहिए या फिर मेरा दुर्भाग्य कहिए, जो लदा था, वह भोगना था। अन्तिम दो मीलों का रास्ता उस ड्राइवर की सहायता से जब बिना किसी तकलीफ के खत्म हो गया तब मुझे खुशी होने के बजाय डर लगने लगा था।

सातारा का बोर्डिंग स्कूल छोड़कर मैं भाग आया हूँ इस बात की जानकारी घर में मिली होगी? वे क्या कहेंगे? मेरा घर में स्वागत होगा या मार पड़ेगी? लक्ष्मीपुर से मैं आखिरी एक मील की दूरी तय करने लगा। शहर की सीमा खत्म हो गई थी। जवाहर नगर के पठार पर मैं पहुँच गया था...

अब आगे बढ़नेवाले हर कदम के साथ घर नजदीक आ रहा था। उस घर में मेरी माँ, मेरे भाई-बहन थे।

अब सिर्फ एक मोड़ बचा है...उस मोड़ को पार करने के पश्चात् मैं अपनी गली में पहुँच जाऊँगा। गली के बीचोबीच मेरा घर है।

लेकिन मैं अब यहीं पर रुकनेवाला हूँ। मोड़ के उस पार मैं आपको ले जाना नहीं चाहता। मैंने शुरुआत में आपसे कहा था, कि यह मेरी कहानी नहीं...यह कहानी राधाक्का की है...अब तक उपन्यास लेखक के रूप में मैंने अनेक भूमिकाओं को लिखा है, जिन्दा किया है...लेकिन यदि मैं उसकी जिन्दगी के बारे में नहीं लिखता, तो जिन्दगी भर पछताता। घर लौटने की खुशी में बाद में बीती बातें किसी सपने की तरह लगने लगीं। मेरे पैर सूज गए थे। मुझे सरकारी अस्पताल में भर्ती किया गया। कुछ दिनों के बाद मुझे घर भी भेज दिया गया। फिर जिन्दगी यूँ ही चलने लगी। समय बीतने लगा।

विविध अनुभवों तथा शिक्षा ने मन की मलीनता को स्वच्छ कर दिया। मन के साफ-स्वच्छ पानी में फिर मैं वह बीती-बिताई घटना को और अच्छे तरीके से, परिपक्व रूप से देखने लगा...कुछ चुभने लगा।

कुछ सालों के बाद इन घटनाओं के बारे में मुझे सपने आने लगे। एक-एक घटना, मेरे मन के गहन धरातल से ऊपर आकर 'मुझे ऊपर आने दो, मुझे ऊपर उठाओ' कहते हुए चिल्लाने लगी...रात-बेरात मुझे यादें सताने लगीं... मैं सो नहीं पा रहा था...और उन अँधेरी स्याह रातों में मुझे राधाक्का का हर एक शब्द याद आने लगता था। कितनी बार वह मेरे सपनों में आई थी। सपने में भी वह चलती जा रही है और हम सब उसके पीछे चल रहे हैं, ऐसा दृश्य दिखाई देता था...उसके झगड़े, उसका बिलखना, गालियाँ देना, कानों पर उँगलियाँ चटकाना, राणू को छोड़ भाग जाना...सब कुछ मुझे दिखाई देता है।

मुझे महसूस होता है कि मैं इस औरत का देनदार हूँ...उसके प्रति मेरा कुछ तो कर्तव्य है जो शेष बचा है...अब शायद वह नहीं होगी...होगी या नहीं होगी?...या फिर जब वह मरेगी, तब भी मुझे उसकी जानकारी नहीं मिल पाएगी...मैं उसके अन्तिम क्रियाकर्म के अवसर पर नहीं जा सकता...उसके तीनों बेटों में से दोनों को मैंने मिट्‌टी दी थी, लेकिन यह बात मैं उसके लिए नहीं कर पाऊँगा।

मैं अपनी यादों में मौजूद राधाक्का के बेजान शरीर पर मिट्‌टी डाल रहा हूँ..."जाओ, रादाक्का...जाओ...फिर जलम होगा, तो वहाँ भी हम मिलेंगे... प्यार से मिलेंगे...आत्मीयता से मिलेंगे...अपने बनकर...जा...।"